*J'ai pris en tous pays mes plats, gentils Messins,
Pour vous les fricasser dans la même bassine.
Pourtant ma « Cuisine Messine »
Ne vous offre que des mets sains.*

CUISINE MESSINE

PAR

E. AURICOSTE DE LAZARQUE

METZ
A. BEHA, éditeur
59, rue Serpenoise, 59.

PARIS
E. ROLLAND, libraire
2, rue des Chantiers, 2.

1890.

LIBRAIRIE & PAPETERIE
SIDOT FRÈRES
SIDOT J. Sucr
10, Rue des Jardins
à METZ

J'ai pris en tous pays mes plats, gentils Messins,
Pour vous les fricasser dans la même bassine.
Pourtant ma « Cuisine Messine, »
Ne vous offre que des mets sains.

CUISINE MESSINE

PAR

E. AURICOSTE DE LAZARQUE

METZ	PARIS
A. BÉHA, éditeur	E. ROLLAND, libraire
59, rue Serpenoise, 59.	2, rue des Chantiers, 2.

1890.

Tous droits réservés.

PRÉFACE

J'ai la cuisine en horreur.

Entendons-nous : je ne parle pas de ses conséquences, mais des préliminaires de celles-ci : les mains nues barbotant dans la pâte, les meurtres de sang-froid, la vue écœurante des viandes non cuites, l'odeur nauséabonde des graisses et des vases à lait, les exhalaisons des fourneaux et des gens qui s'agitent à l'entour, m'ont éloigné à jamais de l'officine où siègent et se perpètrent de hideuses nécessités.

Alors comment faites-vous pour en parler ?

Oui da ! — Les astronomes n'ont jamais été dans la lune, que je sache, ils vous en détailleront néanmoins toute la géographie avec une connaissance parfaite.

J'ai trouvé au fond de vieux tiroirs des cahiers au fort papier, à l'encre jaunie, exhalant encore l'odeur de vagues parfums d'un autre âge, cahiers où mes grand'mères, mes grand'tantes, voire un oncle abbé et un aïeul capitaine, avaient consigné avec des recettes de pharmacie, d'onguents pour les chiens de chasse, d'opiats pour les yeux, de purgatifs pour le printemps, le multiple trésor de leur science ménagère.

J'ai lu pieusement ces témoins de la vie d'autrefois.

J'ai reçu aussi, sur leur savoir-faire en cuisine, les confidences de dames plus modernes.

Quelques voyages ont ajouté à ce bagage d'intéressantes observations, complétées par la lecture des classiques de la table.

L'année dernière un journal de Metz a bien voulu

publier quelques-unes de ces notes ; elles ont paru intéresser plusieurs lectrices ; de là l'idée de leur en offrir une collection complétée. Aussi ce petit livre — *habent sua fata libelli* — ne s'adresse-t-il pas à la fière corporation des grands maîtres du tranche-lard, des chefs d'office d'hôtels, de ministère ou d'ambassade, mais bien aux personnes modestes qui veulent varier un simple ordinaire — *Always the same dish is tiresome* (*Voir toujours même plat, soulève l'estomac*), à celles qui, comme moi, vivent isolées à la campagne, aux dames qui ont encore le bon esprit de s'occuper de leur ménage et aussi à tous ceux qui mangent ou peuvent manger, car il faut bien le dire avec Chamfort, et c'est fort triste : « Ceux qui ont plus de dîners que d'appétit, c'est le petit nombre ; et ceux qui ont plus d'appétit que de dîners, c'est le grand. »

De tout temps, la table a trouvé des louangeurs. L'un d'eux même l'a pris de très-haut en s'écriant avec le Livre Saint : « *Non in solo pane vivit homo!* ([1]) » Malheureusement la citation est tronquée et par suite le sens en est dénaturé ; c'est une faute.

La liste serait longue des auteurs qui ont traité de la table.

On trouve dans la Bible de nombreuses informations sur la nourriture ordinaire du peuple Hébreu ; mais rien ne nous y renseigne ni sur les mets indubitablement très-remarquables servis au festin de Balthazar, ni sur les menus composés pour les repas du grand Salomon et de sa cour innombrable par les douze officiers de bouche chargés tour à tour d'y subvenir.

Homère, dont les héros ne jeûnent guère, nous donne quelques indications curieuses sur leur manière d'opérer ; et c'est probablement chez lui que se sont

---

([1]) L'homme ne vit pas seulement de pain. Deuter, cap. 8, al. 3. et Saint Mathieu, cap. 4, al. 4.

renseignés Plutarque et Athénée pour leurs traités sur la matière.

Apicius (Cœlius) nous a laissé dans un traité fameux « *Apicius in re Coquinariâ* » (1re éd.,1498), de précieux détails sur la cuisine des Romains.

Chez les modernes, le plus ancien ouvrage sur la table et ce qui en relève est : « *Le Ménagier de Paris,* » composé vers 1373 par un bourgeois de Paris, manuscrit très-curieux et publié en 1846 par les soins de la Société des Bibliophiles.

Un peu après, Taillevant, grand cuisinier du roi de France Charles V, composa vers 1380 le premier livre de cuisine imprimé en France : « ... *Le viandier — ly rousty, poissons de mer et d'eau doulce, saulces, espices, etc....* (¹) »

La « *Schola Apitiana, ex optimis quibusdam authoribus diligenter ac noviter constructa, authore Polyonimo Syngrapheo...* » — « Le Cuisinier royal et bourgeois, Paris, de Sercy, 1693. » — « Les Délices de la Campagne, par Nicolas de Bonnefous, etc. » offrent des sujets d'étude de cuisine rétrospective.

Puis viennent les auteurs d'une lecture plus facile : le grand, le glorieux et non surpassé par ce qu'il avait la foi, Alexandre-Balthazar-Laurent Grimod de la Reynière, Berchoux, Brillat-Savarin, Carême, Nicolardot (²), le baron de Curel (³), Léon de Fos (⁴), Georges d'Heylli, Al. Dumas, Monselet, etc., formeraient une bibliothèque de bon réconfort (⁵).

Chez les autres peuples modernes, les Anglais et

(¹) Imprimé, sans date, vers 1490.

(²) *Histoire de la Table,* in-18, Dentu, 1868.

(³) *Manuel de la Cuisine* ou l'Art d'irriter la gueule, Metz, C.-M.-B. Antoine, 1811.

(⁴) *Gastronomiana*, Proverbes. aphorismes en vers, Paris, Rouquette, 1870.

(⁵) Voir *Dictionnaire du Bibliophile* de Brunet; *Dictionnaire universel* de Larousse; etc.

les Américains ont peut être parlé de la table avec le plus d'originalité (¹). Je citerai seulement le livre de cuisine poétique d'une Américaine. Les recettes y sont en prose, quelques-unes en vers; mais ce qui caractérise ce livre ce sont des épigraphes empruntées aux poètes Anglais. Le goût de la poésie et le sentiment de la nature — deux choses qui nous manquent, sans compter les autres — sont des traits anglais et américains; et je ne connais pas de littérature où la nature ait inspiré aussi puissamment et aussi délicatement les écrivains qu'en Angleterre. C'est à ce point qu'un ouvrage célèbre (²) indiqué, en France, aux candidats à l'agrégation est tout bonnement un « *parfait manuel du pêcheur à la ligne* ». Il est écrit en belle prose d'il y a deux siècles, mais on y trouve des descriptions pleines de fraîcheur et des citations choisies avec goût et faites à propos, de poètes anciens et d'autres.

Grimod de la Reynière a établi la distinction très bien motivée des dîners blonds et des dîners bruns. Mes observations m'ont conduit à diviser les mets de nos tables en *plats gais* et en *plats tristes* (³).

Connaissez-vous rien de plus triste qu'une carpe au bleu, étendue flasque et décolorée, si ce n'est peut-être le cochon de lait en gelée, cher aux Lorrains, mais bien lamentable dans son aspect de noyé au milieu d'un élément douteux? Est-ce gai deux œufs sur le plat, semblables à deux gros yeux de poulpe braqués sur vous? L'omelette baveuse et le pâle ma-

---

(¹) Charles Lamba., cité par Monselet; Gostronomie, p. 58; Maxims. of Sir Morgan O'Doherty. bar^t; *A poeitcal Cook-Book by M. J. M. (Maria J. Moss), Philadelphia, 1864.*

(²) Walton's Complete Angler, G. Bell, Londres; Vve Boyveau, Paris.

(³) Le maréchal de Richelieu prétendait que les queues de moutons en caisse avaient le privilège d'entretenir au camp ses officiers en belle humeur, aussi avait-il soin d'en faire munir ses cantines à l'entrée d'une campagne.

caroni dans ses reptations ne semblent pas connaître le plus petit mot pour rire ; ni non plus les œufs au lait frissonnant sous l'escarre de la pelle rougie.

Au contraire, quoi de plus réjouissant qu'un plat de pets-de-nonnes ? Dès son entrée les figures se dérident. Le pudding flamboyant, les écrevisses et le persil, aux couleurs complémentaires l'une de l'autre, le goujon doré, le bœuf aux carottes, le potage au pain parsemé de cerfeuil, la blonde fricassée de poulet, le céleri au jus, le jambon de Pâques, le boudin de Noël, l'oronge relevée du gril, les brochettes de becs fins, les pois lorrains au lard, la salade fleurie, la truffe violette semblable au nez d'un ivrogne, etc., etc., voilà des plats dont le coloris et les parfums font tourner les mentons vers l'Ouest, signe certain de joyeux épanouissement.

Il y a aussi des plats hideux qui devraient à jamais être bannis de nos couverts. Le comte Joseph de Maistre a parlé des cadavres couvrant les tables des riches. Je me suis enfui, un jour, au grand scandale de la maîtresse de la maison, d'une table où l'on déposait une tête de veau servie entière... horreur !

Y a-t-il rien d'affreux aussi, comme un lièvre roti entier avec ses pattes revêtues de leur poil ? « Sa chair noircie et son corps oblitéré par la chaleur n'offrent plus qu'un squelette hideux qui révolte, jusqu'au point que les enfants en ont peur ; il faut avoir une belle passion pour ce mets et être doué d'un appétit ardent pour être tenté d'en manger ([1]). »

Que tout ce qui rappelle l'animal vivant disparaisse de vos couverts : et la tête et la queue du faisan, les ailes du coq de bruyère et le pied du chevreuil ; que même la tête et les pattes du poulet, du dindon à

([1]) *Manuel de Cuisine* ou l'Art d'irriter la gueule. Metz, imp. C.-M.-B. Antoine, 1811, sans nom d'auteur.

la broche, de la perdrix, de la bécasse, etc., en soient proscrites, comme le sont depuis longtemps celles du canard et de l'oie.

Nos ancêtres se plaisaient à ces parades ; mais leurs gros rires saluaient aussi des plaisanteries dont s'offusquerait aujourd'hui notre délicatesse. Les mâchoires démantibulées, les yeux pochés, les têtes cassées, les membres tordus, excitaient une franche hilarité chez les lecteurs de Rabelais, de Cervantès, de Scarron, etc. ; les mêmes sentaient se dilater leur système papillaire devant un daim servi dans son entier, et se délectaient à la vue d'un cochon de lait roti dans sa peau et tenant une orange dans son groin déformé.

Ne leur en voulons pas ; autant vaudrait reprocher à un enfant de n'avoir pas l'expérience et la sagesse d'un homme fait.

Aujourd'hui encore, les peuplades Africaines, les indiens du Nouveau-Monde, les naturels de l'Australie, ces enfants à peine nés, ont de ces appétences sauvages ; mais nous... Oh !

J'ai l'intime conviction que l'œuvre Divine de la création n'est pas achevée, que le développement des êtres ayant vie sur la terre est seulement à une phase très-rudimentaire de son inéluctable *processus ;* que chez les hommes, *perfectibles*, *la loi sanglante de nourriture* disparaîtra dans l'avenir sous le lent travail de transformation progressive des organes ; la *bête* qui existe encore en nous sera terrassée par *l'autre* (¹).

Vous verrez !

J'ai encore en abomination les résultats d'un néfaste enseignement des médecins. Les viandes *saignantes* qu'ils ont appris à faire paraître sur nos tables ont, sous le couvert de la science, tué plus de corps

---

(¹) Voir la *Bête et l'Autre*, du Voyage autour de ma chambre, du Comte Xavier de Maistre.

et d'âmes qu'une peste ou une guerre. L'abominable maladie qu'engendre sous une forme vivante l'usage de la viande rouge, de la viande non-cuite (¹) fera-t-elle bientôt revenir les directeurs de nos maux de leur faute lourde et de leur triste expérimentation ? L'un d'eux, dans sa contrition, s'en est déjà confessé à moi-même.

Une femme, eût-elle la beauté pudique de la Marguerite du Faust, la splendeur de la Vénus Aphrodite, si je la vois mordre à pleines dents en un morceau de viande saignante — le mot lui-même est un dégoût — d'où sourd un résidu rougeâtre, m'apparaît comme un spectre portant en lui le germe innommé du redoutable et répugnant parasite.

Passons vite !

C'est une grande affaire que de manger avec esprit, s'il faut en juger par le grand nombre de personnes éclairées et de haut rang dont l'imaginative s'est exercée sur ce point.

« Louis XV cuisinait lui-même assez bien ; il savait réussir les omelettes et fabriquait des pâtés dont il faisait de temps à autre l'envoi à des courtisans privilégiés.

Le Régent avait inventé un pain qu'on vend encore sous son nom ;

Le roi de Pologne Stanislas donna naissance au gâteau connu aujourd'hui sous l'étiquette affriolante de Baba ;

Les bouchées à la reine furent composées sur l'indication de la fille de ce prince, Marie Leczinska, femme de Louis XV ;

La duchesse de Berry, fille du régent, avait inventé les filets de lapereau dits à *la Berry* ;

Les filets de volaille à la Bellevue avaient été imaginés à Bellevue par Mme de Pompadour ;

(¹) « La rougeur des viandes est indice qu'elles ne sont pas assez cuictes. » (Rabelais, *Gargantua*, Liv. I, cap. 39).

On lui doit également les tendrons d'agneau dits à la *Pompadour* ;

Le maréchal de Richelieu eut l'honneur de baptiser les mayonnaises ;

Le vol-au-vent à la Nesle est dû au marquis de Nesle ;

La chartreuse à la Mauconseil a été transmise par la marquise de Mauconseil ;

Les poulets à la Villeroy sont attribués à la maréchale de Luxembourg, duchesse de Villeroy ;

Les cailles à la Mirepoix rappellent la maréchale de Mirepoix ;

Les ris de veau à la d'Artois sont de la création du Comte d'Artois (Charles X) ;

Etant comte de Provence, Louis XVIII laissa son prénom au potage à la Xavier ;

Le cardinal de Bernis, poète et ambassadeur, a attaché son nom aux crêpes ;

Charles Simon Favart, le père du poète, a inventé le populaire gâteau qu'on appelle *échaudé* ;

Le comte de Saint-Germain, avait composé des bonbons en forme de fruits que, dans ses Mémoires, Mme de Genlis déclare excellents ;

J.-J. Rousseau et Mme de Lauzun faisaient admirablement les omelettes ;

Le maréchal de Soubise, quand il recevait Louis XV dans sa maison de Saint-Ouen, lui servait, après la chasse, une omelette composée d'œufs de faisans, de perdrix rouges et d'autres ingrédients si chers, qu'elle revenait à 25 louis ;

Mazarin a donné son nom à un pain, à des pâtés et à des ragoûts ;

Mme de Sablé inventa plusieurs sucreries pour desserts et divers plats sucrés ;

Le duc de Montausier mit en usage les grandes cuillères et les grandes fourchettes ;

On doit à Mme de Montespan une sauce qui porte son nom ;

La duchesse de Bourgogne composa également une sauce assez singulière, dans laquelle entraient à la fois du sucre et du vinaigre ;

Le marquis Louis Nointel de Béchameil avait inventé une quantité d'accommodements et de sauces diverses qui ont transmis son nom à la postérité ;

On doit à Regnard, l'auteur du *Légataire universel* et du *Joueur*, la composition de divers potages encore en usage aujourd'hui ;

Un fils naturel de Henry IV, le comte de Moret, perfectionna la préparation du genièvre ;

Un autre descendant de Henry IV, le poète Dufresny, avait inventé deux plats des plus curieux :

1º Un potage fait avec du lait d'œufs frais cuits à la coque ;

2º Un plat de noix ou glandes extraites d'une grande quantité d'épaules de veaux ;

Alberoni, le célèbre ministre cardinal, composait de délicieuses soupes au fromage ;

On doit au comte de Rumfort les fromages qui portent son nom ;

Le chevalier de Cussy et Brillat-Savarin ont laissé l'un et l'autre un gâteau qui porte le nom de son auteur ;

On pourrait prolonger encore cette nomenclature et citer Senac de Meilhan, auteur d'un plat exquis aux marrons, et de la soupe aux œufs pochés ;

Suard, qui avait une manière spéciale de faire la soupe et le café ;

Sheridan, qui faisait à ravir une daube à l'irlandaise, etc. ([1]) »

De nos jours encore, sinon la pratique, au moins le désir d'en parler préoccupe les esprits ; l'autre

---

([1]) Voir pour tout ceci l'*Histoire de la Table*, de Nicolardot, et la préface du *Gastronomiana* de L. de Fos, par Georges d'Heylli.

avant-hier, le comte de Suzor, propriétaire russe d'origine française, faisait à Saint-Pétersbourg (¹) une conférence sur l'alimentation ; il en retraçait l'historique depuis une époque reculée et en comparait les usages chez les différents peuples.

Les hommes primitifs ne connaissaient pas même le sel. On avait réalisé des progrès depuis ce temps, et les épices et toutes les herbes de la saint Jean étaient entrées dans nos cuisines. Depuis, on nous en a fait peur sans trop de raison. Eh! quoi, le palais et l'estomac ne peuvent-ils avoir, **comme les yeux et les oreilles**, leur idéal et des **tendances artistiques**. La musique, les tableaux, la poésie **ne sont pas** absolument nécessaires à la vie. **Voudriez-vous vivre sans eux?**

Il en est de même des épices.

Dieu nous a donné le sel et le poivre, les rois de la kyrielle ; le piment, le gingembre, le girofle, la muscade, la cannelle, la coriandre, l'anis, le safran, etc.; les plantes aromatiques, le thym, la sarriette, le basilic, l'estragon, le fenouil, la marjolaine, les feuilles de laurier, le genièvre, le raifort, etc.; les fines herbes, persil, cerfeuil, ail, échalottes, oignons, céleris...; le zeste et le jus de citron, le vinaigre et ses conserves, ... la moutarde, etc.

Ce ne sont pas là des chimères ; sachons nous en servir.

Le très-savant et très-prudent docteur Isnard, médecin principal à l'hôpital militaire de Metz et bien connu dans cette ville avant 1870, ordonnait l'usage modéré, mais journalier, du poivre à nombre de ses clients et ceux-ci s'en trouvaient bien (²).

(¹) Automne 1888 ; journaux russes.

(²) Le poivre doit être moulu à l'instant même où l'on va s'en servir ; il n'est alors jamais mélangé de ces vilaines poussières qui lui ont valu une mauvaise réputation: « *Dis-moi qui tu hantes, je te dirai qui tu es.* » — On vend à cet usage de petits moulins de table très-précieux.

L'exercice est une bonne chose. Or le poivre est un élément de gymnastique pour l'estomac.

Profitons de l'enseignement pour faire un peu d'atavisme et reprendre à nos ancêtres leur appétit et leurs facultés digestives. Laissons les dîners fades et la soupe sans sel, les beafsteacks sans poivre et les gigots sans ail, les civets sans thym et les gâteaux sans rhum aux estomacs de papier mâché.

Croyez-moi.

Voulez-vous vivre longtemps et en bonne santé?

— Accrochez de nouveau la boîte à épices à la muraille de votre cuisine et puisez-y savamment ;

— Faites cuire à fond, *griller* et même *brûler* les viandes que vous mangerez ;

— Laissez les soucis à la porte de la salle à manger. Que vos commensaux ordinaires y soient toujours également de bonne humeur, et n'en franchissez pas le seuil les jours d'orage sous peine de sentir chaque bol alimentaire se transformer en une petite pelotte hérissée d'épingles fort contraires à la digestion ;

— Prenez, au milieu de la diversité de vos travaux, quelques instants de repos ; ils sont nécessaires à votre esprit et à votre corps ;

— Et, *surtout*, ayez *courte* table (1).

Outre le potage et le dessert, deux plats abondants et convenablement choisis suffisent pour un dîner de huit personnes. Le luxe moderne de la table, inutile pour des gens qui ne sont pas des princes et qui n'ont nul besoin de représenter, s'infiltre malheureusement dans les intérieurs les plus bourgeois et même dans nos campagnes ; provenant d'un instinct d'orgueil et d'imitation perverse, il endommage l'estomac et la bourse.

Les lois somptuaires n'ont jamais été des atteintes

---

(1) L'eschole de Salerne, mise en vers français par le sieur Martin, médecin, 1649, fin du premier chant.

à la liberté, comme les fausses doctrines de nos jours voudraient bien le donner à entendre. L'homme a besoin qu'on le guide, et la lumière doit venir d'en haut et non d'en bas. Demandez à nos peintres.

Autre chose : ceci un peu plus important à mon avis que la question de vos santés.

Je constate à notre époque une tendance bien attristante :

Dans cent ans on ne saura plus le latin !

L'étude des humanités qui aristocratisait les esprits a-t-elle paru trop redoutable aux gouvernements démocrates ? aux autres a-t-elle semblé affiner mal-à-propos les intelligences et produire une surabondance de déclassés dangereux ?

Eh, bon Dieu ! avec qui pourra-t-on dîner quand on ne comprendra plus ta langue, divin Virgile ! quand une citation de nos chers auteurs du moyen-âge et de la renaissance n'amènera sur les lèvres des convives qu'un sourire d'ignorance et d'hébètement ! quand à quelques délicieux ressouvenirs de V. Hugo, de Lamartine, de Cazalis, de Sully-Prudhomme, de José de Hérédia, de Richepin dans ses bons endroits, de Jules Lemaître, etc., on répondra par une dissertation sur les engrais, la rente, la politique et autres bagatelles avalées le matin à la lecture du journal et revomies sans autre digestion.

Et les mathématiques ! survivront-elles à cet effondrement ? Pourront-elles, aux propos de table des initiés, doser encore les *coëfficients* à appliquer aux différents mets sous la forme d'épices adjuvantes ? tracer à chacun les *asymptotes* de son appétit ? montrer les *points isolés* de la courbe où on peut s'arrêter pour boire ? Sans elles, aussi, l'étude de la philosophie elle-même — si nécessaire à tous ceux qui mangent — devient impossible, car tout forme une chaîne continue dans le monde de l'intelligence aussi bien que dans la suite des êtres physiques.

Hélas ! délicieuses différentielles ! sévères intégrales ! vous n'êtes pas en bonne odeur près des esprits impatients d'aujourd'hui. — Au rancart !

Hélas ! trois fois hélas !

Consolons-nous pourtant.

Le pot-au-feu bouillotte — tout y est en émoi et en confusion ; la carotte et le céleri révolutionnaires s'entreheurtent pour y gagner les hauts lieux ; l'oignon et le bouquet garni tournent autour du pot sans trouver la place enviée ; le morceau de bœuf lui-même a des tressaillements d'assiégé.

Mais patience ! L'écumoire impassible a fait son métier ; la lie a disparu, le feu continue l'épuration, le sel y met son grain, et bientôt le bouillon consommé imprégnera le pain de son osmazôme ; le bœuf bouilli trônera au milieu des révoltés transformés et comprenant enfin, aux regards satisfaits des convives, que pour être heureux chacun doit ici bas remplir son devoir . . . à sa place.

Ainsi de l'avenir.

L'Evolution l'épurera ; car le but final et divin de la Création est l'Ordre, le Beau et le Bien.

A. L.

CUISINE MESSINE

J'ai pris en tous pays mes plats, gentils Messins,
Pour vous les fricasser dans la même bassine.
Pourtant ma « Cuisine Messine, »
Ne vous offre que des mets sains.

PREMIÈRE PARTIE

POTAGES

SOUPE CÉLESTINE.

Faites cuire dans de l'eau : carottes découpées, navets, céleris, pommes de terre également découpées, petits pois, un peu d'oignons et autres légumes dont vous disposerez. Salez suffisamment ; passez au tamis avec le bouillon de la cuisson ; dressez dans la soupière avec quelques tranches de pain et ajoutez une liaison de crème fraîche et de jaunes d'œufs.

Vous devez comprendre que le résultat doit être une purée claire donnant à un palais un peu exercé la perception simultanée des arômes différents de tous les légumes employés. En été, où les légumes frais ont toute leur saveur, on fait cette soupe meilleure en les employant ; et on peut alors se dispenser de les passer au tamis, et les servir tels quels dans le bouillon. Aux mois de juin et de juillet, ne pas oublier d'y mettre quelques fèves de marais, et alors de leur adjoindre un brin de sarriette. Les dames les plus délicates ne songeront pas à s'en plaindre.

POTAGE VERMICELLE VELOUTÉ MAIGRE.

Faites bouillir doucement pendant une heure du vermicelle dans de l'eau avec sel et poivre, trois ronds de vermicelle (environ 12 grammes) par personne. Au bout de ce temps, mêlez-y un bon morceau de beurre frais, retirez la casserole sur le coin du fourneau et laissez mijoter.

Mélangez dans la soupière dont vous devez vous servir trois jaunes d'œufs avec trois ou quatre cuillerées de crème fraiche, et ajoutez *un petit morceau de beurre bien frais, manié d'un peu de farine.*

C'est là le secret — malheureusement trop peu ébruité encore — pour donner à tout potage maigre une finesse incroyable : *un petit morceau de beurre frais dans la soupière !* C'est bien simple ; mais encore faut-il le savoir.

Versez ensuite dans la même soupière une cuillerée à potage de votre bouillon pour opérer la liaison. Ajoutez petit à petit les blancs d'œufs en tournant doucement, et déversez-y, avec une sage lenteur, le reste du potage, en tournant avec une cuillère pour que les blancs ne prennent pas en grumeaux. Le tout devra être lié, un peu épais, et onctueux comme l'exorde d'un discours académique.

POTAGE VELOUTÉ MAIGRE.

Pour six personnes, vous faites cuire dans l'eau six cuillerées de tapioca avec un peu de sel et de poivre.

Mettez au fond d'une soupière un fort morceau de beurre frais et quatre jaunes d'œufs.

Versez dessus le tapioca bouillant en remuant tout le temps.

POTAGE MAIGRE DU NORD.

Mettez dans une casserole un bon morceau de

beurre (de préférence du beurre fondu pour toutes ces préparations ; il ne pique pas la gorge, comme le beurre frais, quand il n'est pas frais, et ne forme pas, de gratin) ; ajoutez un oignon coupé en petits morceaux, du cerfeuil haché en assez grande quantité, un peu d'oseille, quatre gros poireaux ou six moyens découpés en petits morceaux.

Faites frire et prendre couleur.

Ajoutez de l'eau chaude et environ cinq pommes de terre coupées en morceaux. Laissez cuire, et, quand les pommes de terre sont cuites, écrasez-les dans le bouillon avec l'écumoire.

Faites frire de petits croûtons de pain coupés en dés que vous tenez chauds dans une soupière.

Versez dessus votre bouillon bouillant, et ajoutez une liaison d'un jaune d'œuf et de trois cuillerées de crème fraîche.

POTAGE MAIGRE FLAMAND.

Hachez deux *grosses* poignées de cerfeuil, une d'oseille, cinq ou plutôt sept poireaux, des cœurs... de salade (espèce suivant la saison ; l'endive y est la meilleure).

Faites cuire le tout dans l'eau ; ajoutez beurre, sel, poivre, quelques pommes de terre que vous écrasez dans le bouillon quand elles sont cuites.

Il faut, sous peine de ne pas réussir, laisser cuire ce postulat à petit feu et longtemps, *au moins quatre heures.*

Versez dans la soupière ; on n'ajoute pas de pain ; les pommes de terre écrasées doivent rendre cette soupe assez épaisse pour en tenir lieu.

POTAGE AU CRESSON.

Salutaire au printemps ; hygiénique ; un peu excitant ; de très bon goût. Comme le cresson contient de l'iode, il a des propriétés dépuratives ; son usage fréquent guérit, dit-on, les maladies de foie. Avis aux personnes dont le caractère laisse un peu à désirer.

Faites cuire cinq ou six pommes de terre avec du beurre frais, du sel, du poivre et de l'eau — juste assez d'eau pour former une purée très-claire quand on y aura écrasé les pommes de terre une fois cuites. — Découpez menu dans cette purée une toute grosse botte de cresson de fontaine : il ne faut pas le hacher. — Remettez sur le feu et laissez cuire doucement pendant une heure.

Ah ! j'oubliais — on prononce *crésson* et non pas *creusson* comme vous le faites.

SOUPE AU FROMAGE DE MARSEILLE.

Coupez quelques gros oignons en tranches, et ces tranches elles-mêmes en 4 ou 5 morceaux. Faites-leur prendre simplement couleur dans du beurre sans les laisser frire tout à fait. Ajoutez eau, sel, 2 petites branches de fenouil, et une assez forte quantité de poivre. Laissez cuire.

Coupez des tranches de ce pain long à potage, appelé à Metz *tortue*, à Paris *flûte*, et à Bordeaux *pistolet* sans que l'on ait jamais su pourquoi. Rangez-les par couches dans la soupière, en recouvrant chacune d'elles de fromage de gruyère râpé. Jetez le bouillon, bouillant, sur le pain et servez.

Cette soupe est faite en moins d'un quart d'heure.

SOUPE MAIGRE AU FROMAGE ET AUX ÉCHALOTTES (DE STRASBOURG).

Faites frire dans le beurre quelques tranches de pain taillées minces ; déposez-les au fond d'une soupière que vous tenez chaude, et couvrez-les de fromage de gruyère râpé. Faites roussir au beurre des échalottes avec une très-forte pincée de farine, comme pour faire un roux ; ajoutez de l'eau, laissez cuire pendant une demi-heure, et assaisonnez de sel et de poivre. Passez à la passoire fine ; ajoutez trois cuillerées de bonne crème et versez sur le pain et le fromage dans la soupière.

SOUPE DÉPART DE CHASSE.

Mettez dans une casserole une forte quantité d'oignons hachés fins et menus ; ajoutez du beurre autant qu'il en faut pour faire frire les oignons, — du beurre fondu de préférence à du beurre frais. Placez sur le feu et remuez jusqu'à ce que les oignons aient pris goût et couleur, sans être brûlés.

Ajoutez de l'eau, et laissez bouillir pendant 2 ou 3 heures, après avoir ajouté persil, poireaux, échalottes, céleris, clous de girofle, laurier, thym, une pointe d'ail, etc. Salez et poivrez.

Taillez dans un pain blanc des rondelles de mie de pain que vous faites frire dans du beure et que vous rangez dans votre soupière en les saupoudrant de sel fin et en la remplissant ainsi aux trois-quarts.

Revenez à votre bouillon ; projetez-y quelques pincées de sucre en poudre et coulez-y environ une cuillerée de fécule de pommes de terre délayée au préalable dans un peu du bouillon. Remuez en tournant doucement jusqu'à ce que la mixtion commence à s'éclaircir.

Retirez alors du feu sur le bord du fourneau. Battez vivement, dans un saladier, trois jaunes d'œufs étendus d'un peu de bouillon ; mêlez au bouillon, puis versez dans la soupière.

Le pain doit absorber presque tout le bouillon ; et cette soupe former une masse spongieuse et nourrissante. S'il la réussit, le cuisinier peut avoir la conscience tranquille ; ni le froid ni la faim n'auront prise sur les chasseurs ainsi garnis.

—

POTAGE MAIGRE SANS BEURRE.

Coupez des tranches de pain très-minces ; placez-les dans la soupière ; vous étendrez dessus une couche épaisse de cerfeuil haché très-menu ; sel et poivre ; 5 ou 6 grosses cuillerées de crème. Enfin versez de l'eau bouillante sur le tout.

—

POTAGE A L'AIL (DE L'AVEYRON).

Frottez bien d'ail un certain nombre de lames de pain coupées minces et déposez-les au fond d'une soupière.

Arrosez-les de trois ou quatre cuillerées de bonne huile d'olive ; salez et poivrez.

Versez, par-dessus, de l'eau fortement bouillante : ajoutez, cela n'en vaudra que mieux, une cuillerée de fromage de gruyère râpé.

Ce potage, qui se prépare en un instant, est bien meilleur que ne le ferait croire le préjugé encore nourri par bien des braves gens à l'endroit de l'emploi de l'ail et de l'huile en cuisine.

A la casserole les préjugés !

CRACK-SOUP.

Ayez de l'eau bouillante dans une casserole ; cassez-y autant d'œufs que vous avez de convives, et brouillez-les à mesure ; salez et poivrez.

Vous avez préparé de tout petits croûtons de pain, taillés en dés, et frits dans le beurre ; mettez-les dans la soupière chauffée à l'avance, et versez dessus le contenu de votre casserole. Servez aussitôt et sans laisser tremper.

POTAGE AU POTIRON.

Coupez en morceaux de la chair de potiron et mettez-les cuire dans une petite quantité d'eau jusqu'à ce qu'ils s'écrasent facilement. Retirez-les, et passez-les comme une purée ; ajoutez un peu de beurre frais et du lait bouillant ; salez et poivrez, ou bien sucrez suivant les goûts. Versez dans la soupière sur des tranches de pain blanc, ou des croûtons passés au beurre.

POTAGE AU MAÏS (DE FRANCHE-COMTÉ).

Délayez de la farine de maïs dans de l'eau froide ; une bonne cuillerée par personne. Ayez dans une casserole du lait bouillant dans lequel vous laisserez tomber par petite partie cette bouillie en tournant toujours afin d'éviter les grumeaux. Laissez cuire jusqu'à bonne consistance ; ajoutez un morceau de beurre frais : salez ou sucrez suivant les goûts et servez. On peut employer de l'eau au lieu de lait.

POTAGE AUX TOMATES.

Prenez carottes, navets, céleris, comme pour un pot-au-feu, ajoutez-y 2 ou 3 oignons ; découpez ces légumes en petits dés, et faites-les revenir dans la casserole. Mouillez avec de l'eau, et ajoutez 1 poireau, 1 ail, persil, laurier, 4 tomates, poivre, sel et un morceau de beurre. Laissez cuire 3 à 4 heures ; passez le tout à la passoire en retirant l'ail, le bouquet de persil et le laurier.

Remettez ce bouillon sur le feu en y ajoutant 4 cuillerées de semoule fine. Servez quand la semoule est cuite.

L'aspect de cette soupe est réjouissant ; elle est également aussi bonne qu'agréable à voir — c'est ce qu'on ne pourrait pas dire de toutes les belles dames.

POTAGE AUX SALSIFIS.

Choisir de gros salsifis bien sains, les ratisser et les couper de la longueur du petit doigt. Les blanchir pendant quelques minutes à l'eau bouillante, et puis les cuire à fond dans de l'eau assaisonnée de sel et d'un morceau de beurre. — Pour servir, liez le potage avec 4 à 5 jaunes d'œufs et versez avec les salsifis dans la soupière sur des croûtons de pain frits au beurre.

POTAGE AU HOUBLON ET AU SERPOLET.

Cueillez au printemps dans les haies de votre voisinage de jeunes pousses de houblon sauvage ; faites-en de petites bottes et blanchissez-les à l'eau bouillante. — Retirez-les, découpez-les en morceaux de deux centimètres et les mettez à la casserole dans l'eau fraîche avec du beurre, une grosse pomme de terre ronde pelée, quelques brins de serpolet et gros comme un pois d'ail écrasé. Laissez cuire ; écrasez bien la pomme de terre. — Salez et poivrez; au moment de servir ajoutez une liaison de crème et de deux jaunes d'œufs.

POTAGE AUX GRENOUILLES.

Prenez des carottes et des navets, un céleri, comme pour un pot-au-feu ; ajoutez-y 2 ou 3 oignons ; découpez ces légumes en dés, et faites les revenir à la casserole dans du beurre fondu, de façon à les rôtir légèrement, qu'ils soient dorés et de bon goût. Nettoyez bien les corps de grenouilles ; lavez-les, et les égouttez. Jetez-les ensuite dans la casserole où sont les légumes, et les y faites revenir en les laissant très-légèrement rôtir. Mouillez avec de l'eau où vous avez fait cuire des pois (cela est facile si vous commandez une purée de pois pour votre dîner de ce jour). Ajoutez 1 poireau, 1 ail, persil, laurier, poivre et sel. Laissez cuire 3 à 4 heures ; passez et jetez votre bouillon sur les tranches de pain préparées dans la soupière.

POTAGE AU POISSON DE RIVIÈRE.

Comme le précédent, en employant des poissons coupés par tronçons au lieu de corps de grenouilles.

POTAGE AU POISSON DE MER.

Faites cuire à l'eau salée un bon morceau d'anguille de mer, assaisonnez de tranches d'oignons et de carottes, d'une demi-feuille de laurier, d'un bouquet de persil, d'une pointe d'ail et d'un grain de poivre. Passez ce bouillon au tamis, et mettez-en sur le feu, dans une casserole, la quantité nécessaire avec une cuillerée de beurre fondu ou d'huile d'olive ; dès qu'il entre en ébullition, y jeter des cœurs de laitue, du cerfeuil, une branche de céleri et de l'oseille, le tout haché grossièrement ; quand ces herbes sont cuites, liez avec un ou deux jaunes d'œufs et versez sur des tranches de pain disposées dans une soupière.

POTAGE AUX MOULES.

Ce potage a une certaine renommée. Préparez vos moules comme pour les manger à la marinière ; lavez-les bien et mettez-les à la casserole et sur le feu avec bouquet de persil, thym, laurier, oignons découpés, poivre en grains, un verre de vin blanc. Les moules ouvertes, ôtez-les des coquilles et tenez-les au chaud dans une soupière ; passez le bouillon au linge fin ; remettez-le au feu et le liez avec un morceau de beurre manié ; ajoutez sel, pointe de poivre de Cayenne, deux cuillerées de bonne crème ; quelques feuilles d'oseille coupées très-fines ; versez sur les moules et ajoutez quelques lames de pain minces et grillées au four.

POTAGE A LA PURÉE DE RIZ ET DE LENTILLES.

Faites cuire à l'eau ensemble (ou séparément pour plus de facilité) 100 grammes de riz et 250 grammes de lentilles. Les lentilles cuisant plus lentement que le riz, il faut les mettre plus tôt au feu et les laisser cuire quatre à cinq heures ; on y ajoute un navet et une tête de céleri. Quand le tout est bien cuit, écrasez et passez ensemble au tamis, riz, lentilles, navet et céleri, de façon à obtenir une purée sans aucun grumeau.

Ajoutez du bon bouillon de bœuf, salez et poivrez ; tenez chaud et versez dans la soupière sur des croûtons de pain grillés au beurre.

Pour préparer en maigre cet excellent potage, il suffit de remplacer le bouillon gras par de l'eau chaude, et d'y ajouter, avec l'assaisonnement convenable en sel et en poivre, un morceau de beurre et une bonne cuillerée de crème fraîche.

POTAGE DE RIZ A LA VALENCIENNES.

Faites chauffer 20 grammes de bonne huile d'olive

dans une casserole jusqu'à l'apparition d'une légère fumée, y jeter alors 250 grammes de beau riz, des petits morceaux de veau, de volaille et de jambon (en maigre, des moules). Ajoutez oignons hachés, tomates, piments doux, une pincée de safran en poudre, un peu de persil haché et une pointe d'ail, du sel et du poivre ; laissez cuire dix minutes ; versez alors dans la casserole environ un demi-litre d'eau et la couvrir en la retirant du feu.

Le riz se gonfle d'eau et après une demi-heure ou trois quarts d'heure au plus, l'eau a disparu. — Jetez le tout dans une passoire pour faire bien égoutter l'huile qui n'aurait pas été absorbée ; versez le riz qui est devenu d'un beau jaune dans un plat ; placez un instant au four de campagne — si vous êtes bien outillé — pour en dorer la surface et servez accompagné de citrons.

POTAGE ALSACIEN.

Prenez du bouillon gras. Faites-le bouillir, et au moment de l'ébullition, versez-y, en tournant avec un cuillère, assez de tapioca pour obtenir un potage un peu épais, une bonne cuillerée au moins par personne.

Quand il est près d'être cuit, faites bouillir du lait, une demi-chopine pour un potage de six personnes.

Laissant votre bouillon sur le feu, où il doit toujours bouillir, battez avec une fourchette trois jaunes d'œufs dans la soupière. Quand ils sont bien battus, versez dessus, toujours en remuant avec votre fourchette, votre lait bouillant.

Quand les œufs et le lait sont bien mélangés, prenez d'une main votre casserole de bouillon tout bouillant, de l'autre la fourchette, et versez doucement le bouillon dans la soupière sur le mélange d'œufs et de lait, en remuant le tout avec votre fourchette.

Le potage est fait.

POTAGE SUISSE.

Dans du bouillon gras, bien chaud et sur le feu,

versez doucement et en tournant avec une cuillère, un œuf dont vous avez bien délayé ensemble, dans une tasse, le blanc et le jaune.

POTAGE DU LENDEMAIN.

Quand vous avez du bouillon gras de la veille, vous pouvez en obtenir un excellent potage au moyen de la recette suivante:

Prenez deux cuillerées à soupe de farine; mettez-les au fond d'une tasse et cassez dessus deux œufs (le jaune et le blanc). Battez le tout jusqu'à ce qu'il forme une espèce de crème épaisse. Lorsque le bouillon est en ébullition, jetez-y cette pâte, en tournant le bouillon avec une cuillère; retirez aussitôt du feu et continuez à tourner un instant.

POTAGE CRÉCY SIMPLIFIÉ.

Ayez deux douzaines de carottes rouges. Coupez-en toute la partie rouge en petites tranches minces; mettez-les dans la casserole avec un morceau de beurre, un peu de sucre en poudre, deux oignons, deux navets, poireaux et céleris.

Passez sur le feu en remuant avec une cuillère de bois, de façon à faire prendre couleur, mais très-légèrement, à peine.

Mouillez avec du bouillon et laissez cuire doucement pendant une heure et demie, avec adjonction de sel et de poivre.

Retirez les oignons, etc., et ne laissez que les carottes : égouttez ces carottes bien cuites dans la passoire et passez-les en purée.

Tenez cette purée un peu claire en y ajoutant du bouillon de la cuisson, et mettez sur un bon feu jusqu'à ce qu'elle bouille. Poussez-la alors sur le coin du fourneau pour l'écumer et la dégraisser. Les cuisinières oublient trop souvent de dégraisser les potages et, malgré le préjugé populaire sur les yeux de la soupe, rien n'est hideux comme une soupière où surnagent de larges taches de graisse.

Au moment de servir, jetez cette purée bien chaude sur de petits croûtons de pain coupés en dés, frits au beurre, et déposés à l'avance dans une soupière chaude.

POTAGE AUX CHOUX ET AU MOUTON.

C'est une espèce de garbure.

Faites cuire des choux dans de l'eau avec un bon morceau de mouton et un peu de lard ; assaisonnez comme pour une soupe aux choux ordinaire. Quand vos choux sont bien cuits, mettez-en une couche au fond d'une terrine pouvant servir de soupière ; saupoudrez de fromage de gruyère râpé ; puis placez un lit de pain en tranches ; saupoudrez également de fromage ; et continuez ainsi jusqu'à ce que la soupière soit pleine, en terminant par une couche de choux largement saupoudrée de fromage.

Placez le couvercle et mettez au four où vous laissez gratiner doucement.

POTAGE A LA PURÉE DE HARICOTS.

On le fait aussi avec toute espèce de légumes secs.

Mettez à la casserole dans l'eau froide vos haricots avec sel, poivre, oignons, carottes, céleri, bouquet garni. Quand tous ces légumes sont cuits, écrasez-les, et passez-les en purée ; remettez cette purée dans le bouillon ; ajoutez du beurre et laissez cuire. Versez dans la soupière sur le pain préparé.

POTAGE AUX BOULETTES.

Prenez gros comme un œuf de beurre frais et maniez-le de façon à le faire tourner en crème. Ajoutez un œuf entier et un petit pain au lait râpé et émietté; une pincée de sel. Faites du tout une pâte bien liée et formez-en des boulettes égales, de la grosseur qui vous plaira le plus, depuis celle d'une olive jusqu'à celle d'un petit œuf de pigeon ; vous les faites frire dans le beurre, ou même simplement pocher à l'eau bouillante et, après les avoir déposées dans la soupière, vous versez dessus votre bouillon.

POTAGE AU RAMEQUIN.

Avec le reste d'un ramequin (voir art. ramequin), on fait un excellent potage en en coupant des tranches au moyen d'une cuillère et en les déposant dans du bouillon gras.

POTAGE TALLEYRAND.

Délayez dans une terrine sept jaunes d'œufs et deux œufs entiers avec une chopine de crème fraîche; assaisonnez d'un peu de sel ; mélangez intimement et versez dans un moule bien beurré d'une contenance d'au moins trois quarts de litre.

Faites prendre au bain-marie et attendez que le contenu soit complètement refroidi. Seulement alors sortez-le du moule et, avec une cuillère, divisez-le en tranches que vous déposez dans la soupière.

Ayez un consommé lié avec quelques cuillerées de tapioca et passé à l'étamine ; versez-le doucement sur vos œufs pris.

Excellent potage pour les estomacs de papier mâché.

MOCK TURTLE SOUP (Fausse soupe à la tortue).

Pour la faire, on utilise des restes cuits de tête de veau ayant la peau que l'on taille en petits dés. Ajoutez persil, thym, basilic, sarriette, oignons, laurier, champignons, jambon maigre (à son défaut du maigre de lard), clous de girofle, poivre de Cayenne, sel et poivre.

Ensuite faites un roux que vous mouillez avec la quantité convenable de bouillon (ou d'eau chaude), le potage devant être, sinon épais, du moins à consistance de coulis clair.

Laissez bouillir et écumer une heure et demie ; dégraissez, passez au tamis et ajoutez deux verres de vin de Madère sec (à son défaut un petit verre de cognac), un peu de zeste et un jus de citron.

Laissez mijoter une demi-heure. Mettez au fond de la soupière autant de tranches de pain frites dans le beurre et de jaunes d'œufs durcis que vous avez de convives. En y versant votre bouillon, il n'est pas condamnable d'y laisser les petits dés de tête de veau et les champignons.

Exquis ! divin ! on mangerait son oncle dans ce potage-là.

RIZ AU KARI (POTAGE INDIEN).

Préparez un bon potage au bœuf, bien cuit. Dégraissez et passez le bouillon dans une casserole. Ayez un poulet découpé par morceaux que vous faites cuire dans votre bouillon avec deux cuillerées à café de Kari. Quand ce poulet est bien cuit, retirez-le et rangez-en les morceaux dans une soupière.

Faites une liaison de six jaunes d'œufs et d'un peu de fécule que vous délayez avec le bouillon sur un feu doux. Quand elle est à la consistance de coulis clair, retirez du feu et versez sur votre volaille.

Pendant ce temps, vous avez fait cuire une demi-livre de riz au beurre, légèrement assaisonné de sel et poivre et tenu un peu épais.

Pour opérer ensuite à table, vous servirez à chaque convive un morceau de poulet arrosé de la liaison au Kari ; et vous ferez passer le riz, dressé sur un plat à part. Vous indiquerez comment une bouchée de ce riz, imprégné de cette sauce pimentée, doit accompagner chaque bouchée de poulet et lui servir d'escorte jusqu'au fond de l'estomac. Vous expliquerez que, ce potage n'étant pas un potage, vous vous permettez de conseiller de boire dès le commencement du repas, par exception et contrairement aux principes ; et vous aurez soin de verser votre meilleur vin de Bourgogne.

Ce faisant vous verrez merveilles.

Inutile de dire que ce potage, qui n'est pas un potage, n'est pas non plus un plat de demoiselles, et que vous devez le réserver pour des convives aguerris.

POULE AU RIZ.

A un dîner familier chez le colonel baron de T... ses convives s'extasiaient sur l'excellence d'une poule au riz servie en potage ; les dames en réclamaient la recette. Le bon colonel fit appeler la cuisinière et après l'avoir complimentée lui demanda de satisfaire la curiosité de ses hôtes.

« Volontiers, mes belles dames, dit Rosalie. Voilà !
Fichez-moi un trognon de lard gras dans une casserole !

Flanquez-y de l'eau avec sel, laurier, thym, un clou de girofle, 4 grains de poivre, 3 oignons, une carotte !

Fou-rrez-y votre poule bien troussée et laissez cuire !
Faites-moi crever ensuite une demi-livre de riz dans la cuisson !

Dressez toute la manigance dans un plat creux, et que sainte Friture me brûle si vous ne vous en léchez pas les doigts jusqu'au coude ! »

PANADE.

Mettez des tranches de pain mollet dans une casserole avec assez d'eau pour qu'elles y baignent ; ajoutez du beurre frais, 150 grammes, du poivre et du sel. Faites bouillir et ensuite mijoter longtemps sur un feu doux en remuant de temps en temps. Au moment de servir ajoutez une liaison de trois jaunes d'œufs délayés dans un peu de lait et quelques petits morceaux de beurre frais.

Madame de Genlis a parlé de la panade à propos de la nourriture des enfants.

SOUPE A LA BIÈRE.

Faites bouillir un litre de bière avec cent vingt-cinq grammes de sucre. Prenez un peu de cette cuisson dans une grande tasse et délayez y bien quatre jaunes d'œufs et un peu de crème aigre (smitane). Versez dans le bouillon en remuant et jetez dans la soupière sur des tranches de pain grillées.

BORTSCH PETIT-RUSSIEN.

C'est la soupe nationale de la Russie méridionale.

Mettez dans une marmite un morceau de bœuf et un morceau de lard maigre ; recouvrez d'eau froide et mettez sur le feu. Écumez comme pour le pot au feu. Quand le bouillon ne jette plus d'écume, mettez-y des betteraves coupées en filets minces, et quand elles ont cuit un moment ajoutez de la choucroute, ou en été des choux verts ou rouges finement émincés.

Pendant ce temps vous avez fait revenir cinq ou six tomates dans une cuillerée de beurre ; lorqu'elles sont cuites, vous les passez au tamis et en versez le jus dans le bortsch.

Ajoutez un oignon piqué de clous de girofle, une feuille de laurier, 2 gribouis secs (1), sel, poivre, un peu de piment. Laissez bouillir environ trois heures en ajoutant pendant la cuisson un morceau de saucisson de ménage et du jambon.

Quand le tout est bien cuit, on retire les viandes, qu'on découpe en petits morceaux sur une assiette. Chaque convive en prend un ou plusieurs morceaux à sa guise, et les mange en même temps que le *bortsch*, bouillon et légumes, qu'on lui a servi.

(1) Espèce de champignons dont les Russes font une grande consommation.

POTAGE VIRGILIEN.

Thestylis et rapido fessis messoribus æstu
Allia serpillumque herbas contundit olentes.

Et pour les moissonneurs fatigués sous le soleil brûlant, Thestylis pile les plantes odoriférantes de l'ail et du serpolet.

[Virgile églogue II v, 10 et 11.]

Les commentateurs prétendent qu'il s'agit là du Moret, *Moretum*, préparation de fromage mou pétri avec de l'ail, de la rue, du serpolet, etc.

C'est possible ; mais avec le marquis du Belloy (1) je suis tenté de croire que la jeune Thestylis préparait la soupe appelée Pestada, encore usitée dans le Nord de l'Italie.

On pile ensemble de l'ail et du serpolet dans

un mortier ; puis on verse dessus, d'abord goutte à goutte, puis largement, de l'eau bouillante.

On jette ensuite cette infusion virgilienne dans une terrine sur des tranches de pain.

Ce potage empesté est délicieux ; il n'a que l'inconvénient de communiquer aux dîneurs une haleine empoisonnée ; mais quand soi-même on a pris part au régal...! faites comme Gribouille qui, les jours de pluie se mettait à l'eau pour ne pas être mouillé.

(1) Portraits et Souvenirs, Paris, Michel Lévy (Virgile à San-Remo).

POTAGE AUVERGNAT.

Faites cuire à grande eau, avec un peu de sel, des navets, des carottes et des pommes de terre, le tout découpé en gros morceaux — les mauvaises langues disent que dans le pays on y ajoute un petit soulier tout neuf — Au moment de tremper cette soupe, on fait frire dans la poêle quelques morceaux de lard salé, qu'on laisse roussir jusqu'à ce qu'ils soient plus qu'à demi brûlés : on verse la graisse dans le bouillon et le bouillon sur le pain dans la soupière.

C'est une triste soupe.

SOUPE AU CITRON.

Prenez un beau citron bien juteux. Coupez-le en rouelles très-minces et divisez chaque rouelle en quatre ; mettez ces morceaux de citron sur une assiette et saupoudrez-les fortement de sucre.

Faites frire une bonne poignée de mie de pain dans du beurre bien frais jusqu'à ce qu'elle soit de couleur dorée ; égoutez bien dans l'écumoire la mie de pain frite et mettez-la dans la soupière avec les morceaux de citron ; saupoudrez encore le tout avec du sucre et de la canelle pulvérisée.

Faites bouillir deux grands verres de vin blanc coupés d'un verre d'eau, avec un morceau de sucre, jusqu'à ce que le bouillon ait perdu le goût de vin ; alors ajoutez une liaison de deux jaunes d'œufs, versez sur le pain frit et le citron en morceaux, couvrez la soupière et servez.

Vous doutez ? — Essayez et le résultat vous étonnera. (1)

(1) Voir la suite (potages au lard) à la cuisine Folk-loriste.

ŒUFS

Suivant le docteur Aulagnier (Dictionnaire des substances alimentaires, Paris, 1830), on connaît en France *cinq cent quarante trois* manières différentes d'accommoder les œufs.

Le poëte anglais Moore enchérit encore sur cette assertion : «... qui peut s'empêcher d'aimer le pays qui nous a enseigné 685 manières de préparer les œufs.» (*Maxims of sir M. O'Dohorty, chap. des œufs, art. de l'omelette, épigraphe.*).

Les œufs constituent un élément fort nutritif et réparateur.

Une plaisanterie de l'ancien régime, encore répétée dans quelques provinces, était celle-ci :

Un officier gascon, en campagne, riche d'espoir et léger d'argent, voyageait avec son laquais.

Un matin, au sortir du gîte, il se retourne sur la selle :

« Eh ! Saint-Jean !

Moussu ?

As-tu déjeuné, Saint-Jean ?

Oui, moussu.

Et qu'est-ce que tu as mangé ?

Un œuf, moussu.

Le blanc et le jaune ?

Oui, moussu.

Eh ! pécaïré ! n'as pas pâti ! »

Ce qu'on peut traduire à peu près par : « Eh ! coquin ! tu n'es pas à plaindre ! »

—

ŒUFS AUX ÉCHALOTTES (PLAT BRUN).

Mettez dans une casserole un morceau de beurre et une cuillerée de farine ; faites chauffer sur le feu, en tournant avec une cuillère, jusqu'à ce que le mélange devienne très-brun, sans être brûlé — environ 5 minutes. — Ajoutez alors du bouillon gras — les jours maigres du bouillon de légumes ou même, en tout temps, de l'eau pure, si on n'a pas de bouillon — ; 4 ou 5 échalottes hachées très-fines, avec persil aussi haché, sel, poivre, une cuillerée de bon vin blanc (à son défaut un peu de vinaigre et une demi-cuillerée à café d'eau-de-vie de cognac).

Pendant que ce mélange mijote, on prépare vivement des œufs sur le plat, simplement avec un peu de beurre et sans les assaisonner d'aucune façon. Au moment de servir, on verse la sauce sur les œufs, qui ne doivent pas être trop cuits.

Ce plat, peu connu, est excellent pour les déjeuners, et a le mérite de varier encore les préparations déjà si nombreuses faites avec des œufs.

ŒUFS BROUILLÉS.

Difficiles à réussir pour les commençants ; il faut y avoir la main ; le résultat doit être exempt de grumeaux, onctueux et crémeux.

Mettez un bon morceau de beurre dans une terrine ; cassez-y vos œufs et les délayez avec le beurre, du sel et du poivre. Quand la connaissance de ces éléments est bien intime, mettez à la casserole et faites cuire à feu modéré 8 à 10 minutes en tournant avec une cuillère toujours dans le même sens.

ŒUFS A LA TRIPE.

Bien connus ; peu élégants de nom et d'aspect ; mais fort bons.

Faites blondir du beurre ; y mettre une bonne quantité d'oignons coupés en rouelles minces ; lorsqu'ils auront pris une belle couleur, y ajouter des œufs durs coupés en longs en 4 morceaux, et du lait dans lequel on aura délayé une pincée de farine. Mettre sel et poivre, laisser mijoter un bon quart d'heure.

La sauce ne doit pas être claire : les oignons doivent, pour ainsi dire, la former.

ŒUFS AU COURT-BOUILLON.

Le court-bouillon que l'on prépare pour faire cuire

le poisson peut se conserver pendant plusieurs jours et servir à plusieurs reprises ; profitez-en pour préparer des œufs au court-bouillon.

Si on le fait exprès, on le fait plus court. Mettez dans une casserole partie égale d'eau et de vin blanc — à son défaut du vinaigre ; — ajoutez sel, poivre en grains, gousse d'ail, clous de girofle, oignons et carottes coupés en rouelles, thym, feuilles de laurier ; faites bien cuire.

Le reste du court-bouillon peut servir pour préparer des légumes, pois, haricots secs ou frais.

« Eh bien, et les œufs ? »

Ah ! oui... faites pocher des œufs et servez-les sur le court-bouillon.

—

ŒUFS AU GRATIN (PLAT BLOND).

Ayez des œufs cuits dur ; hachez-les finement et mélangez-y du persil haché et une gousse d'ail écrasée ; assaisonnez de sel et de poivre.

Préparez une petite béchamel (une bonne tasse pour six œufs), c'est-à-dire faites fondre un morceau de beurre où vous délayez une cuillerée de farine, sel, poivre blanc ; mouillez d'un verre de lait bouillant, en versant peu à peu et en tournant. Faites bouillir et laissez refroidir. Délayez alors un œuf cru dans cette béchamel et mêlez aux œufs durs hachés.

Mettez du beurre dans un plat allant au four (de préférence du beurre fondu) ; versez-y vos œufs et ajoutez par-dessus quelques morceaux de beurre et de la chapelure. Placez au four et surveillez pour que cette délicate préparation cuise sans se dessécher et reste onctueuse.

Au moment de servir, versez dessus, sans rien remuer, deux cuillerées d'huile d'olive.

Ce plat est de la catégorie des plats blonds, plus difficiles à mener à bien que les plats bruns ; réussi, on ne saurait imaginer rien de plus caressant.

—

ŒUFS A L'ESCARGOT.

C'est un ancien plat.

Faites cuire des œufs durs ; coupez-les par le milieu dans le sens du petit axe. Préparez une petite béchamel avec un peu de crème et de lait, et avec cette sauce, de la mie de pain effritée, un peu d'échalottes et de persil hachés, les jaunes d'œufs écrasés, — des escargots cuits à l'avance et hachés si vous en avez (1), — faites une farce. Garnissez de cette farce l'intérieur de vos blancs d'œufs, rangez-les dans un plat creux allant au feu et remplissez le fond du plat avec le reste de la farce ; faites cuire au four ou mieux au four de campagne.

(1) On peut s'en passer.

OMELETTE AUX ÉCREVISSES.

Si vos convives n'ont pas sucé jusqu'à la dernière les écrevisses que vous leur avez servies, et pour cela il faut toujours en donner un peu plus qu'assez — *There's never enough, where nought is left* C'est qu'il n'y avait pas assez là où rien n'est resté — vous utiliserez celles qui resteront pour préparer l'excellente omelette aux écrevisses.

Retirez les queues et les mettez à part. Pilez tout l'intérieur ; pilez aussi très-fin quelques coquilles avec un peu de beurre pour en tirer un coulis rouge.

Cassez et battez les œufs en les assaisonnant de sel et de poivre ; ajoutez les queues, le jus des écrevisses pilées et le coulis rouge. Mêlez le tout et faites cuire comme une omelette ordinaire.

FONDUE AU FROMAGE (DE SUISSE).

Peu de cuisinières savent faire cuire les œufs à la coque ; une sur mille, peut-être, sait réussir les œufs brouillés, préparation digne des dieux, si elle est venue à point, mais bonne à jeter aux chats quand elle est manquée.

Écoutez-moi et méditez.

Pesez les œufs que vous voulez employer suivant le nombre de vos convives. Prenez un bon morceau de fromage de gruyère pesant le $1/3$, et un morceau de beurre pesant le $1/6$ de ce poids. (Ainsi pour six œufs pesant environ 370 gr., il faudra 120 grammes de fromage et 60 grammes de beurre.)

Cassez vos œufs dans une casserole et battez-les bien ; ajoutez-y, après, le beurre et le fromage râpé. Mettez sur le feu et tournez continuellement avec une cuillère de bois jusqu'à ce que le mélange soit convenablement épaissi et mollet ; ajoutez peu ou point de sel suivant que le fromage sera frais ou vieux, et poivrez vigoureusement (1).

Servez sur un plat légèrement chauffé.

Si la chose a été traitée a dire d'expert, la fondue sera onctueuse, légère, sans aucun grumeau et aura la consistance et l'apparence d'une crème. Dans ce cas, accompagnez-la d'un joli vin : et vous verrez bientôt tous les mentons se tourner vers l'Ouest en signe d'approbation.

(1) Consulter Brillat-Savarin : *Physiologie du Goût.*

FONDUE AU FROMAGE.

Faites une petite sauce blanche avec une cuillerée de farine, un gros morceau de beurre et un peu de lait bouillant. Travaillez bien ce mélange. Râpez dans un saladier un quart et demi (environ 200 grammes) de fromage de gruyère bien sec. Jetez dessus votre béchamel bouillante, et laissez reposer jusqu'à ce qu'elle soit refroidie. Ajoutez-y quatre jaunes d'œufs que vous y délayez, un peu de sel et de poivre et les blancs battus en neige. Placez dans un moule beurré et mettez au four pendant environ 25 minutes.

RAMEQUIN.

« Pourquoi *ramequin* ? me disait une dame, il y a de bien singuliers noms en cuisine ! ramequin ! rémolade ! macaroni ! chipolota ! Baba ! où tout cela a-t-il pris naissance ? »

« Madame, lui répondis-je, l'illustre Humboldt se plaisait à raconter ce mot d'un général devant qui on parlait de la distance des étoiles à la terre, du temps que leur lumière mettait pour arriver jusqu'à nous : « Ce qui m'étonne, c'est comment on a pu arriver à savoir leur nom, » dit le général.

Le ramequin est une excellente ressource pour les déjeuners maigres.

Mettez dans une casserole un demi-litre de lait et placez sur le feu. Quand il commence à être chaud, ajoutez petit à petit et en tournant, tournant, environ 3 poignées de farine ; tournez, tournez jusqu'à ce que cette pâte soit bien liée et sans grumeaux ; ajoutez-y du sel, un morceau de beurre, environ un quart de fromage de gruyère râpé, et tournez, tournez encore tant que la pâte n'est pas cuite et le mélange parfait. A ce point, vous le retirez du feu et y mêlez 3 œufs légèrement battus. Ayez un plat allant au feu ; beurrez-le bien ; versez-y votre pâte, et mettez au four. En 8 à 10 minutes le ramequin doit être levé comme un soufflé, pris partout et ne coulant pas.

Servez sans tarder.

SALADE D'ŒUFS DURS.

Vous voyagez à pied ; l'accorte hôtelière n'a à vous offrir que des œufs. Vous êtes rassasié de l'omelette et des œufs à la poêle des jours précédents ; commandez 12 ou 15 œufs durs et faites-les apporter sur la table sortant tout chauds de l'eau bouillante. Placez-en un dans la paume de la main gauche et d'un coup de couteau un peu sec, fendez-le en deux dans le sens de son grand axe. Avec l'extrémité du manche d'une cuillère insinuée sous le blanc de l'œuf faites sauter le demi-œuf d'une des demi-coquilles dans un saladier ; recommencez pour l'autre et ainsi de suite pour tous vos œufs. Recouvrez-les d'une couche d'oignons crus coupés en rouelles minces. Assaisonnez très-fortement, surtout en vinaigre.

Ce repas ne vous arrachera pas l'exclamation échappée à un diplomate gourmand un jour de crise politique :

Ein gutes Mahl und dann der Galgen (1).

Je ne voudrais pourtant pas en répondre si vous avez l'estomac vide et quelque trente kilomètres sous la semelle de vos souliers. « Messere Gaster, premier maistre es arts du monde » est un terrible donneur de conseils (2).

(1) Un bon dîner et la potence après !
Cet ancien dicton a peut-être été inspiré par une vieille coutume des cités impériales. Le bombardement a détruit à Strasbourg une maison qu'on appelait « *Armensünderhaus* », la maison des pauvres pêcheurs (ce terme, pauvre pêcheur, désignait les condamnés à mort). Cette maison était jadis grevée de la servitude suivante : voisine du champ d'exécutions, le cortège des condamnés à mort s'arrêtait devant elle en passant; le condamné avait le droit de demander un bon mets, une bonne boisson, que le propriétaire de ladite maison était tenu de lui fournir.

(2) Rabelais ; Voyez au L. IV. c. 57 du Pantagruel la fameuse conclusion des ordres muets de Gaster : « Et tout pour la tripe ».

QUATRE PLATS D'ŒUFS ET UNE OMELETTE AU MILIEU
(menu de campagne).

« Bonjour, ma cousine. Je viens vous demander à déjeuner. »

« Hélas ! mon cousin ! Je n'ai rien à vous donner que des œufs ! »

« Eh bien ! ma cousine, le menu du vendredi ! *quatre plats d'œufs et une omelette au milieu !* »

1ᵉʳ **Service.**   Oeufs frais à la coque.
                  Oeufs pochés aux tomates.

Intermède.   Omelette aux pointes d'asperges.

2ᵐᵉ **Service.**   Fondue au fromage.
                  Salade d'œufs durs.

Dessert.   Crème forestière.

Et ne pleurez plus !

LÉGUMES ET PATES

ASPERGES EN PETITS POIS.

Après avoir utilisé les pointes en omelette ou en œufs brouillés, ou en les conservant si vous voulez, pelez vos asperges et coupez-les en tout petits morceaux. Mettez dans la casserole avec eau et sel (ou bouillon), un peu de sucre, gros comme une noix de beurre. Quand elles sont cuites, introduisez une deuxième dose de beurre manié de sel fin, farine et persil haché ; ajoutez une liaison de jaunes d'œufs.

ASPERGES A L'ITALIENNE.

Les asperges cuites comme d'habitude, pelées et égouttées, on les étale sur un plat, on les saupoudre de fromage de gruyère ou de parmesan râpé ; on arrose d'un peu de beurre et on passe au four pendant quelques minutes.

CHOUX ROUGES SAUTÉS AU BEURRE.

Découpez un chou rouge en tranches fines, de façon à l'émincer en longs filets. Mettez à la casserole quelques oignons hachés que vous faites légèrement roussir dans le beurre ; ajoutez-y votre chou rouge émincé ; salez et poivrez modérément : laissez cuire dix à quinze minutes.

BISQUE AU FROMAGE.

Préparez une petite béchamel — autrement dit délayez une cuillerée de farine avec un morceau de beurre dans un grand verre de lait bouillant, tournez et tenez sur le feu.

Pilez bien quatre pommes de terre moyennes cuites à l'eau en y ajoutant quatre jaunes d'œufs.

Battez les blancs en neige ; mêlez le tout en y joignant une demi-livre de fromage de gruyère râpé, un peu de sel et assez de poivre fraîchement moulu.

Mettez dans un moule beurré et faites cuire au bain-marie pendant environ une heure. Servez seule ou sur une sauce blanche; en gras sur une bonne sauce au jus liée d'un peu de fécule.

QUICHE.

La célèbre *Quiche* de Pont-à-Mousson, appelée à tort *Galette* dans le pays messin, est une excellente entrée de déjeuner.

Faites une pâte brisée que vous étendez dans la tourtière en en façonnant les bords à la manière ordinaire.

Versez dessus une *meurotte* — c'est le terme du pays messin, à Longwy c'est un *kasma* — composée d'œufs et de crème très-épaisse et bien fraîche, dans la proportion de 2 cuillerées de crème pour un œuf; salez très légèrement; mettez au four. La *meurotte*, puisque *meurotte* il y a, ne doit pas former une couche trop épaisse; il faut avoir soin de piquer la pâte de quelques coups de la pointe d'un couteau pour empêcher les boursouflures pendant la cuisson.

TOURTE AUX OIGNONS
(Zwiebelkuchen de Strasbourg).

Faites sauter au beurre une dizaine d'oignons hachés très-fins; ajoutez sel, un peu de cumin, si on l'aime, plusieurs cuillerées de crème aigre et trois œufs entiers. Après avoir bien amalgamé sur le feu cette espèce de purée, versez-la sur une couche de pâte brisée, comme pour une tarte. Faites prendre couleur au four et servez très-chaud.

Les Lorrains peuvent ajouter dans cette préparation, — les Strasbourgeois ne se gênent pas pour le faire — de petits carrés de gras de lard.

Au printemps on se sert de préférence des tiges vertes et encore tendres de l'oignon, avant l'époque où les enfants en font des trompettes.

Dans le Cambrésis, on fait une tourte du même genre avec des poireaux, et dans le Dauphiné, avec des épinards.

Vous riez, bonnes gens ? c'est à tort.

Parce qu'un homme n'a pas la même couleur que vous, ne porte pas les mêmes habits, ne mange pas les mêmes mets, ce n'est pas une raison pour le montrer au doigt. Nous ne sommes plus au temps où l'on disait : Vérité en amont, mensonge en aval. Souvenez-vous que *tutto il mondo e fate come la nostra famiglia*, et que celui qui vous fait connaître un plat nouveau a plus de droit à votre reconnaissance que l'auteur du *Contrat social* ou celui de l'*Esprit des Lois*, ouvrages que vous n'avez pas lus probablement, et dont les conseils n'ont eu jusqu'à présent qu'une utilité très problématique pour l'humanité.

Il n'en sera pas de même, je l'espère, de la philosophie de mes enseignements culinaires.

A Nice on fait grand cas d'une tourte analogue, appelée en patois niçard *pizzalacera*, avec cette différence que l'huile y remplace le beurre et la crème, et qu'au lieu de petits morceaux de lard, on y sème des anchois découpés et des olives salées, après avoir ôté aux uns les arêtes et aux autres les noyaux.

TOURTE AUX ÉPINARDS (du Dauphiné).

Vos épinards épluchés et lavés, nous les ferons cuire à l'eau bouillante avec une petite poignée de sel. Lorsqu'ils sont devenus tendres, on les égoutte et on les jette dans l'eau fraîche ; puis on les prend par poignées pour les presser entre les mains et en bien exprimer l'eau qu'ils contiennent. Cela fait, nous les hacherons finement et les mettrons dans une casserole avec un morceau de beurre, nous y ajouterons une demi-cuillerée de farine et mouillerons avec de la crème ou du lait ; puis, après avoir lié d'un morceau de beurre frais, nous verserons sur une pâte brisée en forme de tarte. Nous mettrons au four et servirons quand la pâte sera cuite.

CROQUETTES DE POMMES DE TERRE AU JAMBON.

Faites cuire à l'eau de sel 6 grosses pommes de terre rondes bien farineuses ; écrasez-les, pilez-les en y mélangeant 3 bonnes cuillerées de jambon haché menu, un peu de muscade, poivre, sel, du persil haché fin ; ajoutez 4 jaunes d'œufs battus ; mélangez bien ; divisez cette pâte au moyen d'une cuillère à bouche ; façonnez ces morceaux en forme de bouchons ; trempez-les dans les œufs assaisonnés et battus comme pour une omelette et faites frire dans du beurre.

POMMES DE TERRE A LA RUSSE.

Faites cuire 12 à 15 pommes de terre dans de l'eau salée ; les couper en minces rondelles ; avec la moitié de ces rondelles, garnir le fond d'une casserole bien frotté de beurre.

Puis découper en tranches fines 4 saucisses fumées, bien cuites et pelées ; y joindre un hareng fumé (oh !) coupé en petits dés, des échalottes et du persil, et faire faire un tour de feu à tout cela ensemble avant d'y mêler, en remuant, une demi-chopine de crème aigre (*smitane*). Etendre ce mélange sur les pommes de terre qui garnissent le fond de la casserole, achever de remplir avec l'autre moitié des pommes de terre, et enfin mettre la casserole dans un four doucement chauffé jusqu'à entière cuisson.

POMMES DE TERRE A LA COSAQUE.

Pelez des pommes de terre, coupez-les en morceaux et faites-les sauter dans la casserole, avec du beurre, de façon à les faire gratiner un peu. Quand elles sont cuites, retirez-les avec l'écumoire et déposez-les sur un plat que vous tenez chaud sur le coin du fourneau.

Dans la casserole restée sur le feu, ajoutez un bon morceau de beurre, du persil et des échalottes hachées, du sel et du poivre (si vous le voulez, des tranches de saucisson coupées minces, ou, les jours maigres, des filets de harengs) puis un bol de crème aigre.

Tournez sur un bon feu jusqu'à ce que le tout ait épaissi et versez sur les pommes de terre pour servir.

CÉLERIS A CÔTES AU JUS.

Dans un banquet d'une société savante de province, le savant Ampère se trouvait placé à côté d'un abbé, grand faiseur de calembours, même en latin.

On venait de servir un plat de céleris au jus.

— Savez-vous, demanda Ampère à son voisin, qui est l'inventeur du céleri ?

— Non.

— Eh bien ! au témoignage de Virgile, c'est Ulysse : *Scelerum que inventor Ulysses* (¹).

— Et vous, monsieur l'académicien, dit à son tour l'abbé, savez-vous qui le premier a parlé du céleri au jus ?

— Qui donc ?

— C'est Tacite, monsieur : *Jusque datum sceleri* (²).

Coupez les côtes blanchies de céleris de la longueur du doigt ; liez-les en petits paquets et mettez-les blanchir à l'eau bouillante ; égouttez-les et faites-les cuire dans du bouillon. Quand ils sont cuits, faites un roux que vous mouillez avec le jus de la cuisson des céleris et les y laisser mijoter. Dressez les paquets sur un plat, enlevez les ficelles et masquez avec la sauce.

Ce plat est excellent et peut être présenté sur les meilleures tables, où il tient lieu de cardons.

A propos, saviez-vous que les anciens décernaient une couronne de céleri, ou plutôt d'ache vert, ce qui est la même chose, aux vainqueurs des jeux néméens ?

Eh bien ! ni moi non plus.

OLIVES TOURNÉES, A LA SAUCE ESPAGNOLE.

Mettez au feu dans une casserole des tranches de rouelle de veau et un peu de lard coupé en petits dés,

---

(¹) Enéide Liv. 11 vers 164.
(²) J'ai en vain cherché cette citation dans le Texte ; cet hémistiche d'un hexamètre ne doit pas être de Tacite (?).

un oignon, un clou de girofle et quelques carottes (ajoutez, si vous en avez, maigre de jambon, débris de gibier, volaille, etc). Faites bien revenir le tout et, quand la viande commence à s'attacher à la casserole en formant une espèce de caramel, retirez-la ainsi que les carottes ; ajoutez de la farine et un peu de beurre pour faire un roux que vous mouillez avec du bouillon. Remettez alors la viande et les carottes ; introduisez un bouquet de fines herbes ; salez, poivrez et laissez cuire au moins pendant deux grandes heures, en ayant soin de dégraisser souvent.

Vous avez préparé des olives (environ une livre pour six personnes) en les tournant en spirale avec la pointe d'un couteau, de façon à en extraire le noyau. Vous ôtez alors la viande et les assaisonnements de votre coulis et le passez à la passoire fine. Vous le remettez sur le feu avec vos olives et un peu de fécule pour finir le coulis ; laissez mijoter une demi-heure et surveillez de près.

Ce plat, d'une exécution facile, n'est pas ordinaire. Il est, au contraire, fort distingué et fait bonne figure sur les meilleures tables ; et, ce qu'il y a de plus précieux, son ramage répond à son plumage : il est excellent.

CHATAIGNES AU LAIT FROID.

A la sortie de l'hiver, lorsque les marrons de haut goût ont disparu, on vous vendra encore de fades châtaignes.

Fendez-en l'écorce pour donner accès à l'eau parfumée dans laquelle vous allez les faire cuire. Mettez-les à la casserole dans de l'eau avec une branche de sauge (¹) ; laissez cuire et réduire. — Servez avec un bol de lait froid où on a fait infuser 2 feuilles de laurier-amandier.

(¹) Le sauge est un carminatif; la châtaigne est venteuse: on comprend que le résultat de leur union doit être excellent.

Chaque convive prend du lait dans son assiette et à chaque châtaigne mâchée en joint une cuillerée.

J'ai vu cela, un jour, tout là haut, là bas dans la montagne et m'en souviens à propos pour vous en faire part.

—

CRÊPES HOLLANDAISES.

Pour trois crêpes prenez une grande cuillerée de farine, un œuf et deux cuillerées de lait. Il ne faut pas mettre de sel. Amalgamez bien, et faites vos crêpes dans la poêle avec du beurre. Délayez de la bonne crème avec du sucre ; versez-en un peu sur vos crêpes que vous avez coupées en deux et roulées. Remettez-les ainsi au four jusqu'au moment de servir.

—

CRÊPES OBSIDIONALES.

Tout le monde connaît l'agréable préparation appelée PANKOUFFE en Lorraine ; PFANNKUCHEN en Allemagne ; PANCAKE chez les Anglais ; COUCK-BACK par les Flamands ; CRÊPES en France et CREUPÉS dans nos villages messins.

Or donc, pendant le siège de Metz, en 1870, lorsque les aliments commencèrent à manquer dans la ville, on me faisait souvent manger une espèce de crêpe, composée de riz frit dans l'huile, et que nous trouvions délicieuse. Longtemps après le siège, le souvenenir m'en faisait encore venir l'eau à la bouche, et je voulus un jour en régaler quelques amis. Le plat fut annoncé avec pompe ; mais, — à quoi tient le succès ! — mes convives déjà rassasiés, ou comptant sur autre chose, le déclarèrent détestable ou même n'en voulurent pas goûter. Moi seul, fidèle à la mémoire des temps mauvais, je le trouve encore excellent aujourd'hui, et me fais préparer chaque année une ample assiette de ce que j'ai appelé les CRÊPES OBSIDIONALES.

Faites cuire du riz à l'eau et au sel, — si vous avez du sel, pendant le siège nous n'en avions pas. — Quand il est cuit, mais encore ferme et rond, de manière à ce qu'il ne forme pas une pâte collante, tournez le avec un mélange très-clair d'un peu de farine délayée dans de l'eau, versez-en une certaine quantité dans une poêle où vous avez mis un peu d'huile, étendez-la pour en former une espèce de crêpe. Faites partir vivement et quelque peu rissoler, en la retournant des deux côtés. Coulez sur une assiette et recommencez pour une autre jusqu'à épuisement du riz. Servez chaud, et souvenez-vous que « *La fame è il miglior intingolo* (¹). *La faim* est la meilleure des sauces. »

RIZZOTO OU RIZ A L'ITALIENNE.

Beurrez une casserole ; mettez-y du riz avec ce qu'il faut d'eau chaude pour le faire cuire, sans qu'il reste d'eau à la fin de la cuisson, et ajoutez le reste du beurre.

Incorporez cervelas, champignons, truffes, tomates, le tout haché fin ; une pointe d'ail, un peu de piment et un grain de sel. Laissez cuire.

Sur un plat allant au feu, placez, un lit de ce riz très-chaud, une couche de fromage de gruyère et de parmesan râpé, et ainsi de suite jusqu'à épuisement du riz. Tenez chaud et servez.

MACARONI A LA PIÉMONTAISE.

Les macaronis étant cuits à l'eau et au sel, il se prépare sur la table, *coram populo*.

Le professeur chargé de cette honorable mission fait placer devant lui un saladier préalablement chauffé ainsi que la casserole où sont les macaronis égouttés et bien chauds, du fromage de parmesan et de gruyère râpé, du beurre frais, du sel, du poivre et de la

---

(¹) L'*intingolo* est une espèce de manicaretto c.-à-d. de ragoût et s'entend dans le sens de ragoût et de sauce.

poudre... Eh bien! qu'y-a-t-il d'étonnant? ce n'est pas de la poudre à canon, ni de la poudre de riz, mais de la poudre de thym.

Ainsi fourni de toutes ses munitions, et suivi de l'œil par les convives, l'opérateur doit procéder comme suit :

Il place un lit de macaronis au fond du saladier, les recouvre d'une couche de fromage râpé, y ajoute de la poudre de thym, un peu de sel et de poivre. Il recommence à former des lits successifs, et dans le même ordre, de ces divers ingrédients, puis retourne le tout comme on le ferait d'une salade.

Et voilà comme s'exécute le *macaroni à la piémontaise*.

MACARONI AUX TOMATES (du Gers).

Faites un macaroni ordinaire au beurre et au fromage de gruyère, et servez-le masqué d'une bonne sauce aux tomates.

MACARONIS OU NOUILLES A LA MODE DE CORSE.

Faites cuire vos macaronis (ou plutôt des nouilles, car pour ce plat c'est la nouille qui est classique) à l'eau et au sel ; quand ils sont cuits, retirez-les du feu et versez dans leur eau un peu d'eau froide pour arrêter la cuisson et les maintenir entiers ; puis faites-les égoutter.

Vous avez pris poids pour poids de macaronis et de fromage râpé, gruyère et parmesan par moitié.

Vous avez aussi préparé, selon les règles, un bœuf à la mode avec un pied de veau et tous les accompagnements convenables, de façon à avoir un bon jus.

Dans un plat profond allant au feu, ou mieux dans une casserole d'argent *ad hoc*, mettez alternativement un lit de macaronis, un lit de fromage râpé et couvrez de jus. Recommencez ainsi plusieurs fois, et tenez très-chaud *sans faire cuire*, jusqu'au moment de servir.

On fera bien d'avoir deux casseroles, dont une se remplit à la cuisine pendant que l'autre se vide à la salle à manger, en sorte que le contenu — chose essentielle — en est toujours chaud.

Il n'est pas nécessaire d'être Corse pour apprécier les mérites de cette préparation fort en honneur parmi les Corses ... de Paris.

MACARONI NICOLO ET POTAGE A LA CAMÉRANI.

Encore le macaroni ! — Et pourquoi pas? Quand un acteur a plu, on le rappelle, les Anglais en lui criant: Encore ! encore ! en français; et nous, en latin, par des *bis* chaleureux. J'ai connu un brave homme qui, lorsqu'une cuisinière se présentait chez lui, lui posait cette seule question : « Savez-vous faire le macaroni? »

Une réponse affirmative tenait lieu de tout certificat — d'aptitude et d'autre chose.

Ah! C'est qu'il y a dans le macaroni, traité d'une certaine façon, d'innocentes mais mystérieuses sensualités.

Tenez, laissez-moi être votre initiateur.

Mon grand-père avait été, à l'âge de 15 ans, en 1784, à la fameuse pension Berthaud, de la rue du Faubourg Saint-Honoré, où l'on préparait les élèves pour les écoles militaires ; il y eut pour camarade le jeune Nicolo Isouard, déjà bon musicien, devenu plus tard compositeur distingué, l'auteur de *Joconde* — et un aimable gourmand. Nicolo avait — ce n'était pas à la pension — une manière à lui de préparer et de manger le macaroni ; au moyen d'une petite seringue, il insufflait dans chaque tuyau de la pâte de la moelle de bœuf ; il y ajoutait du foie gras, des filets de gibier et des truffes, et dégustait ce mets succulent avec le plus profond recueillement, une main sur les yeux pour éviter toute distraction. Philomneste (Peignot) cite ce plat dans son *Livre des singularités*. Dijon 1841, p. 171.

Puisque nous faisons de l'érudition, écoutez-moi encore un moment. Cela vous fournira le sujet d'un petit discours devant le premier macaroni qu'on vous servira dans un dîner.

Les musiciens sont ordinairement gourmands : Camérani, semainier perpétuel du Théâtre Feydeau, directeur du théâtre des Italiens, à Paris, vers 1810, a laissé son nom à un potage célèbre dans les fastes gastronomiques et dont il fut l'illustre inventeur. Il en régalait quelquefois ses amis.

Il faut avoir du véritable macaroni de Naples, du fromage de Parmesan et du beurre de Gournay. Prenez ensuite 2 douzaines de foies de poulets gras, du céleri, des choux, des carottes, des panais, des poireaux, des navets et des truffes. On commence par hacher bien menu les foies de poulets avec les quantités proportionnelles de chacun de ces légumes, et on fait cuire le tout ensemble dans la casserole avec du beurre. Pendant ce temps-là, on fait blanchir le macaroni ; on l'assaisonne de poivre, de sel et d'épices fines ; on le retire du feu et on le fait égoutter. On prend alors la soupière qu'on doit servir sur la table et qui doit pouvoir aller sur le feu, par exemple une soupière en argent — c'est bien le moins ; on dresse au fond un lit de macaronis ; par dessus un lit du hachis dont nous avons parlé ; puis un lit de parmesan râpé. On recommence toujours dans le même ordre, et l'on élève les assises de cette construction jusqu'aux bords de la soupière ; on remet sur le feu et on laisse mitonner pendant une heure et demie.

Arrêtons-nous ; car, que dire devant les conceptions du génie, sinon ce que Voltaire écrivait en marge de chaque scène d'une tragédie d'un nommé Racine : « Beau ! pathétique ! ingénieux ! sublime ! admirable ! »

VIANDES

BŒUF EN DAUBE ET A LA CHOISY.

Prenez une bonne culotte de bœuf et faites-la mariner pendant 2 jours. Piquez-la de quelques gros lardons et faites-la revenir dans la casserole. Une fois revenue, garnissez votre braisière de carottes découpées en rondelles, d'oignons en quantité, de deux gousses d'ail, bouquet garni, sel, une pincée de thym et une de gros poivre ; bardez de lard ; mouillez avec votre marinade et une bouteille de vin blanc. Laissez cuire deux heures et plus, suivant la grosseur de votre pièce de bœuf. Dégraissez la sauce, et servez sur les oignons et les carottes. C'est le bœuf en daube.

Ou bien, servez sur la sauce réduite, dégraissée et passée pour la dépouiller de tout ce qui a concouru à la faire, une ample garniture de petits oignons entiers et glacés. Vous avez alors le bœuf à la Choisy.

Dans ces deux méthodes *il y a de l'oignon;* et c'est pour vous conter une anecdote à propos du sens populaire de cette locution que je viens de décrire le bœuf à la Choisy. Demain je n'y aurais peut-être plus pensé.

Le comte Jaubert, dans son Glossaire du centre de la France, a recueilli cette anecdote. L'empereur Napoléon Ier rentrant un jour aux Tuileries de fort mauvaise humeur, le suisse dit tout bas à son voisin : « Il paraît qu'il y a de l'oignon. » L'empereur qui l'avait entendu se dirigea vers lui et d'une voix tonnante : « Eh bien, oui, il y a de l'oignon ! » Le malheureux rentra sous terre.

CÔTELETTES DE VEAU EN PAPILLOTTES.

Encore un plat de l'ancien temps.

Parez votre côtelette et mettez-la avec un morceau de beurre dans la casserole sur un feu doux, quand elle est presque cuite, retirez-la. Hachez des champignons, des oignons et du persil et faites revenir ce mélange dans le beurre de la côtelette en y ajoutant un peu de lard émincé ; assaisonnez de poivre et de sel ; retirez du feu et ajoutez de la mie de pain effritée pour faire une farce ; garnissez-en les deux côtés de la côtelette ; recouvrez d'une bande de lard et enveloppez d'un bon papier blanc huilé ; mettez sur le gril pour achever de cuire.

NB. A propos de côtelettes, regardez-bien les gens qui, à table, en rongent l'os ou le grattent à blanc avec leur couteau, vous découvrirez certainement dans leur physionomie quelque chose du chien. Le chien est un excellent animal, mais il n'est pas un modèle de tenue.

CÔTELETTES DE VEAU NANCÉIENNES.

Roulez vos côtelettes dans un œuf bien battu, puis panez-les énergiquement avec de la mie de pain effritée et assaisonnée de poivre, de sel, d'un peu d'échalottes et de persil hachés. Mettez-les sur le gril et quand elles sont cuites, servez-les sur la sauce suivante: un roux dans lequel vous ajoutez un peu de jus, une cuillerée de bouillon et de la moutarde.

Cette manière de traiter la côtelette de veau chez nos voisins est excellente.

BLANQUETTE DE VEAU (plat blond).

Un vieux plat qu'il est bon de tirer de l'oubli.

Coupez en morceaux carrés une poitrine de veau; placez ces morceaux dans la casserole en les soupoudrant de farine; versez dessus de l'eau froide jusqu'à ce qu'ils baignent; et, en agitant la casserole, ajoutez bouquet garni, champignons, si on en a, et force oignons blancs; assaisonnez de sel, de poivre et d'un peu de muscade. Mettez au feu et laissez bouillir. Quand la cuisssson est effectuée, incorporez un bon morceau de beurre et liez la sauce avec des jaunes d'œufs acidulés d'un peu de vinaigre ou mieux de jus de citron.

FRICASSÉE DE VEAU AU RIZ.

Faites cuire du riz dans du bouillon et préparez en même temps une bonne fricassée de veau ou de volaille. Arrangez votre riz en rond sur un plat, placez la fricassée au milieu, en ayant soin d'arroser par places le riz avec quelques cuillerées de sauce pour lui donner une jolie mine.

EMINCÉ DE VIANDE AUX CAROTTES.

Emincez un reste de veau, de mouton ou de bœuf froid et faites-le revenir avec un peu de beurre dans une casserole.

Faites cuire à l'eau des carottes en assez grande quantité pour foncer un plat creux ; découpez-les en rouelles minces et faites-les sauter dans le beurre avec persil haché, une pincée ou deux, poivre et sel fin.

Servez sur le même plat ou séparément.

EMINCÉ DE MOUTON A L'ANGLAISE (plat brun).

Emincez les restes d'un gigot de mouton et faites-les mijoter dans un ragoût de haut goût, avec quelques oignons découpés et frits à l'avance dans du beurre: ajoutez bonne quantité de carottes découpées également en fragments très-minces et que vous laissez bien cuire. — Les carottes doivent former le fond du ragoût. Une pincée de la poudre anglaise dite Currie de l'Inde y produit un très bon effet.

QUENELLES DE FOIE.

1° Prendre trois livres de foie de veau ; en retirer avec soin toutes les veines et hacher le foie menu.

2° Hachez de même très finement une poignée d'épinards, du persil, de l'ail, et amortissez dans le beurre en faisant faire un tour sur le feu.

3° Coupez en tranches minces la mie de six à huit petits pains blancs et délayez-la dans la quantité suffisante de lait bouillant.

4° Mettez dans un plat trois œufs entiers, les jaunes de trois autres ; un peu de farine, du sel et du poivre; mélangez et ajoutez ensuite les trois blancs d'œufs restants, battus en neige.

5º Mélangez intimement et pétrissez ensemble, dans un mortier, tous ces appareils — c'est le terme technique — de façon à en former un parfait amalgame, qu'il faut laisser reposer un certain temps.

6º Faites bouillir dans une poêle de l'eau avec du sel.

7º Prenez, pour essai, une cuillerée de la pâte ci-dessus et mettez-la dans l'eau bouillante ; si elle s'y désagrège c'est que l'appareil n'aura pas reposé assez longtemps. Attendez un peu et recommencez ; et, quand une première quenelle mise dans l'eau restera cohérente, vous en formerez d'autres que vous y déposerez au fur et à mesure. Laissez-les ainsi bien cuire à fond ; puis retirez-les avec l'écumoire et rangez-les sur un plat chauffé à l'avance.

8º Pour terminer, versez dessus du beurre bien chaud, dans lequel, vous avez fait frire des menues miettes de pain (comme on fait pour les nouilles par exemple).

N. B. — Les épinards peuvent être remplacés en hiver par des poireaux hachés très fins.

Ce plat appartient à l'ancienne cuisine. Ceux qui l'aiment en raffolent. Quand à moi, je trouve que le résultat ne répond pas aux travaux de la préparation.

Affaire de goût.

———

NESLE DE VEAU OU DE POISSON.

La nesle, dont l'invention est due au marquis de Nesle, se fait en gras avec du veau ; en maigre, avec du poisson.

Prenez une demi-livre de veau que vous hachez et pilez dans un mortier de façon à pouvoir le passer au tamis fin ; trempez dans du lait jusqu'à ce qu'elle soit réduite en bouillie environ 150 grammes de mie de pain blanc, ajoutez-y d'abord 1 cuillerée de farine fine avec un demi-quart de bon beurre et mélangez bien à la pâte de viande : ajoutez encore un morceau de beurre et 1 œuf frais entier; pilez au mortier et passez au tamis fin: remettez au mortier et introduisez de nouveau 1 œuf entier, puis 2 jaunes, un bol de bonne petite crème, poivre et sel; mélangez bien; placez dans un moule et faites cuire au bain-marie pendant une heure et demie.

Voilà la Nesle en bon train; il faut en faire la sauce.

Sauce à la Nesle. Faites cuire une douzaine d'écrevisses; ôtez-en les queues et mettez-les de côté après les avoir épluchées. Pilez le reste avec du beurre et mettez à la casserole avec un nouveau morceau de beurre et un peu d'eau. — Laissez cuire jusqu'à ce que le beurre soit bien sorti de cette pâte; passez-le dans un linge et laissez refroidir. Mélangez ce beurre d'écrevisses à une bonne sauce blanche; placez les queues d'écrevisses et environ une livre de champignons, dans le creux de la Nesle et versez votre sauce par dessus.

En maigre, on opère de même en remplaçant le veau par du poisson, peu importe lequel; un mélange de chair d'anguille de mer y fait très bien.

GIGOT D'AVANT-GARDE.

Une bonne plaisanterie des écoles militaires et des anciennes armées était le *gigot d'avant-garde*.

Il n'était pas difficile alors de se le procurer :

Un chiffon de pain bis;

Une chandelle dont on incrustait des fragments dans les yeux du pain :

On frottait vigoureusement le dessus et le dessous de la chose avec une gousse d'ail;

Un peu de sel et de poivre complétait la bonne fortune.

Rentré au bivouac, on contait l'aubaine aux camarades : une tranche de gigot froid dans un pays ravagé par la guerre ! les conscrits l'enviaient; les vieilles moustaches riaient ; les conteurs pris à leur propre imagination se pourléchaient les lèvres et tout le monde était content.

Ainsi l'homme aime à se leurrer.

Écoliers, militaires, magistrats, nobles, bourgeois, artistes, poètes, n'avons-nous pas tous goûté un jour à quelque *gigot d'avant-garde !*

A propos de Chandelles.

INTERMÈDE

Je viens de parler de chandelle.

Peut-être plus d'un de mes lecteurs ne sait-il pas ce que c'était qu'une chandelle ? A coup sûr beaucoup verraient, sans en deviner l'usage, ces petits meubles appelés mouchettes, éteignoirs ou porte-mouchettes, lesquels autrefois garnissaient nos cheminées, nos tables, et nos tables de nuit.

Au théâtre, avant les quinquets à l'huile, détrônés ensuite par le gaz, la rampe était composée de rangées de chandelles et il y avait un moucheur de chandelles — métier disparu ; à Metz, pendant un temps, le guetteur de la cathédrale était moucheur de chandelles au théâtre et la soirée finie — vers 8 heures à cette époque — remontait à sa tour — sans chandelle. —

J'ai fait mes premiers thèmes latins à la chandelle ; c'était fort amusant — il fallait la moucher, on l'éteignait — autant de répit ; — et les champignons se formant sur la mèche et pronostiquant à nos bonnes l'arrivée de prochaines et mystérieuses nouvelles ! — et le suif coulant tout-à-coup largement et qu'il fallait endiguer ! — et la chandelle soufflée et rallumée du même temps ! — et les hardis essayant de la moucher avec leurs doigts ! — opération sur laquelle Charles Quint a dit une bêtise encore répétée de nos jours.

La chandelle était secourable aux enrhumés du cerveau, aux piétons excoriés et aux cavaliers endoloris ; elle constituait pour eux une petite pharmacie qu'on avait partout sous la main.

La disparition de la chandelle a bien d'autres conséquences. Em. Ferrière, dans son étude sur le Darwinisme donne à propos de la chandelle un exemple intéressant de la sélection qu'exerce le progrès des sciences sur les expressions proverbiales ou littéraires des langues.

« Il y a 300 ans à peine, la chandelle de simple suif fondu était l'alpha et l'oméga de la lumière artificielle. Aussi fournissait-elle au peuple ses proverbes les plus expressifs « Se brûler à la chandelle; » « Le jeu n'en vaut pas la chandelle » et à la langue littéraire de nobles comparaisons: « Ses yeux étincelaient tout ainsi que chandelles. » (Ronsard). Au milieu du XVIIIème siècle, cette expression n'excitait pas encore le rire; elle avait conservé un reste de majesté. « On dit des yeux fort vifs et brillants qu'ils brillent comme chandelles.» (Dictionnaire de Trévoux, 1743.)

Les gens de lettres disaient, en forme sentencieuse: « Cette femme est belle à la chandelle, mais le jour gâte tout. » La découverte du gaz et de la lumière électrique avait déjà fait une incurable blessure à la chandelle métaphorique, lorsque la chimie est venue porter au mot un coup qui sera mortel. L'invention de l'acide stéarique, qu'on extrait du suif lui-même et son application sous l'appellation commerciale de bougie stéarique enseveliront dans l'oubli le nom de chandelle; avant un siècle ce substantif deviendra un fossile... »

J'ajouterai que bientôt nombre de lecteurs demanderont au linguiste la signification du titre d'un des proverbes d'Alfred de Musset; je dirai encore... mais non, mieux vaut garder ce surplus dans ma réserve: car ce n'est pas une petite économie que celle des bouts de chandelles, et il est sage aussi de ne pas brûler la chandelle par les deux bouts.

FRICASSÉE DE POULET.

Ce plat ancien est de l'ordre des plats blonds, plus délicats, plus distingués, plus difficiles à réussir que les plats bruns. Son aspect doit être blanc ; alors il est excellent et très-beau. Roussi ou gris-brunâtre, il est encore bon mais rentre dans la Cuisine vulgaire.

On vide le poulet ; on le flambe légèrement sans le noircir ; on le découpe proprement sans déchirer la peau. — On le met dans une casserole sur le coin du fourneau dans de l'eau tiède pendant un quart d'heure pour faire dégorger tous les vaisseaux.

On jette cette première eau ; on égoutte le poulet, et on le remet dans la même casserole avec de l'eau fraîche de manière qu'il soit couvert par l'eau ; on ajoute un bouquet garni, un oignon piqué d'un clou de girofle, et un peu de sel. On place sur un feu vif, et on fait bouillir dix minutes ; on écume ; on retire le poulet ; on l'égoutte sur un linge blanc et on essuie chaque morceau ; après quoi on passe le bouillon au tamis de soie. On lave la même casserole ; on y dépose un bon morceau de beurre ; et on saute le poulet dans ce beurre en prenant bien garde qu'il ne roussisse.

On ajoute une cuillerée de farine bien fine ; on laisse sauter quelques minutes, et on mouille doucement avec la cuisson mise en réserve, de façon que la sauce ne soit ni trop claire ni trop épaisse. Quand elle commence à bouillir, on retire sur le coin du fourneau pour qu'elle bouillotte plus doucement. Au bout de 20 minutes, on dégraisse.

Quand le poulet est cuit, on le retire et on le fait égoutter sur une passoire ; puis on en dépose les morceaux dans une autre casserole avec quelques cuillerées de la sauce et on les tient chauds au bain-marie.

On fait réduire la sauce ; on y ajoute une liaison de 3 jaunes d'œufs délayés dans un peu de crème avec 4 ou 5 petits morceaux de beurre, en le remuant jusqu'à ce que cette sauce soit bien liée. Il ne faut plus la remettre sur le feu où elle tournerait.

On dresse le poulet dans un plat avec de petits

oignons épluchés, blanchis, cuits dans du bouillon et bien blancs. On ajoute le jus d'un citron à la sauce ; on verse sur le poulet et on sert.

POULE AUX TOMATES.

Ayez une poule grasse découpée et cuite comme pour une fricassée ; remplacez la crème par une purée de tomates.

RESTES DE VOLAILLE EN FRITURE.

Délayez 2 ou 3 cuillerées de farine avec un peu d'eau ou de lait, ajoutez-y une demi-cuillerée d'huile d'olive, gros comme une noix de beurre, un jaune d'œuf et un peu de sel fin. Maniez bien le tout ensemble, et laissez reposer cette pâte pendant un certain temps. Au moment de vous en servir battez en neige le blanc de l'œuf et mêlez-le à la pâte, qui devra avoir la consistance d'une crème très-épaisse. Trempez vos morceaux de volaille dans cette pâte et mettez-les dans la friture chaude, meilleure au beurre fondu qu'à la graisse. Faites frire quelques branches de persil pour en agrémenter le plat.

VOLAILLE A LA GELÉE.

Préparez une bonne poularde ou jeune poule de 4 livres environ. Frottez-la avec un citron coupé en deux pour la maintenir blanche, et enveloppez-la dans une mousseline ou un linge clair.

Mettez-la dans une casserole avec 4 grands verres d'eau, une bonne poignée de sel, 2 feuilles de laurier, 40 grains de poivre, 6 échalottes, 4 gousses d'ail, 3 oignons moyens, un paquet de poireaux, un pied de veau.

Après une heure de cuisson, y mettre un demi-litre de vin blanc, puis faire cuire doucement comme un pot-au-feu.

Quand la volaille est cuite, on la retire et, si la sauce est trop longue, on la fait réduire ; puis on la verse dans une soupière et on la met dans un endroit frais.

Le lendemain on lève la graisse ; on bat légèrement 2 blancs d'œufs en neige ; on les incorpore dans la gelée qui est prise ; on tourne le tout ensemble et on remet ce mélange sur le feu. Quand il a fait 3 ou 4 bouillons, on le passe dans un linge au-dessus du passe-bouillon et on verse sur la volaille. Laissez prendre et refroidir.

—

ASPIC DE VOLAILLE.

Prenez une bonne volaille ordinaire, bien en chair, mais pas trop grasse. Vous la mettez dans une casserole avec 2 pieds de veau, une demi-livre de jarret de bœuf et les débris de votre volaille. Remplissez 2 fois d'eau fraîche le moule dans lequel vous devez façonner l'aspic et versez cette eau dans la casserole. Ajoutez une bonne poignée de sel, 2 feuilles de laurier, 50 grains de poivre, 6 échalottes, 5 gousses d'ail, 3 ou 4 oignons, un bon paquet de poireaux. Laissez cuire pendant 2 heures environ jusqu'à ce que la volaille soit bien cuite. Retirez-la pour en lever les blancs que vous mettez à refroidir sur une assiette. Remettez la volaille à la casserole en ajoutant une bouteille de bon vin blanc ; puis vous laissez cuire doucement comme un pot-au-feu pendant au moins 2 heures. Quand vous jugez que votre bouillon est assez réduit pour former une bonne gelée, vous le passez à la passoire et le versez dans une soupière où on le laisse refroidir. Le lendemain on lève la graisse ; on bat légèrement 2 ou 3 blancs d'œufs en neige avec un demi-verre de vin de Madère ; on les incorpore dans la gelée et on remet le mélange sur le feu où on lui fait faire 3 ou 4 bouillons ; puis on passe au tamis fin dans un saladier.

Il s'agit maintenant d'organiser l'aspic. Vous avez fait cuire un œuf dur dont vous prenez le blanc pour y découper au moyen d'emporte-pièces spéciaux de petits morceaux taillés de différentes façons. Mettez alors un peu de gelée au fond de votre moule après avoir placé différents morceaux de blancs d'œufs taillés et de petites rondelles de truffes tant au fond que sur les côtés ; placez sur la gelée des blancs de volaille découpés en jolis petits carrés ; décorez les côtés du moule avec des blancs d'œufs découpés et des rondelles de truffes que vous y appliquez ; versez de la gelée et disséminez au-dessus de petits morceaux de foie gras ; puis de la gelée, puis des blancs, et toujours le pourtour décoré de filets noirs et blancs, et ainsi de suite jusqu'à ce que le moule soit plein. Mettez dans la glace pour que la gelée prenne bien. Démoulez au moment de servir.

La gelée doit être bien transparente, les morceaux de blancs de volaille et de foie gras bien distribués à l'intérieur et la décoration blanche et noire du pourtour intelligemment agencée. Il faut être un peu artiste pour arriver à ce triple résultat.

FOIE EN PAPILLOTTE.

Ayez un foie de chevreuil, ou même un foie de porc ; coupez-en des morceaux de la grandeur d'un beafsteack ; fendez-les en deux et garnissez l'intérieur d'une farce d'échalottes, de persil et de lard hachés, assaisonnée de sel et de poivre. Emballez chaque morceau dans un papier huilé dont vous repliez et roulez les bords pour le bien fermer. Placez dans une casserole foncée d'un peu de beurre et faites cuire à un feu très-doux, « tout dou-ce-ment, tout dou-ce-ment, m'a dit mademoiselle Justine, et pendant au moins deux heures. »

JAMBON DE GOTHA.

Faites-le dessaler dans l'eau froide pendant 3 ou 4 heures. Mettez-le ensuite dans une marmite avec de l'eau et les assaisonnements d'un pot-au-feu : carottes, céleris, navets, échalottes, ail, bouquet garni, laurier et poivre en grains. Faites bouillir 4 heures ; retirez du feu et laissez refroidir dans la cuisson. Sortez de la cuisson pour servir.

JAMBON.

Une excellente préparation du jambon est celle-ci. Pour un jambon de 14 à 16 livres il faut :

    1 once de sel
    3 gousses d'ail
    5 gousses d'échalottes
    1 pincée de thym
    1   »   de romarin
    1   »   de sauge noire
et un peu de salpêtre.

Hachez ensemble tous ces assaisonnements de façon à obtenir une espèce d'onguent avec lequel vous frictionnez vigoureusement le jambon, sous toutes ses faces, jusqu'à ce qu'il en soit imprégné et qu'il ne vous reste plus rien à la main: opération assez pénible, exigeant une bonne poigne et devant durer deux à trois heures.

Enveloppez votre jambon d'un gros linge ; enterrez-le à la cave dans du sable et laissez l'y pendant 14 jours.

Pendez-le alors dans la cheminée à fumer le lard ; au bout de 15 jours il est suffisamment fumé ; enveloppez-le de linge ou de papier et conservez dans un endroit sec.

PATÉS DE MÉNAGE
en terrine.

Excellente ressource à la campagne : se conserve une huitaine de jours ; de plus a l'avantage de remplacer par ci par là le sempiternel *veau à la casserole* par une préparation plus artistique. Il se prépare très-simplement, très-facilement et très-économiquement.

Coupez en morceaux assez petits et assez minces un carré de veau et rangez ces morceaux dans une terrine à couvercle en les entre-mêlant d'un certain nombre de petits dés de lard. Si vous en avez, remplissez les interstices avec du jambon (ou du maigre de lard) et de la viande de bœuf hachés ; ajoutez, sans parcimonie, des oignons, des échalottes, et un peu d'ail, de la poudre de thym, de la sarriette, quelques clous de girofle, des feuilles de laurier, du sel et du poivre ; arrosez d'un demi-verre de vinaigre mêlé à un demi-verre d'eau ; quand la terrine est remplie, recouvrez de bardes de lard ; posez le couvercle et lutez-le avec de la pâte ; placez au four en même temps que le pain et retirez avec lui. Au four du fourneau il faut au moins 2 bonnes heures de cuisson à un feu pas trop vif.

POISSONS.

Matelote de Metz.

Après que le poisson a été écaillé, vidé et lavé avec soin, on le coupe par tronçons égaux. Mettez dans une casserole une bonne quantité de petits oignons, de l'ail et des échalottes écrasées, un bouquet de persil, deux feuilles de laurier, du thym, deux clous de girofle, du poivre, du sel et de l'eau (ou du bouillon); faites cuire. Quand ces assaisonnements sont suffisamment cuits, ajoutez du vin rouge un peu plus qu'il n'y a de bouillon et de façon que le poisson, mis dans la casserole, y soit complètement baigné. Faites cuire à grand feu pendant 15 à 20 minutes.

Ayez une autre casserole dans laquelle vous passez au beurre environ deux douzaines de petits oignons pour leur faire prendre couleur. Retirez ces oignons et ajoutez au beurre un peu de farine, pour faire un roux que vous mouillez avec un peu de la cuisson du poisson : remettez les petits oignons dans ce roux et, après le temps nécessaire à leur coction, versez dans la première casserole.

Quand le tout est bien cuit, retirez les bouquets de persil, thym laurier ; ajoutez *trois ou quatre boulettes de beurre frais pétri avec de la farine.* Laissez mijoter et, au moment de servir, versez sur un plat creux chauffé à l'avance, et dont vous avez garni le fond de tranches de pain frites au beurre.

MATELOTTE SANS POISSONS.

Vous avez promis une matelotte à vos convives.

Comme Grouchy à Waterloo, le poisson n'est pas arrivé. Un corps essentiel manque à vos dispositions si bien prises. Vous aviez, nouveau Louvois, organisé la victoire ; et la défaite vous attend ! — Des visions à la Vatel commencent à gyrovaguer dans votre cerveau...

Mais je suis là ; — le mal n'ira pas plus loin.

Faites roussir dans le beurre deux douzaines de petits oignons que vous laissez entiers. Retirez-les, et ajoutez au beurre la farine et l'eau chaude nécessaires pour faire un roux blond. Ajoutez ensuite du vin rouge, un bouquet de persil, du thym, du laurier, un clou de girofle, sel et poivre, une gousse d'ail écrasée, 3 échalottes hachées, les oignons déjà roux et une livre et demie de champignons. Laissez réduire.

Préparez une omelette un peu cuite ; coupez-la par tronçons ; dressez ces tronçons sur un plat creux ; et versez dessus votre sauce matelotte après en avoir ôté le bouquet de persil.

Racontez à dîner vos angoisses et votre succès ; n'oubliez pas surtout d'arroser ce récit du meilleur vin rouge de votre cave.

BROCHET RÔTI.

Autrefois on avait la ressource de mettre le sujet à la broche ; mais il n'y a plus de broches — hélas ! La révolution de 1789, que je maudis tous les jours dans ses tristes évolutions, a porté un coup mortel aux tourne-broches de nos cuisines, comme à bien d'autres institutions de moindre importance.

Nous n'avons plus de tourne-broches ! Est-ce une raison pour nous condamner bêtement au brochet au bleu à toute éternité ?

Après avoir préparé votre brochet, l'avoir fait dégorger dans l'eau fraîche et frotté de sel, piquez-le de lard fin — si vous l'employez un autre jour qu'un jour maigre — et placez-le sur un plateau dans le four du fourneau. Activez le feu de façon que votre poisson ne devienne pas mollasse par une cuisson trop lente, qu'il rôtisse, en un mot. Vers la fin du travail, arrosez-le d'un bon verre de vin blanc avec un peu de vinaigre et un jus de citron. Servez sur cette sauce assaisonnée d'une pincée de poivre blanc.

Sole au vin blanc
ou sole normande simplifiée.

Mettez votre sole dans un plat ovale allant au feu, avec beurre frais, persil en branches, thym, oignon haché, poivre et sel et une demi-bouteille de vin blanc.

Lorsqu'elle est à peu près cuite des deux côtés, on ôte le persil, le thym et l'oignon ; on ajoute une livre de champignons épluchés et passés à l'eau vinaigrée ; puis on fait une liaison de trois jaunes d'œufs avec du bouillon qu'on verse dans le plat.

Laissez mijoter doucement jusqu'à ce que vos champignons soient cuits, la sauce bien liée et votre sole bien apprivoisée.

Carpe a la juive.

Lavez, videz, écaillez et nettoyez votre carpe comme à l'ordinaire. Découpez-la en tronçons de 5 à 6 centimètres de largeur, déposez ces morceaux, ainsi que les œufs et la laitance dans une terrine en les saupoudrant de sel et d'un peu de poivre. Laissez-les ainsi pendant quelques heures, et même en hiver pendant une nuit entière. Faites-les cuire ensuite dans un court-bouillon ainsi composé: de l'eau en quantité suffisante pour couvrir le poisson ; oignons, ail, échalottes, bouquet de persil, clous de girofle et muscade ; 2 feuilles de laurier, du thym, sel, poivre en grains ; et, ce qui constitue la saveur spéciale de ce plat, deux bonnes cuillerées d'huile d'olive. Au cours de la cuisson adjoignez une grosse pincée de farine ; goûtez et, si l'assaisonnement ne vous semble pas complet, remettez un peu de sel et de poudre d'épices. Quand le tout est bien cuit, ce qui se reconnait à la dureté des œufs ou à la consistance de la laitance, retirez les morceaux de votre carpe et les rangez proprement dans le plat creux où ils devront être servis. Versez dessus le court-bouillon passé au tamis fin, et laissez prendre en gelée dans un endroit frais. Servez froid et dans la gelée.

POISSONS EN COTELETTES (de Nice).

Pour exécuter cette excellente friture, à Nice on prend des sardines fraîches ; nous ne sommes pas au bord de la mer contentons-nous des petits poissons que nous offrent nos belles rivières, ce qu'à Metz on appelle *de la friture*. Les conséquences n'en seront pas moins bonnes.

Prenez donc des petits poissons de friture chevennes, rousses, perchettes, etc. ouvrez le poisson du côté du ventre et enlevez l'arête dorsale. — Aplatissez avec la main revêtue d'un linge les poissons ainsi ouverts. Trempez-les dans des œufs battus comme pour une omelette et roulez-lez ensuite dans de la chapelure de pain.

Ayez alors une poêle d'huile bouillante, jetez-y vos poissons un à un et servez très-chauds.

Remarque. — Pour que ce plat soit bien réussi, il faut des poissons dont l'arête dorsale s'enlève aisément, et qui ne soient pas trop gras ; le poisson gras frit difficilement. La sardine fraîche remplit ces conditions ; c'est l'idéal ; arrangez-vous pour en approcher.

SOUFFLÉ DE MORUE (de Marseille).

Très-bon, mais très-difficile à réussir. Ne vous impatientez pas et recommencez demain.

D'abord il s'y prit mal, puis un peu mieux, puis bien. C'est comme cela que j'ai fait quand j'ai commencé à jouer du violon.

En toute chose il faut considérer la fin.

Apprenez donc, et songez tout le temps que votre préparation de morue devra devenir blanche, épaisse et moëlleuse comme un fromage à la crème, et cependant se tenir sur le plat où on la dressera.

Voilà le but ! Partons !

Votre morue bien épluchée, de façon qu'il n'y reste ni arête ni morceau de peau noire, vous la mettez dans un mortier avec quelques gousses d'ail écrasées et finement hachées. Broyez avec le pilon, puis mélangez en tournant dans le même sens pendant quelques minutes, et en ajoutant peu à peu une petite quantité d'huile d'olive. Mettez alors dans la casserole sur un feu doux, et remuez constamment dans le même sens avec une cuillère de bois, en y versant un petit filet continu d'huile d'olive et en y ajoutant de temps en temps un peu de lait. Au moment de servir, ajoutez le jus et le zeste d'un demi-citron.

La morue ainsi traitée à ses fanatiques : Alphonse Daudet en a parlé quelque part (Numa Roumestan c. 17).

Morue moderne a la provençale.

Votre morue cuite à l'eau, comme à l'ordinaire, vous la faites égoutter, puis vous la partagez en minces filets. Mettez ces morceaux dans une casserole où vous avez déjà déposé du beurre, du persil haché, du poivre et du sel et une douzaine d'olives tournées pour en ôter le noyau. Faites cuire doucement une bonne demi-heure : ajoutez un peu de vinaigre ou un jus de citron ; et arrosez au moment de servir de deux ou trois cuillerées d'huile d'olive.

Cette préparation est une pierre de touche des bons estomacs. Celui qui la digère est capable de bien des choses.

Mais, on le devine, il y a pour cela, comme pour le reste, des idiosyncrasies.

Morue aux oignons et a la moutarde.

Coupez par morceaux votre morue bien dessalée ; mettez-la cuire dans de l'eau tiède et faites-la bouillir 1/4 d'heure. Retirez-la alors de l'eau et l'enveloppez d'un linge double ; posez la sur un plat et recouvrez de la casserole encore chaude où elle vient de cuire.

Laissez-la ainsi couverte et étouffée au moins 1 heure. Après ce temps prenez un bon morceau de beurre frais, roulez-le dans un peu de farine et le mettez en l'aplatissant dans la casserole. Placez au dessus quelques oignons cuits sous la cendre et ensuite la morue. Faites mitonner le tout ensemble environ 10 minutes en remuant de temps en temps. Ajoutez de la moutarde et un filet de vinaigre. Parsemez d'un peu d'ail haché fin ou simplement frottez d'ail le plat où vous devez servir ; versez la morue dedans et servez brûlant.

ECREVISSES.

Je n'ai pas de secrets pour vous.

Les écrevisses que vous achetez au marchand ont voyagé, jeûné ; elles sont maigres et presque vides ; d'autres ont contracté un goût amer, dû aux plantes qui bordent les eaux qu'elles habitent (par exemple, dans notre pays, celles de certaines parties du Woigot, près Briey, où abondent la menthe poivrée et la menthe aquatique) ; une autre fois, ce sont des écrevisses que vous voulez conserver pour un jour donné, etc ; tous cas où il s'agit de réparer ou de prévenir le mal.

Or, voici une recette, conservée dans ma famille depuis 314 ans, et au moyen de laquelle vous pourrez toujours présenter à vos amis des écrevisses grasses, remplies, à la chair ferme et d'un goût appétissant.

Placez vos écrevisses, sur un lit d'orties, au fond d'une grande marmite ; et, tous les soirs, pendant cinq ou six jours, versez dessus un litre ou bien trois chopines de lait, un litre pour un cent de moyennes, trois chopines pour un cent de grosses.

Votre intéressante ménagerie absorbe ce lait, s'en gave et, grâce à sa faculté rapide d'assimilation, se rend bientôt digne de figurer avec un bon point sur votre table.

N. B. — Les italiens obtiennent en 25 ou 30 jours des écrevisses d'une grosseur extraordinaire en les parquant isolément — comme nous le faisons avec l'épinette pour les poulets — dans des bocaux à large ouverture dont on renouvelle l'eau tous les jours, et où l'on jette abondamment des parcelles de macaronis et des débris de cuisine, avec le seul soin de n'en donner de nouveaux que quand la distribution précédente a été tordue et avalée.

GRENOUILLES.

Vérité au delà des monts, mensonges en deçà.

Presque partout maintenant on mange des grenouilles, au moins chez les classes aisées, exemptes de préjugés quand il s'agit de leur bouche, et chez les soldats et les ouvriers d'usines et de manufactures, fricotteurs de naissance.

Il n'en était pas de même autrefois. Palissy dans son *Traité des Pierres*, en 1580, s'exprime ainsi : *Et de mon temps j'ai vu qu'il se fust trouvé bien peu d'hommes qui eussent voulu manger ni tortues ni grenouilles.*

A cette époque, vers la fin du XVIème siècle on commença à servir ce petit batracien sur les meilleures tables. Mais le dégout qu'il inspirait à beaucoup dura longtemps ; et Mᵉ Vigée-Lebrun nous fait part de sa déconvenue lorsqu'ayant un jour grimpé avec quelques personnes à un couvent de Chartreux, situé dans la montagne, non loin de Turin, les bons religieux n'eurent à donner pour toute nourriture aux excursionnistes que quatre plats de grenouilles au blanc, frites, grillées.... « *il me fut impossible d'en manger quelque faim que j'eusse.... si bien que nous ne mangeâmes que du pain sec* [1]. »

En Angleterre on a la grenouille en horreur. Dans l'Allemagne du Nord, en Russie, mêmes sentiments à son égard. En Autriche on la dévore en entier tête, épaules, cuisses, cœur, entrailles ; elle y figure dans les festins. Les Hollandais n'y touchent pas ; est-ce parce qu'on lui a donné le nom de *rossignol de Hollande ?* Mercier, l'auteur du Tableau de Paris, trouve

....

[1] Souvenirs de Mᵉ Vigée-Lebrun T. I., chap. X.

dans le coassement de la grenouille un charme agreste et une poésie mélancolique qu'il dénie au chant du rossignol — hum !

Dans la plupart des provinces de France les paysans se sont montrés récalcitrants à l'endroit de la grenouillophagie. En Bretagne, encore, une femme à l'aspect d'une grenouille, s'effraie et fait le signe de la croix. Dans le Limousin, une bonne dame apostrophait dernièrement en ces termes son fils, revenant de la Lorraine où je lui avais appris à estimer les grenouilles et à les apprêter : « *Petieu, faïse cuiro las grenouillas, salas bestias, et mangea la, ché n'en-z-as le queur, mas fors de la mouison, et l'oulletto qu'ez auront saligu flanqua lo dans lo ribero*([1])*!*» En Picardie l'étranger qui en demande est considéré comme sentant un peu le fagot ([2]).

Le professeur d'histoire naturelle Fournel, dans son ouvrage sur les animaux existant dans le Département de la Moselle, nous découvre une falsification assez peu rassurante des Dames du Marché de Metz. Il s'agit des crapauds et parmi eux de l'espèce appelée *Crapaud de Rœsel :* « Cette espèce, dit-il, se trouve assez souvent avec les grenouilles, auxquelles elle ressemble beaucoup *par ses pieds palmés*. On en vend sur les marchés. Une fois écorchée, il n'est presque plus possible de la distinguer, et on mange ses cuisses comme celles des grenouilles ([3]). »

Au reste n'en prenez point de souci. La grenouille et le crapaud sont cousins-germains : Bory de St. Vincent ([4]) affirme avoir vu fréquemment le *Bufo vulgaris* et le *Bufo Fuscus* (crapaud ordinaire et crapaud brun) et d'autres batraciens *probablement métis*

([1]) Petit, fais cuire tes grenouilles, sales bêtes, et mange les si tu en as le cœur, mais hors de la maison, et le pot qu'elles auront sali — jette-le dans la rivière.

([2]) Manuel de Cuisine par M. de C. Metz 1811 art. grenouilles.

([3]) Faune de la Moselle par D. H. L. Fournel (dédiée à l'Académie de Metz s. v. p.) Metz 1836, p. 358.

([4]) Dictionnaire classique d'histoire naturelle, Rey et Gravier éd. Paris 1824, T. V, p. 36.

du crapaud fuscus et de la grenouille vendus sur les marchés de Paris sous le nom de leur parente, et sans que ceux qui les ont mangés de bonne foi en aient jamais ressenti le moindre inconvénient.

A ce propos, un souvenir oublié du marché de Metz.

Le mardi, 13 novembre 1821, au matin, les rues avoisinantes du marché aux poissons, la rue du Faisan, la place de Chambre etc. étaient couvertes de grenouilles grouillantes, sautillant sur le pavé et pénétrant jusque dans les maisons (¹). Les bonnes femmes croyaient à une nouvelle plaie d'Egypte ; leurs maris, lecteurs du Constitutionnel, levaient curieusement le nez vers les nuages. Le miracle fut bientôt expliqué. Une marchande de grenouilles en avait 6000 enfermées dans des réservoirs ; des enfants les découvrirent, en enlevèrent — et n'avaient pas refermé les baquets. On en parla longtemps, et plus d'un brave bourgeois, six mois après, n'osait pas encore descendre à sa cave sans chandelle.

———

GRENOUILLES AU GRATIN A LA MODE DE BOULAY.

Préparez dans une assiette creuse de la mie de pain blanc bien effritée ; mélangez-y des échalottes et du persil hachés fin ; assaisonnez de sel et de poivre.

Vous avez préparé les cuisses de grenouilles en les nouant et en coupant l'extrémité des pattes. Roulez-les dans la mie de pain de façon à leur en faire une espèce de robe — un peu déchirée.

Ayez un plat creux allant au feu, mettez un peu de beurre dans le fond et rangez-y vos grenouilles ; garnissez les intervalles avec le reste de la mie de pain et quelques morceaux de beurre. Saupoudrez de sel et de poivre et faites cuire au four du fourneau, ou mieux, au four de campagne.

Quand vous aurez goûté des grenouilles ainsi accommodées, vous ne voudrez plus en manger façonnées autrement.

———

(¹) Voir le n° 85 du *Journal de la Moselle* du vendredi, 16 Novembre 1821.

ESCARGOTS.

A part leur service en cuisine je n'ai pas grand chose à en dire, si ce n'est qu'ils se promènent bien près de terre. — Heu !

Le *Journal de la Moselle* du vendredi 28 septembre 1821 relate à propos d'escargots un pari singulier.

Un Anglais avait parié faire à cheval 30 milles — (soit un peu plus de 48 kil.) pendant qu'un escargot parcourrait un espace de 30 pouces anglais (soit 76 centimètres) sur une pierre couverte de sucre en poudre. De nombreux paris, entre autres un de 200 guinées, étaient engagés ; la course devait avoir lieu à Newmarket. Je n'ai pas appris quel en avait été le résultat.

Escargots a la thiaucourt.

Il est meilleur de les avoir lorsqu'ils sont encore fermés. S'ils ont commencé à manger de l'herbe, il faut les nourrir quelques jours avec de la farine, pour les engraisser, et les laisser ensuite jeûner quelques jours encore ; ils perdent ainsi le goût de vert qu'ils auraient sans cette préparation.

Ayez sur le feu un chaudron d'eau bouillante, dans laquelle vous avez mis quelques poignées de cendres. Jetez-y vos escargots, et laissez leur faire quelques bouillons. Sortez-les alors de leurs coquilles ; et lavez-les à plusieurs eaux, après en avoir ôté la partie appelée le sac, qui contient les intestins, jusqu'à ce qu'ils soient complètement nettoyés et que la dernière eau où vous les lavez reste claire.

Faites-les alors cuire dans une marmite 5 ou 6 heures dans de l'eau où vous avez mis tous les assaisonnements d'un pot-au-feu : carottes, navets, céleris, laurier, oignons, bouquet garni, etc. sel et poivre.

Ainsi traités les escargots doivent devenir tendres, et ne pas ressembler à autant de morceaux de gomme élastique, ce qui arriverait si vous les faisiez cuire trop vivement, trop longtemps ou pas assez.

Vous avez nettoyé et lavé proprement un certain nombre des plus grandes coquilles.

Introduisez dans chacune d'elles, suivant sa capacité, 3 ou au moins 2 escargots ; versez, par dessus, un peu de la cuisson ; et fermez hermétiquement la coquille par un opercule de beurre frais, manié de sel fin et de persil haché.

Mettez au four dans l'escargotière, ou mieux dans deux que vous servez successivement et toujours chaudes.

Escargots a la Candéranaise.

Pour un cent d'escargots préparés à la manière ordinaire et bien lavés, vous hachez 10 gousses d'ail, du persil et du jambon gras et mettez ce mélange sur le feu avec un verre d'huile d'olive et de la poudre de thym. Lorsqu'il est cuit vous y ajoutez de 250 à 500 grammes de mie de pain séchée au four et finement effritée. Mouillez avec de l'eau ; assaisonnez de sel, poivre, une pincée de Cayenne. Mettez vos escargots dans cette cuisson et laissez cuire une demi-heure.

Au moment de servir ajoutez un peu de verjus ou, à défaut, — faute de grives on prend des merles — un jus de citron.

Escargots a la romaine.

Apicius, le second des trois gourmands de ce nom, celui qui vécut sous les règnes d'Auguste et de Tibère, nous a laissé un traité fameux sur l'art de faire les conserves, de préparer les différents mets, de connaître les assaisonnements qui conviennent le mieux à chacun d'eux. Il y donne les recettes suivantes pour préparer les escargots (*de obsoniis et condimentis, lib. VII, cap. XVI, p. 212. éd. d'Amsterdam 1709*).

Faites d'abord dégorger les escargots dans du lait salé, puis dans du lait pur ; faites les frire dans l'huile, et servez chaud, avec une sauce composée *d'assa-fœtida*, de poivre, de coulis de viande et d'huile.

Ou bien faites les griller en les arrosant continuellement d'un mélange de jus, de poivre et de cumin.

Les goûts ont bien changé depuis 1800 ans ! L'assa-fœtida, aussi appelée *stercus diaboli*, — « *il fault laisser aux femmes la vaine superstition des paroles* » dit Montaigne au chap. 40 du liv. I, des Essais — a une odeur et une saveur repoussantes ; on ne s'en sert plus guère que pour amorcer les écrevisses, pour placer, comme médecine préventive, dans la nourriture des porcs, et pour l'administrer à l'espèce humaine, en *suspension* dans ce que nos gais ancêtres appelaient des *bouillons pointus*.

SAUCES.

SAUCE DES HALLES DE PARIS POUR LES HUÎTRES.

C'est peut-être la meilleure manière de manger les huîtres que de les assaisonner de cette sauce à l'origine vulgaire, mais qui a fait son chemin ; car des restaurants interlopes et nocturnes des Halles, tels que ceux de Paul Niquet, etc., où elle a été inventée, elle est passée aux cabarets les plus high life du boulevard. — Le vrai mérite se fait jour malgré tout.

Mettez dans une soucoupe *ad hoc* du vinaigre, des échalottes hachées très-fin et de la mignonette. Au moyen d'une petite cuillère, chaque convive dépose un peu de cet accompagnement sur l'huître avant de l'avaler.

Vous ne savez pas ce que c'est que la mignonette ? Où donc avez-vous fait vos études ? Demandez-en à votre épicier ; s'il se respecte, il en aura, et vous dira que la mignonette est du poivre moulu ou plutôt cassé très-gros.

N. B. Gérard de Nerval a parlé de cette sauce au chap. XIV de ses « Nuits d'octobre. »

SAUCE PIMPRENELLE.

Excellente et peu connue ; se sert dans une saucière comme accompagnement du bœuf bouilli. Mais alors il faut supprimer la garniture ordinaire formée des carottes et des navets du pot-au-feu, ces légumes ne faisant pas bonne figure avec cette préparation. En morale, — en art, par conséquent en cuisine, — les rapports de toutes choses doivent être harmonieux. On apprend cela en esthétique.

Recette : Ajoutez à de la crème bien fraîche et épaisse, une cuillerée de vinaigre, une ou deux d'huile, un jaune d'œuf cru, sel, poivre et deux ou trois cuillerées à bouche de feuilles de pimprenelle hachées fin. Mélangez.

SAUCE AUX TOMATES.

Coupez en deux des tomates bien rouges ; pressez légèrement pour en extraire les graines et mettez dans une casserole sur le feu avec oignons et carottes hachés, un peu d'ail, une échalotte et une cuillerée à bouche de persil, le tout finement haché. Faites cuire jusqu'à dissolution en purée, environ 25 minutes. Mouillez de bouillon, ou avec un roux, et laissez cuire jusqu'à bonne consistance ; ajoutez gros comme une noisette de beurre frais et une pincée de sucre.

SAUCE AUX TOMATES (autre méthode).

Mettez à la casserole 4 grosses tomates avec un oignon coupés en rouelles ; trempez à l'eau bouillante un morceau de pain blanc long, appelé à Metz *tortue*, environ 12 centimètres, coupé à l'extrémité de façon à avoir la croûte du bout, et ajoutez-le aux tomates, laissez cuire en remuant et écrasant le tout avec la cuillère ; passez à la passoire pour éliminer les graines de tomates ; remettez à la casserole avec gros comme une noix de beurre, une pincée de persil finement haché, un éclat d'ail également haché très-fin.

SAUCE AU RAIFORT (pour le bœuf bouilli).

Râpez de jeunes racines de raifort ; mouillez de bouillon chaud ; ajoutez un filet de vinaigre et du sel.
Le bœuf au raifort est devenu classique, surtout

depuis que le comte Rostophine l'a signalé comme son mets de prédilection au chap. X de ses curieux et courts mémoires.

SAUCE DE CABARET.

Pas de très-bonne compagnie, mais nullement à dédaigner pour accompagner le bœuf bouilli, cette sauce se compose de sel, de moutarde et d'un peu de vin rouge dont on fait le mélange sur son assiette.

SAUCE BLANCHE (à la crème).

S'il y a un principe bête, odieux, c'est celui qu'un homme en vaut un autre. Avec lui on est en train de faire de belles équipées — j'allais dire infamies. —

N'en commettons pas de semblables en cuisine, en admettant l'égalité des sauces.

L'exquise sauce à la crème, dite *sauce blanche* en Lorraine, sera mise par nous bien ou dessus de la sauce au beurre et à la farine qualifiée de *sauce blanche* dans les autres parties du monde.

Mettez dans une casserole une cuillerée de beurre *très-frais*; ajoutez une légère cuillerée de farine fine, un peu de sel et un soupçon de poivre; posez sur le feu et délayez la farine avec un peu de lait; tournez continuellement en laissant cuire 7 à 8 minutes. Au moment de servir ajoutez un bon demi-bol de crème *très-épaisse* et *très-fraîche*; continuez à tourner sur le feu un instant; mais gardez-vous comme du péché de laisser bouillir, de peur de voir votre sauce s'éclaircir; elle doit au contraire rester d'une bonne consistance.

Ainsi traitée cette sauce est excellente avec des asperges, des artichauds, des choux-fleurs, des courges Patisson, etc.

Si vous la destinez à accompagner des pommes de terre cuites à l'eau et coupées en rondelles vous y ajouterez un peu d'échalotte hachée, et même un filet de vinaigre; si c'est à des œufs durs coupés en deux qu'elle s'adresse, vous agirez honnêtement en la parsemant d'*appétits* hachés.

SAUCE FAUSSE MAYONNAISE.

(pour bœuf bouilli, viandes froides, poissons etc).

Ecrasez et pilez le jaune d'un œuf dur ; écrasez de même entre les quatre dents d'une fourchette le blanc du même œuf jusqu'à ce qu'il offre l'apparence d'un sable un peu grenu, mélangez intimement avec sel, poivre, huile, et un peu de vinaigre.

SAUCE POUR HARENGS.

Le proverbe « *La sauce fait manger le poisson* » s'applique parfaitement à celle-ci ; c'est la meilleure dont on puisse accompagner un plat de harengs frais.

Mettez quelques morceaux de beurre dans une casserole avec deux pincées de farine; assaisonnez de sel fin, poivre, *muscade*, mouillez d'un peu d'eau ou mieux de court-bouillon si vous en avez ; tournez sur le feu jusqu'à ce que la sauce soit d'une bonne consistance ; y ajouter *force moutarde* avec un peu de vinaigre.

SAUCE RAVIGOTTE (pour viandes et poissons froids).

On pile longtemps dans un mortier des fines herbes préalablement hachées ; persil, cerfeuil, civette, ciboule, cresson, cresson alénois, pimprenelle, thym, serpolet, sariette, marjolaine, une cuillerée de câpres et 2 anchois.

Quand le tout ne forme plus qu'une espèce d'onguent, on ajoute un jaune d'œuf cru, une cuillerée d'huile et une de vinaigre, poivre et sel.

Délayez.

SAUCE RÉMOLADE (pour dindon rôti).

Cette sauce est faite à table par le professeur pendant qu'on découpe le dindon.

L'assiette creuse où l'on opère devra être chauffée.

Il faudra agir lestement pour que la sauce soit terminée au moment où l'on présentera aux convives les morceaux du dindon. Aussi le professeur fera-t-il bien de se faire remettre à l'avance le foie, qui fait la base de cette rémolade.

Ecrasez le foie du dindon dans l'assiette creuse où vous préparez la sauce.

Vous avez fait placer, devant vous et à votre portée, un bol d'eau chaude, une saucière du jus du dindon, un pot de moutarde de Bordeaux à l'estragon, un citron, des échalottes hachées très-fin, du persil également haché, 2 cornichons moyens finement découpés, des câpres, du sel fin et du poivre blanc fraîchement moulu.

Ajoutez au foie bien écrasé avec une fourchette :

De l'eau chaude et du jus de façon à former une espèce de purée ;

Moutarde, une cuillerée ;

Sel fin, une bonne cuillerée ; il ne faut pas craindre d'en mettre : s'*il n'y en a pas trop il n'y en a pas assez* « Theres never enough, where nought is left » goûtez si vous n'êtes pas sûr de votre main.

Du poivre ;

Le zeste d'un demi-citron finement enlevé avec le couteau ; une cuillerée à café d'échalottes, une demi-cuillerée de persil, une autre demi-cuillerée de cornichons découpés et une entière de câpres.

Faites avec ordre et discernement sans vous laisser troubler par les mines effarouchées de vos voisines ; mais surtout faites vite ; ajoutez du jus et de l'eau chaude — *quantum satis* — cela veut dire de façon que la sauce soit très ample : il faut que chacun puisse y revenir et qu'il en reste.

Le colonel baron G. de S. se rappelait à l'âge de 90 ans, s'il y est arrivé, un diner qu'il avait fait étant lieutenant et où les professeurs avaient remarqué avec satisfaction qu'une sauce de ce genre n'avait pas été mesquinement faite, comme cela arrive trop souvent :

« On a remarqué, répétait-il deux fois, qu'il y avait assez de sauce, oui, il y avait assez de sauce. »

N. B. Le premier dindon mangé officiellement en France fut un dindon servi aux noces de Charles IX en 1570 *(Dict. des substances alimentaires par Aulagnier. Paris 1830.)*

SAUCE POUR SAUMON.

« ... La seule vraie sauce pour le saumon est vinaigre, moutarde, poivre de Cayenne et persil. Essayez-en *une fois*, mon cher docteur *Kitchener* ([1]) et je n'hésiterai pas à parier un petit écu que vous y reviendrez tant qu'un souffle gastronomique soufflera dans vos narines. ... ([2]).

SAUCE ANGLAISE
pour ragoûts bruns, salades, etc.

Prenez
 100 noix vertes avant que la noix soit formée,
 60 grammes de poivre en grains,
 30   »   de clous de girofle,
 30   »   d'aulx
 90   »   d'échalottes,
 90   »   d'oignons,
 3/4 livre de sel.

Pilez et broyez ensemble ; ajoutez une chopine de vinaigre ; mettez le mélange dans une écuelle que vous couvrez bien, et laissez-le ainsi pendant 3 semaines en le remuant tous les jours.

Au bout de 3 semaines, passez avec expression dans un linge fort, mettez en bouteilles et conservez dans un endroit sec.

TOMATES EN HORS D'OEUVRE.

Mettez à l'eau bouillante des tomates pas trop mûres ; retirez-les ; pelez-les et les coupez en tranches. Placez

---

([1]) Cuisinier.
([2]) Traduit des „*Maxims of sir Morgan O'Doherty, bart.*"

sur un ravier et assaisonez de vinaigre, un peu d'huile, échalottes hachées, sel et mignonette.

Épices, Vinaigres, Salades, Conserves, Fromages, Boissons.

POUDRE DES QUATRE ÉPICES.

Poivre noir	250 grammes
Girofle	75 »
Muscade	75 »
Canelle ou gingembre	75 »

le tout pulvérisé et passé au tamis. On peut y ajouter de l'anis vert 37 gr. et du thym 37 gr.

ÉPICE FINE POUR L'ASSAISONNEMENT DE LA PATISSERIE ET AUTRES METS.

Poivre noir	140 grammes
Piment (ou poivre long)	60 »
Gingembre	30 »
Muscade	20 »
Coriandre	20 »
Girofle	10 »
Macis	10 »
Canelle	10 »

5 à 6 feuilles de laurier sauce et quelques brins de basilic bien secs.

Le tout bien pilé dans un mortier et passé au tamis.

(Recette extraite de la « *Cuisine des jours d'abstinence* » *par MM. de Latreille et Palmé*. Paris 1872).

AUTRE POUDRE D'ÉPICES PLUS SIMPLE.

Une autre poudre d'épices moins compliquée et néanmoins excellente est la recette du baron de C... ([1]).

([1]) Manuel de Cuisine, Metz, 1811)

Prenez 2 onces de poivre (environ 60 grammes)
1 once de piment ,, 30 ,,
et 15 clous de girofle,
passez le tout au moulin à poivre et ensuite au tamis; repassez au moulin ce qui n'a pu passer au tamis; mêlez le tout et conservez dans une boîte de fer-blanc ou dans un flacon de verre bien bouché.

Quelle que soit celle de ces trois formules que vous adopterez, ne laissez pas vieillir votre poudre; employez-la avec discernement dans vos ragoûts, sauces brunes, farces, pâtés, pâtisseries, etc., soit en la faisant mélanger aux mets pendant leur cuisson, soit en en saupoudrant, comme on le fait avec le sel et le poivre, votre portion sur votre assiette, ce qui rend plus énergique sur le palais et la langue l'action de l'épice. Ayez-en une petite fiole en un coin de votre valise pour l'employer ainsi en voyage contre l'aléa des cuisines d'auberges.

Observation importante. — Votre estomac récalcitre à l'ingestion du poivre et des autres épices ?

Alors lisez ce qui suit.

Avez-vous trente ans ? — Pas encore? je vous en fais mon compliment bien sincère, mais vous les aurez. Eh bien! l'empereur Tibère, meilleur hygiéniste que souverain aimable, plaisantait volontiers ceux qui, passé trente ans, ne savaient pas être à eux-mêmes leur propre *Pedro Rezio de Tirteafuera* et avaient besoin de conseils étrangers pour distinguer ce qui leur était utile ou contraire (¹).

VINAIGRE DE TABLE AROMATISÉ.

Pour 16 litres de vinaigre, prenez :
250 grammes fleurs de sureau séchées ;
500   »   estragon amorti au soleil ;
125   »   mélisse   »
65   »   cerfeuil   »

(¹) Solitus eludere medicorum artes, atque eos qui, post tricesimum ætatis annum, ad internoscenda corpori suo utilia, vel noxia, alieni consilii indigerent (Taciti annalium lib. VI. C. 46).

65   »   pimprenelle   »
190 »   aulx pelés ;
250 »   échalottes épluchées ;
250 ciboulettes (appétits) coupées menu et
100 clous de girofle,

Mettez le tout dans une cruche de grès, et laissez exposé au soleil pendant six semaines. Filtrez au papier-filtre et mettez en bouteilles.

Excellent pour salades et assaisonnements.

SALADE.

> Rien ne te paraîtra fade
> Tout ira selon ton gré ;
> Tu sais que pour la salade
> J'ai les soins d'un émigré.
>
> (Ch. Monselet: Le dîner que je veux faire.)

Faire la salade pour soi est une affaire d'habitude en supposant que l'on se serve des mêmes ingrédients, que l'on accommode la même herbe et que l'on se trouve toujours à ce moment dans le même état d'esprit et de nervosité. La faire pour deux est déjà un problème ; mais la faire pour plusieurs est une de ces entreprises impossibles où se plaît l'esprit audacieux de l'homme.

Aux tables où se rassemblent tous les jours les mêmes personnes, aux tables de famille comme à celles de pension, un des commensaux, par goût ou par devoir imposé, se charge de faire la salade et régulièrement un des autres convives trouve la salade mal faite, détestable, immangeable.

A une pension d'officiers, à Metz en 185., un lieutenant faisait la salade et un de ses camarades, par défaut de caractère ou antipathie personnelle, se plaignait toujours qu'il y mettait trop de vinaigre. Le premier avait beau diminuer la dose, le second faisait entendre sa ritournelle ; si bien qu'un beau jour le préposé à la salade, prenant d'un signe ses deux voisins à témoin, se contenta de faire le geste de verser du vinaigre — et l'autre : « C'est dégoûtant ; il n'y a pas moyen de manger de la salade à cette table ! j'ai le palais à la vinaigrette ! etc... »

La science usuelle de la préparation des salades, ce que je proposerai de nommer le *Salad-lore* (en imitation du *Folk-lore*) n'est pas compliquée ; jusqu'à présent une seule maxime en fait tout l'enseignement :

Pour bien faire une salade il faut être trois personnes : un sage pour y mettre du sel; un avare pour y mettre du vinaigre ; et un prodigue pour y mettre de l'huile (¹).

Je voudrais y ajouter deux aides : *un fou pour y mettre du poivre et un travailleur pour la retourner*.

Un proverbe italien dit la même chose avec plus de concision :

Insalata ben salata, poco aceto, molto ogliata. (Salade bien salée, peu de vinaigre beaucoup d'huile.)

Les éclectiques, et ils ont ici raison, pensent, avec Larousse, que chaque espèce de salade réclame une dose différente d'assaisonnements. Cette dose, ce me semble, doit encore varier suivant la position sociale, les habitudes, le degré d'instruction gourmande et de sensibilité palatiale des dégustateurs.

Certainement le marquis de X. tenait compte de toutes ces *variables* dans la confection de ses fameuses salades, dont le succès n'était sûrement pas dû à une formule brutale et sans appel. Adepte élégant des soupers raffinés de la fin du siècle dernier, le marquis de X. vécut à Londres pendant l'émigration de son talent pour faire la salade. Bientôt recherché par le monde aristocratique et pourvu d'un cabriolet, fruit de ses premières leçons, le marquis se rendait souvent dans la même soirée à plusieurs invitations. Il arrivait au moment opportun dans la salle du festin, saluait sans mot dire et, prenant des

---

(¹) Richelet ; Littré.

mains d'un laquais le petit nécessaire où se trouvaient renfermés différents ingrédients, il opérait sur la table même avec une grâce aisée; la salade faite, il recevait une guinée pour sa peine, saluait et, se retirant sans avoir proféré une parole, allait recommencer dans une autre maison.

Un des regrets de ma vie — non pas pour moi, mais pour vous, Madame, qui êtes sagement gourmande — est de n'avoir pas connu la composition des recettes du marquis de X.

Il y a loin de là aux bienheureuses *salades d'avant-garde* des officiers en campagne, dans lesquelles, très-soigneusement, après avoir versé les burettes et les salières pleines, on ne manquait pas d'ajouter la poudre de quatre ou cinq charges de pistolet.

La salade sous toutes ses formes, laitue, chicon, chicorée, scarole, endive, pissenlit, mâche ou doucette, a toujours été un plat de prédilection de toutes les classes.

Brillat-Savarin en recommande l'usage: « La salade rafraîchit sans affaiblir, dit-il, et conforte sans irriter; j'ai coutume de dire qu'elle rajeunit [1]; ... la salade réjouit le cœur [2]. »

Partout où l'on parle de dîner il est question de salade: le bon curé de... n'a garde de l'oublier après sa fameuse omelette au thon [3]; et les oncles de Brillat-Savarin, malgré la savante et réconfortante journée passée chez le spirituel professeur, éprouvent le besoin de rentrer chez eux pour manger une feuille de salade [4].

Les philosophes pauvres se rabattent souvent sur la salade à leurs repas; ceux qui sont riches n'en font pas fi, et l'auteur du *Temple du goût* n'oubliait pas

---

[1] Physiologie du Goût: L'omelette du Curé.
[2] id. Méditation XXIII. (nb. C'est ce qu'avant Brillat-Savarin l'école de Salerne disait de la bourrache.)
[3] Physiologie du Goût: L'omelette du Curé.
[4] id. Méditation XIV.

de la faire figurer aux opulents menus de Ferney:
« Cet honorable philosophe a mangé rondement du rôti, de la truite au bleu, des légumes au jus, de la salade, de la pâtisserie, des fruits crus et qui plus est de la crème double (¹).

Louis XIV, dont l'appétit colossal nous été retracé par les écrivains du temps, faisait de la salade une grande consommation : « Toute l'année il mangeait à souper *une quantité prodigieuse de salade...* (²) »

« J'ai vu souvent le roi manger quatre assiettées de soupes diverses, un faisan entier, *une grande assiettée de salade*, du mouton au jus et à l'ail, deux bonnes tranches de jambon, une assiettée de pâtisserie, et puis encore du fruit et des confitures. (³) »

En 1709 — le roi avait alors 71 ans — voici ce que dit son médecin Fagon : « Il a souffert des différentes choses qu'il mêle le soir à son souper... et entre autre *les salades de concombres, celles de laitues, celles de petites herbes,* lesquelles, assaisonnées comme elles le sont de poivre, sel et très-fort vinaigre en quantité... etc. (⁴)

L'ouvrier à la guinguette, l'étudiant à l'auberge de la banlieue ne feraient pas un joyeux diner du dimanche si la salade n'y apparaissait :

L'hôtesse arrive et propose un rôti,
Une salade, un lapin, du fromage,
Du vin clairet : on en prend son parti.
   (Pierre Dupont : Les amis.)

C'est un plat de fondation aux soupers de nos paysans lorrains :

Je v'beillra, dit Ginon, eine aimlette au bâcon,
Don fromeige gayin, d'lè salade, in jambon.
   (Chan Heurlin : chant I. V. 175-176.)

(¹) Souvenirs de la marquise de Créquy, T. III, chap. V, lettre de son fils.
(²) Mémoires du duc de St-Simon.
(³) Correspondance de la princesse palatine.
(⁴, Journal de la santé du Roi, publié par A. Durand, rue des Grès 7, 1862.

— 71 —

Rabelais passe à tort ou à raison pour avoir rapporté la « romaine » de l'ambassade du cardinal Du Bellay.

En son temps les grands seigneurs altérés — c'est ce que font encore nos troupiers — s'en allaient bonnement eux-mêmes cueillir une salade « *pour soy refraischir deuant souper* » ; au moins agit ainsi le bon Gargantua «... *et demanda si l'on pouuoit trouuer des lectues pour faire sallade, Et entendant qu'il y en auoit des plus belles et grandes du pays, y voulut aller luy-même.* » Un renseignement intéressant de ce passage c'est qu'on y apprend que la salade s'assaisonnait alors tout comme aujourd'hui : « *mit ses lectues dedans un plat et auesques huyle, et vinaigre, et sel, les mangeoit* (¹).

Au XVIᵉ siècle les riches Maures d'Algérie, au témoignage de Cervantes, cultivaient des salades dans leurs jardins, et les pauvres esclaves chrétiens allaient leur en demander (²).

Bien longtemps auparavant les fiers Romains avaient la salade en estime, et Dioclétien retiré à Salones répondait à quelqu'un qui le sollicitait de ressaisir le pouvoir en l'invitant à venir apprécier le bonheur qu'il goûtait en cultivant ses laitues.

Ce goût universel pour la salade m'a fait quelquefois songer à l'expliquer par l'*atavisme* qui explique tout.

Nos ancêtres primitifs, ou peut-être même leurs précurseurs, avant d'avoir osé ou pu toucher à la chair d'animaux fuyards ou redoutables, ont dû se nourrir de fruits, d'herbes et de racines ; en tous cas ils avaient plus d'occasions d'y goûter qu'à des *côtelettes à la Soubise* ou à des *boudins à la Richelieu*. Ce premier goût, ils nous l'ont peut-être transmis, et j'ai souvent été tenté de croire qu'une passion rétrospective et désordonnée pour la salade avait influé sur la folie de

---

(¹) Gargantua : Liv. I chap. XXXVIII.
(²) Don Quichotte : Histoire de l'esclave, Partie I, Liv. IV, chap. XXXVIII.

Nabuchodonosor en lui faisant prendre plaisir à la brouter à même la terre et à plat ventre pendant si longtemps.

Boileau, seul, élève une voix discordante au milieu de ce concert unanime ; il est vrai que c'est dans la description d'un repas ridicule :

A côté de ce plat paraissaient deux salades
L'une de pourpier jaune et l'autre d'herbes fades.
(Satire III)

La salade moderne, jalouse du lys, de la rose et de la violette, a voulu à son tour jouer un rôle en politique et s'ingénia à aider le veau froid des banquets de la réforme à préparer la révolution de 1848. De cette gloire éphémère et de mauvais aloi n'est restée qu'une chanson de barrière, oubliée aujourd'hui après avoir pendant quelques années charmé les étapes des régiments :

C'est l'vcau froid et la salade
Qu'ont fait du mal a c't' enfant (¹)...

Avant de faire de la politique la salade avait courtisé les lettres et avait entre autres enrichi la langue française d'une locution qui vécut... ce que vivent les salades et les modes.

« *Retourner la salade* avec les doigts » a été longtemps synonime d'être encore jeune en parlant d'une femme. Au siècle dernier, où l'on avait mis les paysanneries à la mode, les jeunes femmes retournaient la salade avec les doigts : « Et ton épilogueur d'homme ose bien me dire qu'il ne me reste que six mois à retourner la salade avec les doigts » écrit Claire d'Orbe à madame de Wolmar (²).

M. Legouvé a récemment conté comment, enfant, aux dîners de sa mère, il avait vu la belle mademoi-

---

(¹) Un petit accident — une indigestion, révérence parlée — arrivé à Mlle de S. fille d'un personnage en vue, le soir de ses noces, fut, dit-on, au moment où tous les journaux parlaient des banquets politiques susdits, l'origine de cette vilaine chanson.

(²) La nouvelle Héloïse: Partie VI, lettre II.

selle Contat, les bras nus, retourner gracieusement la salade avec ses doigts aux exclamations admiratives des convives.

La mode des manches courtes s'en étant allée, l'usage disparut et avec lui la locution.

Ce qui ne disparaîtra pas, j'espère, c'est le sage conseil de nos pères recueilli par Leroux de Lincy sous une forme dogmatique :

Qui vin ne boit après salade
Est en danger d'être malade.

Malade est là pour la *rime*, mais l'avis n'est pas sans raison — d'autant plus que le mauvais vin semble bon après la salade — il n'en est malheureusement pas de même de l'autre.

SALADE A LA MÉTHODE RASPAIL.

Faites dissoudre 5 minutes 1 cuillerée à café de poivre, 1 cuillerée à bouche de sel dans une forte cuillerée de bon vinaigre, avec une grosse pincée de persil et cerfeuil hachés menu. Broyez et remuez jusqu'à ce que le sel paraisse fondu. Ajoutez 3 bonnes cuillerées d'huile et battez fortement. Placez la salade et remuez-la bien.

Vous croyez que le saladier va renfermer ainsi un volcan prêt à faire feu ? Eh bien ! pas du tout ; les estomacs les plus guindés se dérident à cette préparation ; ils y puisent une bonne digestion et un nouvel appétit.

Voir les anecdotes racontées à ce sujet par Raspail, dans un traité d'hygiène, d'où j'ai extrait cette recette.

SALADE ESPAGNOLE (aux tomates).

Faites cuire de petits haricots verts à l'eau et au sel ; placez dans un saladier, avec accompagnement de tranches de pommes de terre également cuites à l'eau. Assaisonnez un peu plus fortement en sel, poivre et vinaigre que pour une salade ordinaire. Saupoudrez d'un peu d'échalottes hachées et couvrez complètement le dessus de tranches de tomates bien rouges.

SALADE RUSSE.

Les pommes de terre et les lentilles, le céleri et les betteraves forment le fond de cette salade. On y ajoute ou on supprime partie des autres éléments suivants ce dont on dispose.

Découpez dans le saladier quelques pommes de terre (¹) cuites à l'eau. Ajoutez-y des lentilles, des haricots verts découpés, des petits pois, des branches de choux-fleurs, le tout cuit à l'eau salée et bien égoutté. Ajoutez-y encore une petite carotte cuite à l'eau et hachée finement, des ciboules, des oignons et des céleris-raves découpés en rondelles minces, de la salade de doucette (mâche). Versez sur le tout un peu d'eau chaude, plusieurs cuillerées de vinaigre et un peu de vin blanc ou rouge ; mettez beaucoup de sel et pas trop de poivre — les pommes de terre et les autres légumes absorbent le vinaigre, et si vous n'en mettez pas trop il n'y en aura pas assez ; arrosez suffisamment d'huile et retournez bien. — Garnissez le dessus de rouelles de betteraves rouges, de filets de harengs buckling (²), de persil finement haché et de blanc et de jaune d'œufs durs également hachés.

On peut remplacer les harengs par des anchois, du homard ou des moules, même par des tranches de saucisson, la doucette par de la chicorée scarole ou toute autre salade ; y introduire de la moutarde, du currie jaune, de la sauce anglaise, des cornichons découpés, des pickles, des câpres, de la perce-pierre, des olives, des choux rouges, des groseilles au vinaigre, etc. etc.

(¹) Le type des pommes de terre pour salades est *la Vitelotte* qui ne se défait pas en cuisant.

(2) Harengs fumés non salés.

SALADE DE POMMES DE TERRE (de Strasbourg) pour soirées.

Déposez dans un joli saladier des pommes de terre vitelottes cuites à l'eau et découpées en rondelles ; ajoutez des rondelles de céleri-rave et également quelques rondelles fines de saucisson de Lyon partagées chacune en 8 secteurs. Mouillez d'un peu d'eau chaude, d'une ou 2 cuillerées de vinaigre aromatisé et d'un peu plus de bon vin blanc ; assaisonnez de sel et poivre et versez par-dessus 3 cuillerées d'huile d'olive. Retournez lentement et de bonne façon.

Ajoutez truffes cuites au vin et coupées en morceaux gros comme des olives, une douzaine d'olives enoyautées cuites avec les truffes et coupées en deux ; une cinquantaine de queues de crevettes ou des tranches de langouste ; des cœurs découpés de laitue pommée ou de laitue Chicon-Batavia. Retournez légèrement.

Placez sur le tout, *en garniture*, de bons morceaux de foie gras truffé de Strasbourg alternant avec des tranches de jambon de Mayence ou de Bayonne coupées minces et étroites.

SALADE DU REV. SIDNEY-SMITH [1]

Passez au tamis fin 2 grosses pommes de terre cuites à l'eau ; puis au fond d'un saladier mélangez-les intimement avec 1 cuillerée de moutarde, 1 pincée de poivre, 1 bonne dose de sel, 4 cuillerées d'huile, 2 de vinaigre et 2 jaunes d'œufs cuits à la coque bien triturés à l'avance ; ajoutez quelques atômes d'oignon et 1 cuillerée de la magique sauce d'anchois, le pendant du fameux *garum* des anciens.

Méditez sur l'aspect du mélange ; corrigez selon votre impression ; et alors seulement placez la salade, laitue ou endive, fraîchement cueillie, soigneusement nettoyée et vigoureusement secouée au panier essoreur.

Retournez, faites passer et attendez-vous à des applaudissements attendris.

---

[1] D'après la recette en vers du rev. Sidney-Smith insérée au *poetical cook-book* (voir préface note 1, page IV)

SALADE DE CERNEAUX.

Une bien bonne chose. Fendez en deux vos cerneaux, pris à point, c'est-à-dire quand l'amande de la noix n'est pas encore tout à fait formée, que son enveloppe osseuse commence à se durcir et que la partie intermédiaire commence à passer de l'état gélatineux à celui de pulpe; du 10 au 20 août, suivant le dicton : *à la Saint Laurent on regarde dedans.*

Avec la pointe d'un couteau cernez l'intérieur de chaque demi-coquille et déposez dans un saladier toutes ces moitiés de noix embryonnaires. Saupoudrez d'une grosse poignée de sel, versez-y un peu d'eau, fraîche, 2 ou 3 cuillerées de vinaigre ; ajoutez un soupçon de poivre et un peu d'échalotte hachée. Retournez comme une salade.

Ceci doit être fait avant que vous vous mettiez à table. Dînez tranquillement en attendant le résultat.

N. B. Une bonne dose de sel et la macération d'une heure ou deux dans l'assaisonnement sont nécessaires.

SALADE DE SCORSONÈRES.

Je veux pour finir vous faire connaître une délicieuse salade de printemps. En automne arrachez vos scorsonères et mettez-les en jauge sur une vieille couche. Au printemps, ces racines émettent des pousses vertes, tendres, bien plus fines de goût, en salade, que les meilleurs pissenlits.

SALADE DE CHOUX ROUGES (hors d'œuvre).

Après en avoir ôté les grosses feuilles, découpez un chou rouge en lanières très-fines et assaisonnez-les de sel et de vinaigre. Placez-les dans un pot de grès pour les conserver quelques jours et servez-en en hors-d'œuvre dans un ravier.

Le chou rouge a eu la bonne fortune de fournir une anecdote et une recette aux souvenirs de la marquise de Créquy (¹). Voici la recette ; elle est due à la princesse Palatine, duchesse d'Orléans, qui l'avait

---

(¹) Souvenirs de la marquise de Créquy T. II. chap. VIII.

apportée d'Allemagne au palais cardinal avec la choucroute.

Échaudez à l'eau bouillante un chou rouge de moyenne grosseur. Hachez-le et faites-le cuire dans du bouillon avec deux quartiers de pommes de rainette, un oignon piqué de cloux de girofles et deux verres de vin rouge.

SALADE COSMOPOLITE (pour hors d'œuvre).

Prenez quelques rouelles minces de pommes de terre cuites à l'eau et découpez-les en petits morceaux de la grosseur d'un pois ; découpez de même en morceaux encore plus petits une ou deux rouelles minces d'une carotte bien cuite ; ajoutez quelques petites fèves vertes découpées fin, des câpres, de petits dés minuscules de maigre de jambon, un ou deux brins de choucroute, sel, crème, vinaigre — mélangez dans un ravier.

CANAPÉS DE HARENGS SAURS.

Levez de beaux filets de harengs buckling, rangez-les dans un ravier ; ajoutez huile et vinaigre, un peu de sel.

Découpez des rondelles dans un oignon cru moyen et détachez-en les anneaux en évidant chacune d'elles. Disposez avec goût quelques-unes de ces rondelles sur les filets de harengs et tout autour du ravier. Garnissez l'intérieur de ces cercles avec des assaisonnements différents, persil haché, échalottes, betteraves, cornichons, blanc d'œuf dur également hachés, jaune d'œuf dur écrasé, câpres, moutarde, etc. etc.

Cette décoration facile à faire orne parfaitement le pourtour d'un plat contenant une vinaigrette, morceaux de tête de veau, de viande froide, le dessus d'une salade de pommes de terre, etc.

HARENGS MARINÉS (hors d'œuvre).

Faites mariner des harengs pecs, dessalés au préalable, dans un vase *ad hoc* rempli de vinaigre, avec accompagnement de force oignons découpés, de poivre en grains, feuilles de laurier, quelques piments, estragon, coriandre, clous de girofle, une gousse d'ail.

SALADE DE PETITES HERBES (hors-d'œuvre).

Découpez très fin dans un ravier des jeunes feuilles de moutarde de Pékin ; ajoutez-y, pour en adoucir la saveur forte, des feuilles découpées de bourrache ou de pimprenelle, assaisonnez de vinaigre, de sel et d'un peu d'huile et servez avec le bœuf bouilli.

On emploie également au même usage le cresson, le cresson alénois, le raifort sauvage (moutarde de capucin ou d'Allemagne) la moutarde noire, le cochléaria, la roquette, etc.

SALADE
(SES DÉCORATIONS).

Il n'y a pas seulement les rubans, les bijoux, les dentelles, la soie et les mousselines pour donner aux dames une occasion de montrer leur goût et leur sentiment inné de l'élégance.

La décoration des salades leur en fournit un prétexte fort plausible.

La palette dont elles disposent pour cela est variée : c'est le blanc de l'œuf dur, le jaune du même œuf, le vert du persil ou du cresson, le rose du jambon, l'écarlate de la langue fumée, le noir de la truffe, l'azur de la bourrache, l'orangé de la capucine ; elles peuvent y mêler la note gaie de la rousse carotte, la tache sombre de la betterave, la pâleur du céleri, le ton glauque de l'olive, le brun doré du hareng saur, le miroitement de l'anchois et le marbre du saucisson.

La géométrie leur fournit ses figures : c'est le secteur, les cercles concentriques, la sinueuse cycloïde ; l'imagination unie à l'art leur signale des festons et des astragales fantaisistes.

Une salade élégamment décorée prouve l'attention

prévenante de l'hôtesse pour des convives délicats. Le plaisir des yeux vient se joindre aux satisfactions déjà épanouies de l'estomac ; la reconnaissance rend aimable, les figures s'animent, l'appétit revient, les vins sont meilleurs, le fromage plus appétissant, les fruits plus mûrs, les dames plus belles :

> *On rit, on babille,*
> *Le cœur est ouvert*
> *Et la gaîté brille*
> *Même avant le dessert.*
> (Radet)

Et tout cela grâce à quelques fleurons habilement tracés sur une salade ! oh ! que les dames ont donc raison d'être artistes !

Dans la petite ville de... habitait vers 1817 un officier retraité, homme d'esprit, fort ami de ma famille et auquel je donnerai le nom de M. de Fayolles (qui d'ailleurs était le sien). Il avait en grande affection une dame fort aimable, distinguée, et dont le salon était ouvert à la société polie de l'endroit ; aussi y passait-il toutes ses soirées. Cette dame que j'appelerai madame O'Moore, s'absenta un certain automne pour un voyage d'affaires assez long, et le pauvre M. de Fayolles s'en ennuyait fort. Une belle après-midi, il venait de dîner, à deux heures suivant la mode du temps, et, abîmé dans son fauteuil, il computait la date du retour prochain qui devait le rendre à ses chères habitudes. Marie-Lise, sa vieille bonne, entra dans la salle à manger et, au lieu de songer à desservir la salade et le dessert, se plante effarée devant lui :

« Mon Dieu, Monsieur, est-il donc vrai que Madame O'Moore... ? »

Drelin ! drelin ! drelin ! — Marie-Lise court ouvrir aux visiteurs.

« Que le diable les emporte ! s'écrie M. de Fayolles. Eh ! qu'a-t-il donc pu arriver à ma pauvre amie ? »

Et au milieu des compliments et des vaines paroles échangées, son imagination va sondant les vagues de la mer trompeuse, les précipices du chemin ; elle évoque les souvenirs les plus lamentables de voyages malheureux, brigands féroces, accidents, voitures moulues, membres brisés. Un cauchemar fait passer devant ses yeux la ruine, les maladies, la mort...!

Il enrageait, et justement ses interlocuteurs, habitués à le trouver aimable et bel esprit, s'éternisaient, étonnés de son silence ou de ses brusques réponses à bâtons rompus.

Enfin, le croyant malade, on s'en va.

« Ouf ! Eh, bien ?...

Mais Marie-Lise est allée causer avec une voisine. — Elle prenait bien son temps. — La voici ! Elle rentre — Bon ! elle chipote à la cuisine. Puis elle trottine à la salle à manger. Puis elle vient au salon, range les sièges, rajuste un pli de rideau ; mais elle est muette et sa figure est redevenue impassible.

Et le pauvre officier, anxieux, la suivait des yeux n'osant l'interroger.

Enfin n'y tenant plus :

« Marie-Lise, dit-il timidement, que disiez-vous donc de Madame O'Moore ? »

« Ah ! oui, Monsieur, je vous demandais ; Est-il donc vrai que Madame O'Moore ne veut pas que l'on mette des capucines sur la salade ? »

« Vertuchoux ! s'écria-t-il de sa plus grosse voix. Et, prenant son chapeau, il s'en vint incontinent conter l'histoire à mon grand'père.

CONSERVES

CORNICHONS
(méthode de Nancy).

1º On prend les cornichons un à un, et on les frotte avec un linge un peu gros pour enlever toutes aspérités.

2º On les rogne légèrement aux deux bouts.

3º On les introduit dans le bocal avec une quantité suffisante d'oignons, d'échalottes, d'aulx, des feuilles de laurier, des clous de girofle, du poivre en grains et du poivre long (piment).

4º On verse le vinaigre.

5º On met, suivant la grandeur du bocal, 2 ou 3 *poignées de sel*.

6º On achève de remplir le bocal avec de l'estragon dont on fait une sorte de tampon.

7º Enfin on place le bouchon.

Les cornichons commencent par prendre une teinte jaune, mais plus tard il reverdissent ; si on renouvelle le vinaigre au bout de quinze jours ils deviennent plus verts et restent plus fermes. Chaque fois qu'on en veut prendre, on est obligé de retirer l'estragon, mais il faut avoir soin de le remettre.

Cette méthode évite la pratique trop répandue, hélas ! qui consiste à saler les cornichons avant de les mettre au bocal : cela ne sert qu'à les rendre creux.

CORNICHONS (ancienne méthode).

On les met dans une bassine avec le vinaigre et on fait bouillir ; les cornichons deviennent jaunes ; continuez à laisser bouillir, mais ne les perdez pas de l'œil ; ils vont redevenir verts ; retirez-les aussitôt pour verser ensuite dans le bocal avec sel et les accompagnements ordinaires, de la recette précédente. Si on les laissait cuire quelques instants de plus que ce point précis, ils redeviendraient et resteraient jaunes à tout jamais.

ÉCORCES DE MELON (au vinaigre).

Découpez en petites tranches fines la partie verte de l'écorce d'un melon, et mettez-les tremper pendant 12 heures dans du bon vinaigre.

Retirez-les et faites bouillir ce vinaigre, en y ajoutant 3/4 de livre de sucre par livre d'écorce pesée avant d'être trempée dans le vinaigre, quelques clous de girofle et un peu de canelle. Il faut assez de vinaigre pour que les morceaux d'écorce soient bien couverts ; laissez bouillir doucement jusqu'à ce qu'ils soient assez attendris pour que la dent d'une fourchette les traverse sans effort ; retirez-les et laissez bouillir le vinaigre encore quelques instants ; jetez sur l'écorce et laissez refroidir.

Au bout de 24 heures recommencez l'opération et quand tout est bien refroidi mettez en bocal.

A l'occasion doublent les cornichons comme aux scènes de province les Laruette doublent le fort ténor.

PERCE-PIERRE.

Criste marine, fenouil marin ; plante en filaments charnus, croit naturellement sur les bords de l'Océan et de quelques marécages salés. On en confit les feuilles dans du vinaigre et du sel comme les cornichons ; on ajoute du sel, du gros poivre, du laurier et même un peu d'écorce de citron.

La perce-pierre ainsi traitée fournit un bon hors-d'œuvre et un agréable assaisonnement ; néanmoins si je vous en parle c'est tout simplement pour avoir occasion de confire ici avec elle un ancien refrain du pays :

> *A Vic, à Moyenvic,*
> *A Marsal, vilain trou,*
> *Les femm's y sont coquettes,*
> *Les homm's y sont jaloux.*
> *Il y pouss' de la perç'pierre !*

Il y a des gens qui sont bien aises de rencontrer ces vieilleries.

BOUTONS DE CAPUCINES AU VINAIGRE.

C'est un succédané des câpres dont on peut facilement se fournir à la campagne.

Mettez dans un bocal du vinaigre auquel vous ajoutez quelques brins d'estragon, une pincée de fleurs de sureau, du poivre en grains et quelques gousses mûres de piment. Lorsque les capucines commencent à fleurir on en cueille tous les jours les boutons à peine formés et on les jette dans le bocal qu'on tient bouché et exposé au soleil.

NB. Les gousses de piment sont nécessaires ; elles empêchent l'éclosion dans les boutons de capucines de larves qui s'y trouvent quelquefois.

GROSEILLES AU VINAIGRE
(de Creuznach).

Pour 5 kilog. de petites groseilles à grappes rouges prenez 3 kilog. de sucre et 2 décilitres de vinaigre. Mettez le tout sur le feu dans une bassine ; remuez tout le temps de la cuisson jusqu'à ce que vous obteniez une gelée assez ferme, ce que vous reconnaissez en l'essayant de temps en temps sur une assiette. Laissez refroidir, mettez en pots, couvrez de papier et conservez dans un endroit sec.

Se sert comme hors-d'œuvre avec le bœuf bouilli.

QUETCHES CONFITES AU VINAIGRE
(Hors-d'œuvre belge à servir avec des viandes).

Prenez des quetches un peu avant leur maturité ; coupez l'extrémité des queues et piquez-les profondément avec une très grosse aiguille autour de la queue et dans la fente. Faites un sirop, à la méthode ordinaire, avec un peu d'eau et autant de livres de sucre que vous avez de livres de prunes. Lorsqu'il est bien clair et encore sur le feu ajoutez par livre de sucre 3/4 de verre de bon vinaigre, 50 grammes de canelle en bâton, 50 grammes de clous de girofle.

Faites bouillir alors ce sirop quelques minutes ; puis mettez-y les fruits auxquels on fait faire un seul bouillon pour éviter que la peau ne se déchire ; écumez. Retirez avec l'écumoire les fruits du sirop, et laissez-le bouillir seul pendant quelques minutes, puis jetez-le sur vos prunes et laissez refroidir. Quand tout est froid, mais alors seulement, vous descendez le vase contenant vos prunes à la cave où il devra rester 24 heures. Après ce temps vous remettez sur le feu et opérez encore une fois comme il vient d'être dit pour la première cuisson.

Le lendemain, quand tout est complètement refroidi, mettez dans un pot de grès neuf et fermez hermétiquement.

Attendre *au moins* 6 semaines avant de s'en servir.

CONSERVE DE TOMATES ENTIÈRES.

Faites dissoudre du sel dans de l'eau jusqu'à ce que la densité de cette eau devienne telle qu'un œuf frais y puisse surnager ; ajoutez-y un décilitre de vinaigre par litre d'eau.

Rangez des tomates bien saines dans un bocal à large ouverture en les serrant un peu et versez votre eau salée et vinaigrée par dessus jusqu'à ce qu'elles soient couvertes. Pour intercepter toute communication avec l'air, employez la fermeture des *fiaschette* de vin en Italie ; répandez sur l'eau une couche d'huile d'olive d'un bon centimètre d'épaisseur et couvrez d'un papier ficelé pour préserver de la poussière.

Quand on veut se servir de ces tomates on les fait dégorger 2 heures dans l'eau fraîche.

CONSERVE D'OSEILLE.

Se prépare en octobre avant les gelées. On prend les jeunes feuilles dont on enlève les côtes ; on lave et on met blanchir cette oseille dans un chaudron d'eau bouillante avec un peu de cerfeuil et de persil ; après quelques bouillons on la retire et on la fait égoutter; puis on la remet sur le feu afin d'achever la cuisson en remuant sans cesse pour empêcher qu'elle ne s'attache et pour la diviser et la mettre en quelque sorte en purée. Lorsque l'oseille est assez épaisse on la met dans des pots de grès non vernissés, et quand elle est bien refroidie on la couvre d'une couche d'huile ou de beurre fondu. Fort utile en carême.

FROMAGES

FROMAGE BLANC A L'ITALIENNE.

Le lait caillé égoutté dans une forme ronde, et mélangé avec la crème du même pot de lait, constitue le *fromage blanc* du pays messin. Il s'y mange généralement avec un assaisonnement composé d'échalottes, d'oignons et de ciboules découpés, d'appétits hachés, de sel et de poivre.

Virgile en offrait à ses hôtes, en y joignant des châtaignes :

Castaneæ molles et pressi copia lactis (Ec. 1).

(Nous aurons à souper des châtaignes avec du fromage blanc.)

Tels, il y a peu d'années encore, nos paysans lorrains composaient leur repas du soir de lait caillé et de pommes de terre à l'eau, mangés ensemble.

Virgile ne parle pas des oignons qu'il n'aimait probablement pas plus qu'Horace. Ce dernier les aurait, à coup sûr, proscrit de notre fromage, s'il faut en juger par les vers de sa lettre à Iccius, où il les traite avec un dédain ironique :

... *seu porrum et cepe trucidas* (L1. Ep. 12).

(Soit que tu ne dévores que des poireaux et des oignons.)

Si, comme ces deux petits estomacs classiques (car Virgile et Horace, au dire de celui-ci lui-même, avaient de pauvres facultés digestives),

... *it... dormitum ego Virgiliusque*
Namque... inimicum... ludere crudis (L1. Sat. 5)

(Nous allâmes nous coucher moi et Virgile, car il est dangereux pour ceux qui ont l'estomac faible de s'agiter après dîner,)

vous craignez les crudités ? opérez suivant la recette ci-dessous :

Dans un saladier, mélangez bien votre fromage avec sucre en poudre, une demi-bouteille de vin blanc et un jus de citron. Servez aussitôt.

Ce plat, quoique ancien, simple et peu coûteux,

forme un manger délicieux, élégant, sain, léger, tonique et rafraîchissant.

FROMAGES FAÇON PETITS GERVAIS.

Ayez une chopine de bonne crème, fraîche et épaisse.

Salez et poivrez assez fortement. Nouez et serrez dans un linge double ; et enterrez dans un carreau du jardin assez profondément pour qu'aucune bestiole ne puisse y atteindre. Relevez au bout de trente-six heures.

FROMAGE DE POMMES DE TERRE.

On cuit à l'eau bouillante ou à la vapeur de grosses pommes de terre blanches. Après les avoir pelées on les écrase et on les pile jusqu'à ce qu'elles soient réduites en pâte. Sur 5 kilogrammes de pulpe on verse 1 kilogramme de lait aigri avec quantité suffisante de sel et de poivre et on pétrit jusqu'à mélange complet. Après 3 ou 4 jours de repos, suivant la saison, on pétrit de nouveau le mélange et on le place dans des formes à fromage sur des claies pour lui faire perdre le superflu du liquide qu'il contient. Quand on juge ces fromages suffisamment égouttés, on les retire des formes, on les sale et on les poivre encore dessus, dessous et sur les côtés, puis on achève de les faire sécher à l'ombre. On les dispose ensuite par lits dans de grands pots pour les faire *passer* à la manière ordinaire.

Ces fromages tenus au sec et en vases clos se conservent fort longtemps ; les vers ne s'y engendrent pas, ou très rarement, dit-on, qualité inappréciable pour les nareux comme moi.

BOISSONS

VIN DE MAI
(Maitrunk en Allemagne).

Voici le Mai, le jeune mois !
Connais-tu la Reine des bois,
L'aspérule aux pâles fleurettes ?
Vers la Source aux miroirs tremblants,
Où les chevreuils ont leurs retraites,
Elle étale ses bouquets blancs
Bordés de vertes collerettes.

Dès qu'elle éclôt dans les taillis,
Aux vignerons de mon pays
Sa fine odeur la recommande,
Sous les voûtes de leur caveau
Nos vieux buveurs, race gourmande,
Infusent dans le vin nouveau
L'aspérule qui sent l'amande.

Ce vin mousseux et parfumé,
Mignonne, c'est le Vin de Mai.
Sa sève semble composée
D'arômes subtils et flottants :
Sucs de fleurs, gouttes de rosée...
Aux sources mêmes du printemps
On dirait la liqueur puisée.

(*André Theuriet*).

En d'autres termes, faites infuser pendant une demi-heure dans du bon vin blanc une petite botte *d'aspérule odorante* ajoutez une orange coupée en tranches minces. En Allemagne où cette préparation es fort en honneur — et avec raison — on a des vase et des verres spéciaux pour la préparer et la boire

---

LIMONADE AU VIN BLANC.

2 litres de vin blanc
1 litre d'eau
750 grammes de sucre

2 citrons

Faites fondre le sucre dans l'eau, mêlez-y le vin et le jus d'un citron tenu bien clair ou même filtré ; découpez l'autre citron en tranches que vous laissez tremper dans cette limonade ; en servant mettez-en une dans chaque verre.

LAIT D'ORANGE.

Faites bouillir du lait en le sucrant convenablement. Pendant qu'il est encore chaud ajoutez-y du kirsch et des rondelles d'oranges dépouillées de leur écorce.

On donne à cette boisson plus ou moins de force et d'arôme suivant les goûts. De bonnes proportions sont : pour 3 verres de lait, 60 grammes de sucre, 1 verre de kirsch et 3 ou 4 rondelles d'oranges.

Se boit chaud ou froid mais de préférence chaud.

EAU DE MIEL.

Un peu de miel pur fondu dans un litre d'eau chaude, puis refroidi, filtré et avec adjonction d'eau-de-vie constitue une boisson rafraichissante et facile à préparer.

EAU D'AVOINE

Faites bouillir une poignée d'avoine dans un litre d'eau avec un peu de sucre ; filtrez, ajoutez un demi verre de lait et deux petits verres d'eau-de-vie. A un faux parfum de vanille.

EAU PANÉE.

Faites griller une croûte de pain et jetez-la dans une cruche pleine d'eau. Ce n'est pas plus difficile que cela ; les enfants aiment fort cette eau jaunâtre ; c'est une friandise fort saine qu'on peut leur procurer à peu de frais.

BOISSON DU DOCTEUR RÉCAMIER.

Il existe un grand nombre de formules de boissons fermentées à boire en été.

Celle du docteur Récamier est une des plus simples.

Remplissez d'eau une cruche contenant 10 litres ; mêlez-y 500 grammes de sucre ; une poignée de fleurs de houblon, 6 feuilles d'orangers, demi-verre de vinaigre.

Fermez la cruche avec une toile. Laissez macérer pendant deux jours en ayant soin d'agiter avec un bâton 2 fois par jour. Filtrez, mettez en bouteilles et ficelez convenablement les bouchons car la boisson ainsi confectionnée fermente et pétille comme le vin de Champagne.

Cuisine de chasse

GIBIER.

En attendant que l'*Évolution* dont je vous ai parlé ait parcouru son cycle inéluctable de progrès et que la *Vie* ait cessé d'avoir la *Mort* pour aide et pour complice, nous continuerons à chasser et à manger du gibier.

Si c'est là pour longtemps encore un mal nécessaire, il y a au moins cette fois des compensations.

La Chasse, en nos pays, dépense plus qu'elle ne produit. Mais elle *trempe* le chasseur (trop souvent même) et endurcit son corps ; elle lui donne devant les grands spectacles de la nature et les vicissitudes qu'il rencontre dans l'exercice de son activité de saines leçons de philosophie pratique ; elle désarçonne le Chagrin de la croupe de son cheval et recorde à ses fervents les vieux enseignements du pantagruélisme « *vous entendez que c'est certaine gayeté d'esperit conficte en mespris des choses fortuites* [1] » « *laquelle jamais en mauluaise partie ne prend choses quelconques* [2]. »

On devrait bien, pour les caractères détraqués d'aujourd'hui ressusciter le mot et surtout la chose.

Aux chasseurs est réservée cette gloire. En effet vous les entendrez tous, après une mauvaise journée et s'asseyant, fatigués et le sac vide, devant la table

---

[1] Rabelais, Pantagruel nouveau Prologue du Liv. IV.
[2] Id. prologue du Liv. III.

de chêne de l'auberge campagnarde, réciter le *Benedicite* du troupier de Charlet. « *Il faut prendre le temps comme il vient et la soupe comme elle est.* » — Amen.

DEUX PRINCIPES.

1º Le gibier trop faisandé est malsain.

Dans toute bête morte, trop longtemps conservée, il se développe des *ptomaïnes*, pouvant déterminer de véritables empoisonnements chez ceux qui absorbent une chair à demi-putréfiée.

Les loups, les chacals, les corbeaux, les vautours aiment l'odeur musquée des charognes.

Ne soyez pas semblables dans vos goûts à ces nettoyeurs de nos champs.

Je ne fais évidemment allusion qu'à un excès dont on doit se garer.

Certainement, et surtout en hiver, on peut, on doit même attendre quelque peu une vieille perdrix, une bécasse, un faisan, un lièvre, des alouettes, etc; mais surveillez-les, et après 3 ou 4 jours — 10 au plus pour le faisan — hâtez-vous, lentement si vous voulez, mais hâtez-vous de les mettre à la broche.

Il y va de la vie. Une indigestion, un empoisonnement ne sont pas choses plaisantes.

2º Ne plumez les oiseaux qu'au moment où vous allez les employer ; cela est essentiel.

Pourquoi ?

Pour la même raison que vous ne pelez pas une poire la veille du jour où vous voulez la manger ; pour qu'ils ne se dessèchent pas en attendant la broche ou la casserole.

Gibier à poils.

LIÈVRE.

L'ancien accompagnement obligé du lièvre était le vinaigre. « *Et de tant loing que peust estre ouy, s'escria, disant : Panurge, mon amy : vinaigre, vinaigre* (¹). »

Vinaigre veut dire ici sauce piquante ; et la vérité d'autrefois est encore la vérité d'aujourd'hui. Si vous faites rôtir un râble de lièvre, accompagnez-le d'une sauce piquante, vous n'aurez que des éloges à recueillir.

J'ai vu essayer la méthode anglaise, prônée en ces termes par Elzéar Blaze (²) : « Autrefois je mangeais le lièvre à la sauce piquante, mais depuis qu'une aimable anglaise me le servit à la gelée de groseilles, je ne le mange pas autrement. Je ne suis guère anglomane, mais quand je trouve une bonne recette, je la prends sans demander son origine. Essayez-en, prenez avec la fourchette une quantité de gelée égale au morceau de chair dont vous aurez résolu l'immédiate introduction, et votre bouche délicieusement chatouillée proclamera l'utilité de mon Livre » ; jusqu'à présent, personne, devant moi, ne s'est encore rangé à l'avis de l'illustre professeur.

A propos d'un livre récent sur le lièvre (³), des critiques ont prétendu que « dans le chapitre délicat des diverses façons d'accommoder le lièvre, l'auteur avait commis beaucoup d'erreurs et même de graves hérésies, et qu'il y a sur ce sujet d'utiles vérités à mettre en lumière ».

(¹) Rabelais, Pantagruel, Liv. II. chap. 26.
    C'était la coutume en Languedoc entre les chasseurs de se crier l'un à l'autre *vinaigre*, dès qu'ils avaient tiré un lièvre, parce que la vraie sauce de cet animal est le vinaigre (Le Duchat).

(²) Blaze, Le chasseur au chien d'arrêt. — Le lièvre.

(³) La chasse du Lièvre, par Cunisset-Carnot, Paris 1888.

Le lièvre est excellent surtout en civet et en pâté.

Dans ces deux préparations il est bien lui-même, a son arôme propre, son fumet *sui generis*, trèsreconnaissable à travers les épices. Vous n'oserez pas servir un lièvre en civet un jour d'apparat ? c'est un plat de famille et d'amis ? — eh ! bien ! tant mieux ! le mot en dit beaucoup et, dans l'intimité, vos convives n'auront pas de vergogne à tendre vers vous leur assiette vidée.

Toutes les méthodes données par les dispensaires de cuisine, voire celles de « L'art d'accommoder le gibier suivant les principes de Vatel ([1]) » semblent mièvres et d'occasion. Lièvre à *l'espagnole* — *aux anchois* — *à la sauce douce* — *à la czarine* — *à la chicorée* — *aux concombres !* — *au beurre* — *à la provençale* — *à la sauce pointue* — *à l'escalope* — *à la hâte* — *à la suisse* — etc etc — ne sont-ce pas là des noms de comédie ? — et les *côtelettes de lièvre ?* - côtelettes !!! pourquoi pas des filets de mauviettes ?

Il y a de quoi entrer en colère !

Ne forçons pas notre talent
Nous ne ferions rien avec grâce.

Qu'il se résigne ! Le lièvre est fait pour le civet et le civet a été créé pour le lièvre — *sive bonum, sive malum*; c'est sous cette forme qu'il apparaît à vos compagnons de chasse à travers la fumée de votre escopette. A votre détonation l'un d'eux ne manquera pas de s'écrier : « Voilà *le civet* assuré ! » il ne dira pas le rôti, ou le lièvre à la czarine, ou aux concombres, etc. Quelque fin mangeur qu'il soit, il identifiera votre prise avec le simple *civet*.

C'est le cri de l'estomac ; c'est le tressautement de la vérité dans son puits.

([1]) La cuisine de nos pères. L'art d'accommoder le gibier. Paris, librairie illustrée, sans date.

Civet de lièvre.

>Je blâme fort la conduite,
>Lorsque j'arrive ayant faim,
>De ce chasseur qui m'invite
>Et qui pour un dîner fin
>Me donne une pomme cuite
>Sans avoir même un misérable de lièvre en civet.

Le nom du *civet* vient du latin *cepe* (oignon).

Ouvrez un dictionnaire, voire Littré, vous y lirez que le nom de civet vient de *cive*, parce que la cive entre principalement avec l'oignon dans la composition du civet.

Vous cherchez *cive*, que vous ne connaissez pas, et vous apprenez que la cive est une petite espèce ou variété du genre *ail* ; et que l'on désigne souvent ainsi la civette ou ciboulette.

Or, Le Bon Jardinier, qui doit s'y entendre,
  Marchand d'oignons se connaît en ciboules
dit le proverbe, ne mentionne même pas la cive.

Le dictionnaire de Bescherelle — oh ! ce Bescherelle, il a raison, il pense comme moi — la définit ainsi : « Cive : *oignon petit, dégénéré, oignon qui ne tourne pas selon l'expression en usage chez les maraîchers... C'est à tort que l'on donne ce nom tantôt à la ciboule, tantôt à la ciboulette.* »

Et d'une.

En patois gascon, *civo*, sur la rive gauche de la Garonne, *cibo* sur la rive droite, signifient un oignon ; *cipola* en italien, en espagnol, ont la même signification.

Demandez à une cuisinière si elle met de la cive dans le civet, elle croira que vous vous moquez d'elle.

La cive d'où vient le nom du civet est donc tout simplement un petit oignon ; or, comme les petits oignons constituent, avec le lièvre, un des éléments du civet, aucune étymologie n'est plus claire que celle-ci.

Le Dictionnaire des Arts et des Sciences, la grande

Encyclopédie de Diderot, a rendu témoignage au civet. Elle le mentionne rapidement, mais en termes précis qui constatent son individualité bien distincte, « c'est, dit-elle, un ragoût *particulier*, fait d'un lièvre coupé par morceaux, et cuit en pot avec bouillon, un bouquet d'herbes, et un assaisonnement de vin, de farine, d'oignons et d'un peu de vinaigre. »

Donnons un peu plus de détails.

Pour que votre civet soit excellent, faites-le à la mode de Lorraine.

Découpez 250 grammes de lard en gros lardons et mettez-les fondre à la casserole sur un bon feu ; quand ils sont à peu près fondus, ajoutez-y les morceaux bien découpés de votre lièvre et faites-les ainsi revenir un instant. Saupoudrez de 3 bonnes cuillerées de farine ; et tournez et remuez jusqu'à ce qu'elle soit roussie. Versez alors, par dessus, un peu d'eau ou de bouillon pour faire un roux que vous allongez, de façon à ce que les morceaux y baignent amplement, avec une bouteille de vin rouge, — la plupart des dispensaires disent du vin blanc, mais ne les croyez pas :

> ... *il demanda*
> *Au varlet : « Quel vin est-ce là ? »*
> *Il lui dist : « Vin blanc de Baigneux. »*
> *— Ostez cela, ostez cela,*
> *Car, par ma foy, point je n'en veulx.*
> *Qu'esse-cy ? Estes-vous bejaulne ?*
> *Je demande du vin de Beaulne,*
> *Qui soit bon, et non aultrement* (¹). »
>
> *(Villon. Les Repeues franches).*

Continuez votre préparation en y mettant bouquet garni, une gousse d'ail, persil en branches, échalottes, un oignon piqué de 2 clous de girofle, une feuille de laurier, sarriette, thym, ou un peu de poudre d'épi-

---

(¹) *Œuvres de Villon avec notes et glossaire par Pierre Jannet. Edition Pierre Jannet, Paris,* 1867. *Les Repeues franches sont attribuées à Villon, mais ne sont pas de lui.*

ces, du poivre et une simple pincée de sel (¹). Faites partir à grand feu pour réduire le mouillement, puis laissez cuire à feu doux pendant environ une heure. Pendant ce temps vous avez épluché deux douzaines de petits oignons et les avez mis dans la sauce assez à temps pour qu'ils soient cuits au moment où vous devez servir, tout en restant entiers. Vous avez aussi ajouté le sang du lièvre ; n'oubliez pas surtout d'y joindre, en même temps que les petits oignons, le foie écrasé, comme liaison, de façon à obtenir après réduction une sauce un peu liée, ni courte ni longue, ni claire ni épaisse, brune. — Brune ? — Oui, brune, eh bien ! après ?

P. S. A côté du civet, servez à part un plat de pommes de terre cuites à l'eau et épluchées ; ceux qui s'en serviront en guise d'accompagnement ne seront pas les plus mal-avisés.

RABLE DE LIÈVRE ROTI SAUCE PIQUANTE.

Piquez de lard fin les filets et les cuisses, couvrez le dos et le dessous d'une barde de lard et mettez à la broche. Arrosez du jus de la lèchefrite tout le temps de la cuisson. Votre râble est cuit quand la fumée en sort par jet. Servez avec la sauce piquante suivante, dans une saucière chauffée à l'avance.

Sauce piquante pour lièvre rôti. Ecrasez le foie et faites le revenir dans une casserole avec un morceau de beurre frais, quelques échalottes finement hachées, du thym, une feuille de laurier, du persil ; ajoutez un peu de farine que vous faites revenir un instant en remuant, puis un peu de bouillon et un verre de vin blanc ; faites bouillir et réduire à moitié ; assaisonnez fortement de sel et de poivre ; ajoutez 3 cuillerées de vinaigre ; versez dans la saucière, et alors seulement mêlez-y des cornichons découpés.

(¹) Une simple pincée de sel ? à cause du lard déjà salé, dont vous vous êtes servi. Si vous avez employé du beurre ou de la graisse vous salerez davantage. Il faut tout vous expliquer !

RABLE DE LIÈVRE ROTI A LA CRÈME.

Quand votre râble de lièvre à la broche est cuit, ce qui se voit à la fumée qui en sort par jets, ayez une bonne jatte de crème fraîche et épaisse, assaisonnée de poivre et de sel, et versez-la par cuillerées successives sur le rôti qui continue à tourner sur le feu. Cette crème s'unit dans la lèchefrite où elle tombe avec le jus provenant du lièvre et des lardons dont il est piqué ; reprenez-la avec la cuillère et continuez à arroser ainsi jusqu'à ce que cette sauce soit devenue légèrement brune et réduite à moitié. Ajoutez-y quelque fois, pour la varier, un filet de vinaigre, des échalottes hachées et des cornichons découpés.

Cette méthode attendrit singulièrement le lièvre et lui forme un accompagnement parfait ; les conséquences en sont toujours louables.

LIÈVRE EN CAPILOTADE.

Découpez par morceaux un lièvre rôti ; faites revenir ces morceaux dans un bon ragoût : beurre, farine roussie, eau, échalottes, et persil hachés, pointe d'ail, un peu de muscade. Ajoutez un filet de vinaigre.

LIÈVRE EN GELÉE.

On désosse un lièvre, puis on met à la casserole les os avec tous les débris de chair, un jarret de veau coupé en morceaux, avec carottes et oignons, poivre, sel, bouquet garni, clous de girofle ; mouillez de bouillon et d'un peu plus de vin blanc, et laissez cuire à petit feu pendant une heure et demie, puis passez au tamis. Vous avez garni de bardes de lard le fond d'une terrine qui puisse aller au feu ; placez par-dessus la chair du lièvre en y entremêlant de minces tranches de veau et de porc frais ; assaisonnez de poivre et de poudre d'épices, versez, par-dessus, le jus de la cuisson des os, couvrez de bardes de lard ; mettez un couvercle à la terrine et faites cuire à petit feu. Laissez refroidir dans la terrine pour être servi froid.

LAPIN DE GARENNE EN GIBELOTE.

La gibelote est au lapin ce que le civet est au lièvre. En voici la véritable recette.

Coupez proprement le lapin en morceaux pas plus gros que la moitié du poing. Faites prendre couleur à la casserole, dans un peu de saindoux. Aussitôt qu'ils ont pris couleur, saupoudrez chaque morceau d'un peu de farine dessus et dessous (il en faut environ 2 cuillerées), et secouez vivement la casserole afin d'en pénétrer toutes les parties et de bien mélanger la farine à la sauce. Versez sur le tout une bouteille de vin blanc sec. Quand la sauce commence à bouillir, salez un peu et poivrez davantage ; ajoutez bouquet garni, un peu de poudre d'épices, 3 ou 4 échalottes coupées menues et quelques grains de genièvre. Continuez la cuisson en remuant de temps en temps ; à moitié cuisson ajoutez une douzaine de petits oignons, le foie écrasé et 2 ou 3 gousses d'ail découpées. Laissez cuire et, dix minutes avant de servir, liez avec une liaison ordinaire de jaunes d'œufs et de farine.

C'est aussi en gibelotte qu'on accommode le lapin domestique.

Les Gazettes de 1824 ont raconté comment un lapin sut éviter cette traditionnelle destinée.

Un pauvre homme des environs de Mantes se voyait contraint de vendre la chaumière de ses pères pour satisfaire d'avides créanciers, lorsqu'il se trouva tout-à-coup libéré de ses dettes par le secours d'une femelle de lapin. Voulant faire ses petits, cette bête gratta la terre pour y pratiquer son trou ; elle en fit sortir deux ducats d'Espagne du 16eme siècle. A cette vue le bonhomme fouille et trouve la valeur de huit mille francs en cette même monnaie : il fouille de nouveau et ramasse encore trois livres pesant de ducats. L'empreinte de ces pièces fit voir qu'elles étaient enfouies depuis les guerres de Henri IV. On présuma que c'était le trésor de quelque régiment Espagnol qui avait été obligé de fuir.

Il fut décidé dans la famille du paysan, que jamais l'animal précieux ne courrait la chance d'être mis en gibelotte, et que non seulement on le laisserait mourir de vieillesse, mais qu'après sa mort on le ferait empailler avec soin, et qu'on le placerait dans le plus bel endroit de la cabane pour perpétuer sa mémoire.

A la bonne heure ! voilà de la reconnaissance !

LAPIN SAUTÉ AU PÈRE DOUILLET.

Découpez le lapin comme pour la gibelotte ; faites sauter les morceaux à la casserole avec du beurre et des lardons. Mouillez d'un verre de vin blanc et d'un verre de bouillon ; salez, poivrez ; ajoutez bouquet garni, clous de girofle, ciboules, échalottes, une carotte et un navet coupés en tranches. Dressez le lapin sur un plat chaud, liez la sauce avec de la fécule, versez sur le plat et servez.

LAPIN SAUCE ROBERT.

Découpez le lapin et faites-en sauter les morceaux à la casserole avec du beurre et des lardons ; les morceaux bien revenus à un feu vif, achevez de les cuire dans une sauce Robert ainsi faite. Emincez 5 ou 6 oignons en petits dés et passez-les dans le beurre sur le feu jusqu'à ce qu'ils soient bien blonds, ajoutez un peu de farine et quand elle est de belle couleur mouillez de bouillon (à son défaut d'eau chaude où l'on a délayé un peu d'extrait de viande de Liebig) et d'un filet de vinaigre ; mettez sel, poivre et, au moment de servir et après avoir retiré du feu, mélangez-y 2 cuillerées de moutarde.

Chevreuil.

Le cuissot se mange rôti, piqué de lard et s'accompagne d'une sauce un peu piquante.

Faut-il faire mariner le cuissot de chevreuil ?

Non !

L'expérience suivante a été faite et répétée.

Les deux cuissots d'un même chevreuil ont été dégustés par les mêmes professeurs à quelques jours d'intervalle, le premier, tout frais, le lendemain de la chasse et sans aucune préparation, le second après avoir été mariné.

Eh bien ! toujours, le cuissot non mariné a été reconnu bien supérieur à l'autre.

La marinade ne sert qu'à dissimuler un goût de viande avancée. C'est au moyen de la marinade que le mouton se déguise en chevreuil. Toutes les viandes marinées ne sentent plus que la marinade. C'est absolument comme les dames qui se parfument : toutes sentent bon ; mais Ovide a dit il y a longtemps :

benè olet quæ nihil olet.
(*Elle a bonne odeur celle qui n'en a pas.*)

SAUCE POUR CUISSOT DE CHEVREUIL ROTI.

Mettez dans une casserole, échalottes hachées fines, vinaigre et poivre. Faites réduire jusqu'à ce qu'il n'y ait plus de vinaigre. Ajoutez du beurre et faites prendre couleur à l'échalotte ; puis ajoutez un peu de farine et mouillez avec du bouillon ; mettez gros comme une noisette de sucre. Laissez cuire et au moment de servir ajoutez du jus du chevreuil.

ÉPAULE DE CHEVREUIL.

Peut se faire rôtir comme le cuissot après l'avoir garnie d'une farce bien assaisonnée.

Se sert aussi découpée et en daube.

CIVET DE CHEVREUIL.

Se prépare comme le civet de lièvre ; on emploie pour le faire des morceaux de poitrine et d'épaule.

Pâté de venaison

Qu'en dites-vous ? un pâté ! nous en aurons un, oui.
[nous l'aurons,
Et ma femme, petite Kitty, est fameuse pour la croûte.
„ Quoi, diable, un pâté ! " répéta l'Ecossais comme un
[écho,
„ Quand je devrais éclater je lui garderai un coin. "
„ Nous lui garderons un coin ! " cria la dame ;
„ Nous lui garderons un coin ! " répéta l'écho alentour.
Goldsmith (¹).

La venaison joue un grand rôle dans la gastronomie de la vieille Angleterre.

« Le goût de notre gentry pour le pâté, dit d'Israëli dans les « *Curiosities of Literature* », était de notoriété publique, et le Shakespeare in-folio était d'habitude ouvert dans les halls de notre noblesse dans le but de distraire les invités, qui dévoraient à la fois Shakespeare et la pâtisserie. Quelques uns de ces volumes sont venus jusqu'à nous, non seulement avec les taches de graisse, mais renfermant même des croûtes de pâté authentiques du siècle d'Elisabeth ! »

Ce goût a fourni plusieurs proverbes ou dictons.

Dans les pays de Cornwall (la Cornouailles) on dit qu'il n'y a pas de danger que le diable y vienne, de crainte d'être mis en pâté. Il paraît, en effet, que les indigènes font des pâtés de tout ce qui se mange, gibier, viande, herbes, poissons, légumes etc.

(¹) *And now that I think on't; as I am a Sinner!*
We wanted this venison to make out the dinner.
What say you ? a pasty ! it shall and it must,
And my wife, little Kitty, is famous for crust.
„ What the de'il, mon, a pasty ! re-echoed the Scot.
„ Thoug splitting, I'll still keep a corner for that. "
„ We'll all keep a corner " the lady cried out ;
„ We will all keep a corner ! " was echoed about.

Les auteurs anglais mettent souvent en œuvre, en prose et en vers, les pâtés de venaison; et les pâtés de daims des romans de Walter Scott ont fait venir l'eau à la bouche de plus d'un lecteur. Comme le roi Richard chez le joyeux ermite de Copmanhurst, nos robustes ancêtres attaquaient gaillardement du couteau les flancs d'énormes pâtés de cerf et de sanglier, et ne craignaient point d'y enfoncer leurs doigts, comme les Orientaux font encore aujourd'hui pour dépecer la chair d'un mouton rôti. L'usage des fourchettes pour manger de la viande, des légumes ou du poisson est relativement moderne et ne s'est vulgarisé en France qu'avec le XVIIe siècle [1]; ç'avait été pour les élégants de la cour d'Henri III un raffinement nouveau. Gabrielle d'Estrées l'avait adopté ; « toutefois elle ne persuada jamais Henri IV ni ses amis d'en prendre l'usage. Ils s'étaient trop moqués autrefois des mignons de Henri III, moitié hommes, moitié femmes, allongeant le cou sur leurs assiettes, se piquant les lèvres avec leurs fourchettes et tachant leurs brillants pourpoints, en perdant en chemin une partie de ce qu'ils voulaient conduire à leurs bouches.

« N'oublions pas que les plus nobles figures de l'histoire comme Charles-Quint et François Ier, ou les plus gracieuses comme Diane de Poitiers et Marie Stuart, ont mangé avec leurs doigts.

« On reconnaissait une personne bien élevée à la façon dont elle saisissait dans un plat un morceau avec ses doigts et dont elle le portait à sa bouche. »

Louis XVI, Louis XVIII mangeaient certaines choses à la vieille mode et sans fourchette ; et le marquis de Vérac disait à ses neveux : « Il faut que vous soyez bien sales maintenant, vous autres, pour ne pas oser manger une côtelette avec vos doigts. »

Mais revenons à nos pâtés de venaison. Elzéar Blaze parle d'un pâté monstre qu'il confectionna au

---

[1] Auparavant on avait bien de petites fourchettes de luxe à deux dents ; mais elles ne servaient qu'à manger des confitures sèches, des friandises et des fruits.

bivouac pendant les guerres de l'Empire, et où il fit entrer douze lièvres et dix chevreuils, et de plus il donne la recette dont il s'est servi (¹), recette qui, sauf les colossales dimensions du chaudron tenant lieu de croûte et les deux factionnaires préposés pendant deux jours à la surveillance du grand œuvre, est celle de tous les pâtés de gibier passés, présents et à venir.

Dans une terrine, ou dans une croûte à pâté maintenue dans un moule, et dûment plancheiée et tapissée à l'intérieur de bardes de lard, on place d'abord une couche de farce, puis successivement les morceaux de venaison, daim, chevreuil ou sanglier piqués çà et là de quelques lardons, en les entremêlant de cette même farce composée des parures de la même viande, de chair à saucisses et aussi de viande de veau destinée à fournir une gelée ; le tout épicé convenablement avec gros poivre, sel, oignons, girofle, laurier, poudre d'épices, etc, et parsemé encore de quelques gros lardons ; terminez, par une nouvelle couche de farce recouverte d'une large barde de lard ; placez le couvercle sur la terrine, ou un couvercle de pâte sur la croûte en y ménageant une étroite cheminée au moyen d'un petit morceau de carte roulée afin de donner un passage à l'eau de vaporisation. Mettez dans un four gai, et laissez cuire 2 ou 3 heures suivant la dimension du pâté.

Pâté de petite venaison
OU PATÉ DE LIÈVRE.

Oportet pati
(*traduction libre :   Apportez le pâté.*)

Le lièvre n'est pas classé parmi les animaux de grande vénerie ; aussi le pâté de lièvre ne peut-il s'appeler correctement un pâté de venaison.

Mais la chair du lièvre de Lorraine est excellente

(¹) Le chasseur au chien courant, par Elzéar Blaze chap. du Chevreuil.

et les pâtés qu'on fait avec elle ont un goût exquis, très-particulier, très-fin, ayant le mérite de s'allier très-conjugalement à l'arôme de la truffe et, en somme, bien supérieur à celui de ses hautains confrères.

Inter quadrupedes, gloria prima lepus.
(*Martial*)

Dans les petits pots on met les meilleurs onguents. Aussi avons-nous conféré à cette préparation distinguée le titre non discutable de Pâté de petite venaison.

Le pâté de petite venaison se fait, comme les autres, en terrine ou en croûte.

La façon en terrine est plus simple et aussi bonne que l'autre. Elle retient même les divers arômes, et surtout les sucs des viandes, plus hermétiquement concentrés ; mais nous n'oserons pas toucher à l'enveloppe.

Dans l'autre méthode, au contraire, tout est bon. C'est comme dans la bécasse — vous ne laissez rien sans y goûter.

Votre choix hésite entre les deux candidats? Permettez-moi de vous donner un conseil? Si votre pâté est destiné à être servi à plusieurs reprises dans l'intimité aux repas de la famille, contentez-vous de la simple fayence ; s'il doit figurer à un déjeuner d'apparat, fortifiez-le d'une appétissante enceinte de croûte dorée.

Dans ce dernier cas, ayez un moule à pâté dont vous garnissez l'intérieur, après l'avoir beurré, avec une nappe de *pâte à dresser* de mince épaisseur.

Prenez la chair des bas morceaux du lièvre et le foie ; ajoutez-y autant de viande de veau, bien nette de peaux et de nerfs, un peu de chair à saucisses et hachez le tout ensemble. Mêlez-y alors la même quantité de lard gras coupé en petits dés ; un oignon, une échalotte, un peu d'ail découpés; les épluchures de vos truffes. Hachez de nouveau en assaisonnant de poivre, sel, thym, sarriette et laurier, poudre d'épices, un peu de muscade. Mettez ce hachis dans un mortier et ajoutez-y le sang du lièvre, 2 ou 3 œufs entiers et 2 petits verres d'eau-de-vie. Pilez le tout de façon à obtenir une farce très fine. Parsemez-la d'un bon nombre de tout petits dés de lard blanc, pour la marbrer, et elle sera bonne à employer.

Vous avez découpé les morceaux les plus charnus du lièvre (tout le derrière) en les désossant — autant que possible. — Vous les avez piqués de lard et assaisonnés de sel et de poivre, de persil et d'échalottes finement hachés, d'un peu de thym, de laurier et de poudre d'épices.

Tout étant ainsi préparé, on garnit le fond et les parois du réceptacle avec des bardes de lard mince ; on y met, au fond, une couche de farce ; puis on dispose, par lits successifs, les morceaux du lièvre entremêlés de quelques bribes de veau et de blancs de volailles ; on ajoute beaucoup au fumet de la préparation si on peut y employer également une bécassine découpée et désossée. On n'oublie pas d'insérer dans les interstices des pelottes de farce et les truffes taillées comme de grosses noisettes, et on a soin de marquer les lits par une légère couche de la même farce dont on garnit modérément le pourtour de l'enceinte. Enfin on termine en recouvrant les différentes assises de cette maçonnerie par une dernière application de farce qu'on assaisonne encore de quelques échalottes finement hachées. Par dessus, on place une large barde de lard, puis le couvercle de pâte dans le milieu duquel on a pratiqué une petite cheminée, maintenue ouverte par un petit rectangle de crate roulée.

Mettez à un four gai, et laissez cuire environ 1 heure, suivant l'importance de votre œuvre.

Vous avez, dès le commencement du travail, cassé les os du lièvre, et les avez mis, avec quelques parures de viande, bouillir dans du jus, du bouillon ou de l'eau où vous avez délayé de l'extrait de viande Liebig.

Une demi-heure au moins après avoir retiré votre pâté du four vous y introduirez cette cuisson, réduite, par l'ouverture d'évaporation et au moyen d'un petit entonnoir. Cette cuisson à l'essence de gibier, et qui prendra en gelée par le refroidissement, pénètre dans tous les vides causés par le retrait des viandes et les occupe très favorablement.

Les néophytes ne se plaindront pas que je leur ai épargné l'ennui des détails ; les adeptes excuseront ma prolixe précision en songeant que, sur tous les terrains, le moindre oubli peut faire perdre une bataille.

A la suite d'un dîner donné à ses officiers, Moreau fit introduire un jour son chef de cuisine dans la salle à manger et le décora, séance tenante, d'une casserole d'honneur. Cela déplut fort à Bonaparte qui songeait déjà à créer l'ordre de la légion d'honneur, et Moreau avait effectivement voulu plaisanter les premières ouvertures de son projet

Dans un but plus louable, si votre pâté de venaison, convenablement arrosé, a monté vos convives au ton de la reconnaissance, appellez votre cuisinière et chantez-lui en chœur, sur la musique docte, large, imposante qui l'accompagne cette pièce de M\^r Cabaner, qui respire un réel enthousiasme ([1]).

> *Décidément ce pâté*
> *Est délicieux. De ma vie*
> *Je n'en ai, je le certifie*
> *Mangé de mieux apprêté !*
>
> *J'en veux faire à la pâtissière.*
>   *Mon sincère*
>   *Compliment.*
> *Excellent ! Excellent !*
> *Celui que l'on m'apporta*
> *L'autre jour était bon, sans doute ;*
> *Très bon... et surtout la croûte...*
> *Mais j'aime mieux celui-là.*

([1]) Charles Monselet, petits mémoires littéraires.

Allons faire à la pâtissière
   Mon sincère
   Compliment.
Excellent ! Excellent !

CERF

A l'horizon lointain expirent les abois,
Sous les chênes dormants la nuit remet son voile.
Lui, qui ne verra plus l'aurore dans les bois,
Donne un dernier regard à la première étoile.
        André Lemoyne *(La mort du Cerf.)*

Quel mystère affreux !
Nous ne sommes encore que des sauvages !
Il est bon de se le rappeler quelquefois.
La cuisine du cerf n'a rien de bien intéressant.
Un filet de cerf braisé ou cuit en façon de bœuf à la mode est quelquefois fort bon. Cela dépend de la bête.

C'est tout ce que je puis vous en dire aujourd'hui. On m'a promis, des pays où l'on sait traiter ce noble gibier, quelques recettes inédites pour une seconde édition.

Permettez-moi de vous y renvoyer.

DAIM

Meilleur que le cerf, moins bon que le chevreuil, s'accommode à peu-près comme ce dernier, le quartier à la broche ; les morceaux de devant en civet, en émincé, etc.

Nous avons tous eu, au moins une fois, envie de mordre aux pâtés de daim des romans de W. Scott.

SANGLIER

CUISSOT ET FILET DE SANGLIER ROTIS.

Si vous avez à faire à un vieux sanglier ou si vous désirez le garder pour un jour fixé, vous le ferez mariner à la manière ordinaire dans de l'huile d'olive ou du vinaigre mélangé d'eau, avec oignons en tranches, citrons, romarin, thym, laurier, clous de girofle, poivre, sel et tout le régiment des épices, ou bien simplement vous l'envelopperez d'un linge de toile que vous arroserez tous les jours avec du bon vin rouge.

Le sanglier rôti directement est toujours sec ; commencez donc par accommoder votre filet ou votre cuissot comme un bœuf à la mode et à le faire cuire dans une braisière avec bardes de lard, parures de viandes, oignons et carottes coupées en tranches, bouquet garni, clous de girofle, bouillon ou eau avec extrait de viande de Liebig, vin blanc et 2 petits verres d'eau-de-vie.

A moitié cuisson vous retirez votre morceau de sanglier et achevez de le rôtir au four.

Accompagnez, pour servir, d'une sauce poivrade ou piquante à l'échalotte, mouillée du jus de la cuisson, piquetée de cornichons découpés et fortement relevée de la marinade.

FILET DE SANGLIER AUX OIGNONS.

Le filet de sanglier rôti est fort bon servi sur une purée d'oignons, comme on le fait dans nos campagnes pour le filet de porc frais.

CUISSOT ET FILET DE SANGLIER BRAISÉS

Préparation identique aux précédentes, sauf qu'on laisse la cuisson s'opérer entièrement dans la braisière. Il faut 2 ou 3 heures pour le filet et au moins 6 heures pour le cuissot. Même sauce que pour le sanglier rôti.

BEEF-STEAK DE SANGLIER
(Wildboar-steak)

Coupez des tranches de filet un peu épaisses, comme pour des beef-steak Châteaubriand ; battez-les charitablement à la battoire de bois pour les attendrir. Frottez le fond d'une assiette avec une gousse d'ail et versez dessus un peu d'huile d'olive, promenez vos beef-steak sur cette huile en les appuyant un peu sur le fond de l'assiette et recommencez en les retournant ; faites-les ensuite griller vivement, et servez-les sur une sauce brune, entourés de pommes de terre frites.

HARICOT DE SANGLIER.

Les basses côtes du sanglier s'emploient pour faire un excellent ragoût.

Coupez-les en morceaux et faites revenir ces morceaux dans de la graisse et un peu de lard haché. Quand ils ont pris couleur, retirez-les et faites avec la cuisson un roux brun ; passez-y votre sanglier et mouillez avec du bouillon de façon à l'y faire baigner. Assaisonnez avec sel, gros poivre, ail, persil, oignons, thym, une feuille de laurier, girofle, etc ; à moitié cuisson ajoutez des pommes de terre et des navets et un peu après des oignons. Laissez bien cuire.

Délicieux, ce ragoût campagnard.

SOUPE AU SANGLIER.

Brillat Savarin dit quelque part (¹) « Jetez dans un pot du sel, de l'eau et un morceau de bœuf, vous en retirerez du bouilli et du potage. Au bœuf substituez du sanglier ou du chevreuil, vous n'aurez rien de bon : tout l'avantage, sous ce rapport, appartient à la viande de boucherie. »

N'en déplaise à l'illustre professeur, on prépare avec les morceaux du haut de la hanche, une excellente soupe au sanglier, à peu-près semblable à la soupe au porc frais dont il sera parlé plus loin à la cuisine folk-loriste.

PIEDS DE SANGLIER.

Après les avoir préparés, grattés, etc, enroulez-les avec du fil ou mieux avec un cordon un peu large pour qu'ils ne se défassent pas en cuisant. Mettez-les dans de l'eau avec garnitures et assaisonnements de toutes sortes : os, couennes, bouquet garni, oignons,

---

(¹) Physiologie du Goût méditation VI, § V, V. 39.

carottes, thym, persil, ciboules, sel, gros poivre, girofle, etc. et faites cuire à feu doux pendant au moins 6 heures. Enlevez les fils ou cordons qui les relient, et laissez refroidir dans la cuisson. Fendez-les ensuite dans leur longeur, graissez avec un peu de saindoux fondu et passez-les, en les roulant, dans de la mie de pain effritée et mêlée de sel et de poivre. Faites-les griller à petit feu et n'oubliez pas d'envoyer avec eux le pot de moutarde.

Boudins de sanglier à la Tocqueville

Voici l'hiver et, chassés du bois par ses rigueurs ou plutôt par quelques coups de fusils adroitement campés au défaut de l'épaule, les sangliers commencent à venir visiter nos cuisines.

J'assistais l'autre hiver en forêt à l'opération assez peu ragoûtante qu'on appelle *curée* pour le cerf et le chevreuil, mais *fouail* pour le sanglier, et qui consiste à vider la bête, aussitôt abattue, sous peine d'en voir la chair s'altérer par certaines infiltrations.

Or, pendant qu'on soulevait le sanglier pour en faire égoutter le sang sur la mousse, je me pris à songer... à M. de Tocqueville, préfet du département de la Moselle du 25 mars 1817 au 23 juillet 1823.

Pourquoi cela? — Ah! voici.

M. de Tocqueville, malgré la guerre qu'il avait déclarée aux loups de la Moselle dès son arrivée à son poste, n'était pas, comme Nemrod, un grand chasseur devant Dieu et devant les hommes. Sa dignité peut-être, son goût sûrement lui faisaient préférer à l'activité violente de la chasse ses résultats culinaires. — Qui oserait l'en blâmer?

Quoi qu'il en soit, M. le préfet était souvent invité à prendre part aux expéditions de deux grands chasseurs d'alors, M. de Gourcy, louvetier, et M. Jaunez, tous deux habiles destructeurs de loups et de sangliers. Or, dans ces occasions, M. de Tocqueville partait en guerre muni d'une grande bouteille en argent ; et, quand on démontait un sanglier, il accourait avec sa fiole et la passait au garde pour la faire remplir du sang de la bête. Ce sang était destiné à confectionner des boudins suivant une certaine recette de l'ancien régime, dont les convives de M. le préfet pouvaient, disait celui-ci, garantir l'excellence.

Avant de continuer, permettez-moi de vous raconter une anecdote qui fit à cette époque les délices de l'honorable corporation des gardes forestiers.

A une chasse à laquelle assistaient, l'un portant l'autre, M. de Tocqueville et sa bouteille, un sanglier fut abattu de deux balles mariées qui lui perforèrent les intestins. On reconnait qu'une bête est ainsi blessée au sang qu'elle laisse sur sa trace, et qui, d'un rouge ordinaire, est mêlé de fragments de ce que chez le cerf on nomme son *viandis*. Ces sortes de blessures sont mortelles. Les soldats en campagne le savent bien, et le duc d'Aumale parlait un jour à table — pas dans un grand dîner, mais dans un buffet de chemin de fer, devant son aide de camp et un autre officier — de je ne sais plus quel général blessé grièvement au bas ventre, en Crimée, lequel mit le doigt dans sa blessure et l'ayant porté à son nez murmura: « Cela sent la m...; je suis f...! »

Or donc le garde qui reçut ce jour-là la fameuse bouteille d'argent était, vous le comprenez, plus qu'à l'ordinaire ennuyé de sa mission. Néanmoins, en luron qui a vu du pays et ne s'étonne pas pour si peu, il se mit à entonner pêle-mêle dans la gourde le sang du sanglier et les matières plus épaisses qui y étaient mélangées, en répétant à chaque nouvelle introduction : « Ah! t'en vieux, don bodin! eh beun, t'en val! (¹).

Je disais donc que M. de Tocqueville se glorifiait de faire pratiquer chez lui une excellente recette de boudins de sanglier. C'est de cette recette préfectorale et bien messine que vous allez profiter, grâce à la tradition qui en est venue jusqu'à moi.

Hachez de beaux morceaux de feuilles de choux verts frisés, avec quelques feuilles d'oseille et faites-

---

(¹) En patois messin : ah! tu en veux, du boudin! eh bien, en voilà!

les cuire grassement dans du saindoux. Faites cuire de même des oignons, des ciboules, des poireaux avec du saindoux et de la panne de porc hachée finement. Ayez aussi du riz bien cuit dans du lait. Faites du tout ensemble une purée à laquelle vous ajoutez de la crème double, du persil haché fin, du laurier, du thym, de la sariette surtout, du basilic, de la menthe, du mélilot très peu ; du fenouil, de la coriandre et deux clous de girofle, le tout bien pulvérisé, poivre et sel.

Mélangez intimement cette préparation bien fondue au sang du sanglier, que vous avez mis chauffer sur un feu très doux après l'avoir additionné d'un peu de vinaigre. Introduisez dans les réceptables ordinaires des boudins, en ajoutant à espaces égaux, d'assez nombreux petits dés de lard gras ; ficelez à la manière habituelle, et donnez de même la cuisson préparatoire, dans l'eau presque bouillante.

Je n'insiste pas.

Mock wild boar

Vous n'avez au garde-manger que des lièvres et des perdrix, produits de votre industrie sur les plaines de votre obéissance ; et vous voudriez faire manger du sanglier à quelques amis, qui ne doutent pas plus de votre savoir-faire au bois qu'en plaine.

Pour tuer un sanglier, il faut d'abord que vos bois en recèlent quelqu'un ; mais pour en servir un quartier sur votre table, c'est une autre affaire.

Prenez-moi un bon filet de jeune porc et faites-le mariner — oh ! marinade triomphe du mensonge ! — huit jours dans une marinade ainsi composée : échalottes, gousses d'ail, oignons découpés, feuilles de laurier, clous de girofle, grains de genièvre, poivre en grains, menthe, sauge, basilic, thym, mélilot, romarin, brou de noix vert ou conservé dans le sel, moitié eau et moitié fort vinaigre.

Lardez de gros lard, et mettez dans une braisière avec parures de viande, bardes de lard, carottes et oignons coupés en tranches, bouquet garni, clous de girofle, sel, poivre, un peu de bouillon, et pas mal de vin blanc.

Faites cuire à petit feu et longtemps ; dégraissez, et n'ôtez du feu que quand votre quartier est bien cuit et a bu toute la sauce. Servez chaud ou froid, avec une sauce piquante ou poivrade très montée, bien relevée de marinade et de cornichons découpés.

A table, assaisonnez le sujet d'un petit discours sur les monstres de ces bois ; parlez de traces, de hure, de grais, de défenses, de parois, de fouail ; citez le sanglier d'Erymanthe qui appartenait à une *race disparue*; faites intervenir votre meilleur vin ; et vos amis vous laisseront discourir en disant : Attrapez-nous toujours comme cela.

Gibier à Plumez.

CAILLES ROTIES.

La caille doit se manger rôtie, entourée d'une feuille de vigne, d'une très mince barde de lard, car par elle-même elle est déjà fort grasse, et au bout du fusil. On la sert sur des rôties de pain.

CAILLES A LA SAINT-LAURENT.

Dans les années d'abondance vous pourrez vous permettre d'en faire griller quelques unes à la St-Laurent.

On opère alors à peu-près comme pour les pigeons à *la crapaudine*.

On vide les cailles, on les fend par le dos et on les aplatit légèrement. On saupoudre de sel fin, d'un peu de poivre et de laurier en poudre. On pane de mie de pain et on met sur le gril.

On sert sur une sauce faite avec un peu de bouillon, de la graisse provenant de cailles rôties, et assaisonnée de sel, poivre et un peu de laurier en poudre.

Gardez-vous comme de la pluie des cailles à l'étuvée, en compote, en matelotte, au jambon etc.

PERDRIX

Tupar la nariz
Y comar la perdiz.
(Proverbe espagnol)

Pour manger la perdrix, bouche-toi les narines, disent les Espagnols. Ce n'est pas dans la vieille Ibérie que j'irai chercher des conseils pour votre cuisine. Pourtant, pour être bonne à manger, la perdrix doit être un peu mortifiée. Attendez-la donc, mais pas indéfiniment ; car la chair de toutes les perdrix, se corrompt très promptement et, s'il faut du fumet, pas trop n'en faut.

Les perdrix, et surtout les perdrix rouges, sont, dit-on, originaires de l'île de Chio, et ce fut le roi René qui, au XVe siècle, les acclimata en Provence (¹). Cela peut être exact pour la perdrix rouge, mais la perdrix est nommée dans des textes des 12e, 13e, 14e siècle (Littré).

Au temps de Rabelais elles étaient communes. Le bon moine Jean des Entommeures s'écrie déjà : *Je ne prends point de plaisir à la tonnelle, car ie m'y morfonds* (²) ; Carpalim dans une chasse rapide « *print de ses mains en l'aer... vingt et six perdriz grises, trente et deux rouges* (³) » ; et enfin « *perdriz et perdriaulx* » sont cités dans la nomenclature des oiseaux de table et servis, comme encore maintenant, « *au grand dieu Gaster* (⁴). »

PERDREAUX ROTIS.

Faites rôtir les perdreaux. Ce serait les déshonorer que de les faire cuire autrement ; et vous, chasseur, vous devrez bien cette compensation à ces intéressants volatiles.

(¹) Chéruel, Dict^{re} des institutions de France ; Paris 1855, art nourriture.

(²) Gargantua Liv. I. chap. XXXIX.

(³) Pantagruel Liv. II chap. XXVI.

(⁴) Pantagruel Liv. IV chap. LIX.

Piquez ou bardez. Faites cuire vivement et ne laissez pas déssécher.

Le *bon Jardinier* — de quoi se mêle-t-il ? — à l'article *cerisier odorant, mahaleb ou Bois de Ste-Lucie* recommande de mettre une feuille verte ou deux sèches de cet arbre dans la perdrix à la broche pour lui donner un excellent fumet.

PERDREAUX A LA ST.-LAURENT.

Comme les cailles à la St-Laurent; servez sur une sauce poivrade, ou sur une rémolade ou une maître d'hôtel avec un jus de citron.

PERDREAUX EN GALIMAFRÉE.

Il vous reste de la veille des perdreaux rôtis ? utilisez-les ainsi pour votre déjeuner.

Découpez-les proprement en 4 parties, et rangez les morceaux dans un plat qui aille au feu. Ajoutez échalottes et fines herbes hachées, huile et jus. Achevez de cuire au four en laissant quelque peu gratiner ; servez avec un jus de citron.

PERDRIX AUX CHOUX.

Si une perdrix vous paraît devoir être un peu coriace, ne songez plus à la broche et mettez-la aux choux. Vous aurez des choux délicieux et, quoiqu'en disent certains intransigeants, votre perdrix grassement assaisonnée ne sera pas sans mérite.

Piquez votre perdrix de 4 ou 5 lardons et troussez-la comme pour la mettre à la broche. Mettez un peu de lard dans une casserole et faites-y revenir quelques instants la perdrix. Foncez alors cette casserole avec des carottes, des oignons et quelques navets découpés; ajoutez un bon morceau de lard maigre, un cervelas que vous piquez çà et là avec la pointe de la lardoire, et la perdrix ; assaisonnez de sel, poivre, bouquet garni, 2 clous de girofle, une feuille de laurier et un peu de muscade. Mouillez ensuite d'un peu de jus ou de bouillon et laissez cuire environ trois quarts d'heure.

Pendant ce temps vous avez fait blanchir un *chou milan*, et non un autre, à l'eau bouillante avec sel, et l'avez bien égoutté. Assaisonnez-le de sel et de poivre ; puis mettez-le dans la casserole cuire à petit feu avec la perdrix pendant au moins 2 heures ou plus. La cuisson terminée, vous dressez les choux sur un plat, la perdrix au milieu, et, tout autour, des rondelles du saucisson alternant avec des morceaux du petit lard taillés en dés.

—

PATÉ DE PERDREAUX.

Si vous avez quelques truffes et un pluvier, et des perdreaux, bien entendu, je vous engage à essayer de confectionner un pâté à la mode de Chartres; vous serez bien récompensé de vos peines par les mines reconnaissantes de vos convives.

Désossez, ou ne désossez pas vos perdreaux ; — si vous les désossez vous les conservez entiers en les garnissant de farce ; — si vous ne les désossez pas, ce qui est plus facile, vous les découpez proprement après avoir piqué de quelques lardons les parties charnues et les assaisonnez de poudre d'épices fines. Pour 2 perdreaux vous préparez une farce composée d'une livre de chair maigre de veau bien nette et d'autant de lard ; hachez d'abord le veau, puis mêlez-y le lard découpé en morceaux et recommencez à bien hacher ce mélange en l'assaisonnant de poivre, sel, thym et laurier en poudre, épluchures de truffes ; mettez ce hachis dans un mortier et pilez-le bien fin en y mêlant 2 œufs entiers, un quart de verre d'eau et un tout petit verre d'eau-de-vie. Garnissez une terrine de bardes de lard et placez au milieu vos morceaux de perdreaux et de pluvier en les entremêlant de farce, de quelques lardons et de vos truffes cuites comme il est indiqué au pâté de lièvre. Terminez par une couche de farce ; placez le couvercle et mettez au four.

Quand le pâté est cuit et à demi refroidi, on y verse par la petite ouverture du couvercle une gelée liquide, préparée en faisant bouillir les os et tous les débris de vos oiseaux, dans du jus (ou de l'extrait Liebig délayé dans un peu d'eau).

Alouettes en brochette

La meilleure manière de servir les alouettes est de les mettre en brochette, et de les faire rôtir comme les rouges-gorges et les becs-figues. On ne les vide pas ; on rogne les pattes ; on enlève les yeux et on pique la tête sous l'aile ; sans ces précautions votre plat dégingandé aurait fort mauvaise façon. On embroche les alouettes, par le côté, en les séparant par une petite barde de lard mince, dans des brochettes spéciales en argent ou simplement dans des brochettes de bois fabriquées à l'instant avec de petites baguettes.

On attache ces brochettes à la broche du tournebroche ou on les met au four du fourneau dans le plateau à rôtir. Dans les deux cas on place dessous des rôties de pain pour recevoir ce qui en tombe. On sert les alouettes tout embrochées sur ces rôties.

On accommode aussi les alouettes en *salmis*, en *matelotte*, *sautées* aux fines herbes, *grillées* sur le gril, à *la minute* au vin blanc, *frites* dans une friture de saindoux et couronnées de persil frit, etc.

Voici deux manières très simples et très faciles de préparer rapidement un bon plat avec ce joli gibier.

ALOUETTES A LA POELE.

Vos alouettes préparées, vidées ou non vidées suivant votre goût, faites-les sauter à la poêle dans du beurre frais et avec quelques bons lardons.

ALOUETTES A LA PAYSANNE.

Faites-les cuire à la casserole avec du lard découpé, des pommes de terre, deux oignons et une échalotte hachés, poivre et sel.

ALOUETTES EN CAISSES.

Une méthode plus élégante est celle des *alouettes en caisses.*

Fabriquez avec du papier blanc écolier de petites caisses capables de contenir à l'aise chacune une alouette ; cela s'obtient en plissant le papier sur un mandrin de bois, de façon à former des espèces de petits pots de fleurs d'environ 4 à 5 centimètres en hauteur et en largeur, ou en en achetant de toutes préparées chez un restaurateur.

Muni de vos caisses, mettez à la casserole des alouettes plumées, troussées et vidées ([1]), avec sel et beurre, un grain de poivre. Sautez-les et faites prendre couleur. Quand elles sont bien disposées, ajoutez une pincée de farine, un peu de bouillon et un verre de vin blanc. Introduisez champignons, épluchures de truffes, échalottes et persil hachés, en assez grande quantité pour que la sauce en soit très fournie.

Quand tout est cuit, déposez une alouette dans chaque caisse, en achevant de la remplir avec l'accompagnement susdit ; placez sur un plat allant au four et tenez chaud jusqu'au moment de servir.

ALOUETTES AU GRATIN.
ou à la Elzéar Blaze

« Prenez une ou deux douzaines d'alouettes, cela dépend du nombre de vos convives. Plumez-les (vos alouettes et non vos convives), videz-les, flambez-les. Ensuite vous les mettrez dans une casserole avec un peu de beurre, et vous les ferez cuire à moitié. Quand ce sera fini, retirez vos oiseaux du feu pour les égoutter. Otez les gésiers, que vous jetterez ; pilez tout le reste de l'intérieur ensemble, en y ajoutant quelques foies de volailles, ou des foies gras et quelques truffes ; faites-en une farce bien fine, que vous assaisonnerez convenablement avec sel, poivre, muscade, etc.;

([1]) L'alouette en caisse se vide, contrairement à l'usage établi pour l'alouette en brochette et en salmis. Au reste, sur ce point, les *libertés* sont libres.

bourrez l'abdomen de vos alouettes avec cette farce. Garnissez-en le fond d'un plat d'argent ; enterrez-y vos oiseaux de manière qu'on les aperçoive à peine, et couvrez-les d'une barde de lard et d'un papier beurré. Mettez votre plat sur les cendres chaudes ; placez un four de campagne au-dessus et laissez cuire pendant une demi-heure. Au moment de servir, ôtez le papier et le lard, égouttez le plat, saupoudrez-le de chapelure bien fine, et soyez tranquille sur les résultats. »

N. B. *Extrait du chasseur aux filets ou la chasse des Dames par Elzéar Blaze, Paris 1839.*

PATÉ CHAUD D'ALOUETTES.

Ce n'est pas à un commençant qu'il faut en confier la façon.

Il s'agit d'abord d'en confectionner la croûte.

Ayez un moule à pâté cylindrique de 11 à 12 centimètres de diamètre sur 13 à 14 de hauteur. Graissez-le, et garnissez-le avec une *pâte à dresser*, abaissée au rouleau à l'épaisseur d'une pièce de 5 francs ou de 5 Mark. Remplissez l'intérieur de ce réceptable avec du son, du blé, de l'avoine ou de la farine pour le maintenir pendant la cuisson ; recouvrez avec un couvercle de la même pâte et faites cuire au four pendant une demi-heure ou trois quarts d'heure. — Quand la pâte est cuite, on vide le son ou le grain qu'elle contenait, puis on la retire du moule. La croûte de votre pâté est faite.

Vos alouettes plumées et vidées, vous hachez l'intérieur à l'exception du gésier et le pilez avec du lard râpé, un peu de sel et de poivre, quelques fines herbes, des épluchures de truffes et très peu de poudre d'épices fines.

Désossez vos alouettes et garnissez-en l'intérieur avec la farce préparée; faites-les cuire dans un léger ragoût blanc avec des champignons découpés, des truffes cuites à l'avance au saindoux, et découpées en morceaux gros comme des noisettes et, si vous le voulez, un peu de rognons de veau hachés grossièrement ; assaisonnez encore d'un peu de sel, de poudre d'épices fines et d'une feuille de laurier.

Quand tout est cuit, versez dans votre croûte et placez le couvercle.

Pour servir vous mettez à un four doux et envoyez bien chaud.

N. B. *Les pâtés froids d'alouettes de Pithiviers (Loiret) sont très renommés.*

ALOUETTES DE CARÊME.

Les chasseurs, voire les *Sonntags Jäger* — à qui Dieu pardonne — ont de tout temps été quelque peu goguenards.

Pour eux, depuis le mercredi des cendres jusqu'au retour des cloches de Rome, une pomme de terre cuite à l'eau ou sous la cendre, épluchée, fendue en deux, incisée légèrement pour donner place à un peu de beurre frais, et saupoudrée de sel fin, est une *alouette de carême.*

Voulez-vous apprendre ce que c'est que le

GOUJON DE CARNAVAL ?

Découpez en long des pommes de terre comme pour les faire frire, et faites-les frire effectivement avec des goujons. — La pomme de terre — *dis-moi qui tu hantes, je te dirai qui tu es* — s'assimile le caractère du goujon ; elle devient même meilleure, dit-on, que son compagnon de friture.

Et les

OLIVES DU PÉRIGORD ?

Ceci n'est pas une plaisanterie.

Vous avez des truffes bien fraîches destinées à garnir un poulet ou une dinde.

Après les avoir brossées, lavées, épluchées et coupées en morceaux, vous les mettez mariner quelques instants dans un peu d'eau-de-vie.

Pendant ce temps, énoyautez, en les tournant, une quantité égale d'olives.

Faites fondre à eu doux du lard gras dans une casserole et mettez-y vos olives, les truffes et leurs épluchures ; assaisonnez d'un peu de sel et poivre, épices, laurier ; et faites cuire doucement et sans bouillir pendant un quart d'heure ; versez dans une terrine et laissez refroidir.

Garnissez votre volaille de ce mélange ; mettez à la broche ; et, quand vous ferez déguster ce rôti, les olives, réunissant à leur suc onctueux le parfum des truffes, l'emporteront sur celles-ci dans l'appréciation de vos convives.

C'est donc là un moyen honnête et avantageux de truffer une volaille plus abondamment que vous ne sauriez le faire sans ce conseil.

OUTARDE

Très accidentellement de passage dans les environs de Metz ([1]). On cite les chasseurs de notre pays qui ont eu la bonne fortune d'en apercevoir ; quant à ceux dont l'étoile a été plus favorable encore, de même que les femmes se montraient du doigt le Dante Alighieri dans les rues de Florence, on les salue respectueusement tout le restant de leur vie, en disant : « C'est celui-là ! il a tué une Outarde !! »

Rara avis.

La chair de l'outarde est exquise, vous disent les rares favorisés ; on y trouve 7 espèces de viandes à goûts différents.

Ils ajoutent qu'il faut l'attendre un peu ; faire rôtir les jeunes comme un dindon et mettre les autres en daube comme une vieille dinde.

COQ DE BRUYÈRE.

Magnifique gibier. On en trouve dans les forêts montagneuses à l'Est du département de la Lorraine, surtout dans les environs de Bitche.

([1]) Dufournel, Faune de la Moselle.

Piqué de lard sur tout le corps, comme un faisan, il fournit un très beau et très excellent rôti.

Pour le faire cuire, écoutez les conseils du chasseur Romeias à la Grecque Praxédis : « ... *il faut le faire rôtir à un feu vif, et le rôtir à point, sans quoi il est coriace. En faisant les parts des hôtes, elle devra se réserver le blanc qui est près du croupion ; c'est le meilleur morceau. La chair brune a un goût de résine* (¹). »

GÉLINOTE.

Il y a quarante ans elle n'existait pas encore dans les bois du pays messin. En 1836, Dufournel (²) écrivait : « Les individus que nous connaissons ont été pris dans les environs de Bitche et de Longwy, c'est, dit-on, un excellent gibier. » M. le baron de C. (³) l'avait déjà signalée comme un gibier très rare. Aujourd'hui il ne se fait pas une battue dans ces mêmes forêts sans qu'on n'en tue quelqu'une. A la fin de l'été on rencontre en compagnies, comme les perdreaux ; on en voit même quelquefois en plaine.

D'où vient-elle ? des cieux, de la mer ou des monts (⁴) ?

Je pense que c'est tout bonnement des forêts de Bitche ou de Longwy ; peut-être même des deux. Mais à quelle loi ont obéi ces oiseaux pour accomplir cet exode et s'installer chez nous ? Probablement à la même loi du trop plein, du combat pour la vie, si vous voulez, qui est en train de remplir les solitudes de l'Amérique et qui peuplera tôt ou tard l'Afrique de bipèdes humains.

La Gelinotte forme, à la broche, un rôti très distingué.

(¹) Ekkehard, par Victor de Scheffel, traduit sur la 50ᵉ édition allemande par A. Vendel, chez Calmann-Lévy, Paris 1883. chap. Xᵉ.

(²) Faune de la Moselle.

(³) Manuel de la cuisine.

(⁴) V. Hugo, Le feu du ciel. Orientales.

OIE SAUVAGE.

C'est un fort beau coup de fusil que celui qui abat une oie sauvage.

Pourtant si, pour ménager vos peines, vous préférer chasser à coups de pièces de cent sous ou de cinq Mark, je vous conseille de viser de préférence une oie de basse-cour.

Celle-là, vous pourrez la choisir jeune, grasse, tendre.

L'oie voyageuse a le mérite d'avoir plus de saveur et d'être moins chargée de sucs visqueux ; mais elle sera souvent maigre, sèche, dure et coriace.

Sa meilleure préparation est peut-être la daube.

TOURTERELLE.
J'ai perdu ma tourterelle.
(Passerat)

La tourterelle ne fait de mal à personne : elle n'a que de bons sentiments ; elle est un peu huileuse ; on ne devrait pas la manger.

Elle s'accommode fort bien aux petits pois.

ETOURNEAU.

Faites-lui la guerre, il mange vos raisins, à ce que prétendent les vignerons. Les anciens en estimaient la chair qui pourtant est dure, vireuse et amère.

Faites-le cuire aux petits pois.

GRIVES.
Inter aves turdus...
(Entre les oiseaux, la grive...)
Martial.
...obeso

Nil melius turdo...
(Quand elle est grasse, rien de meilleur qu'une grive)
Horace Ep. XV. L. I.

La grive a son péché mignon, qui ne nuit pas à sa chair — au contraire. Elle donne aux vignes et s'y enivre de raisin, d'où le proverbe « *soûl comme une grive* ». C'est même le seul cas dont un homme bien élevé puisse profiter pour se servir de ce vilain adjectif ; car il a été rendu classique par la citation qu'en a faite la marquise de Sévigné (¹) à propos d'une madame de Louvois qui avait dit « *sourde comme une grive* » « Cela fit rire » ajoute la marquise. — Oh ! le bon temps !

Faute de grives on prend des merles est une locution populaire qui affecte un ton philosophique.

Je n'ai jamais beaucoup aimé ces philosophies-là, et je leur préfère de beaucoup celle de l'ancien professeur d'allemand de l'école militaire de St-Cyr.

Or donc, c'était vers 1839 ou 40, le dit professeur expliquait paisiblement sa leçon, lorsque le duc d'Orléans, fils aîné du roi Louis-Philippe, arriva inopinément pour visiter l'école. — « Veuillez continuer votre leçon, « dit-il gracieusement au professeur. » — « Ecrivez sur le tableau et traduisez la phrase que je vais vous dicter : Son Altesse royale Monseigneur le duc d'Orléans nous fait aujourd'hui l'honneur... » — Non ! non ! interrompit le prince, autre chose ! nous sommes ici entre militaires ; pas de compliments » — Effacez, reprit le professeur ; maintenant, écrivez : J'aime mieux le bon vin que la mauvaise eau. » — « A la bonne heure, dit le duc, et moi aussi. »

Les espagnols ont fait servir la grive à une comparaison quelque peu irrévérencieuse. Ils disent de certaines dames à figure effilée mais grassouillettes d'ailleurs : « *Tiene la calidad del tordo, — La cara flaca y el c... gordo* » (*Elle ressemble à la grive, figure maigre et taille grosse.*)

Donc, les grives doivent être mangées rôties. On les plume, on coupe les pattes au genou ; la tête est écorchée et les yeux ôtés ; on ne les vide pas et on les enveloppe chacune d'une mince barde de lard et d'une feuille de vigne. Mettez dans la lèche-frite des rôties de pain ; faites cuire à bon feu en les arrosant et servez sur les rôties accompagnées d'un jus de citron vert.

(¹) Lettre 175.

On reconnait que la grive est cuite quand la tête blanchit ; il faut environ 20 minutes.

GRIVES AU GENIÈVRE.

Couvrez-les de bardes de lard et enveloppez-les de papier dans lequel vous enfermez aussi quelques grains de genièvre. Pendant qu'elles cuisent faites dans une casserole un petit roux auquel vous ajoutez de l'extrait de viande Liebig, une dizaine de graines de genièvre et le jus d'un citron vert. Quand cette sauce aura fait quelques bouillons, vous y mettez vos grives rôties, délivrées de leur papier ; laissez mitonner pour qu'elles prennent bien la sauce ; dégraissez et servez.

GRIVES BRAISÉES.

On les fait cuire à la casserole avec un ragoût composé de fines herbes, lard fondu, vin blanc, un jus de citron vert ; saupoudrez, pour servir, d'une pincée de sel fin.

Si vos grives sont un peu avancées faites-en un salmis. Pour cela faites-les rôtir à demi : coupez-les en quatre. Ecrasez et délayez tout l'intérieur à l'exception du gésier.

GRIVES EN SALMIS.

Prenez des grives à demi-rôties ; coupez-les en quatre. Ecrasez et délayez l'intérieur, à l'exception du gésier, avec un peu d'eau ; ajoutez un verre de vin blanc, sel, poivre, échalottes hachées et dix grains de genièvre écrasés. Mettez vos grives découpées dans cette sauce et achevez de les cuire. La sauce étant réduite, ajoutez un morceau de beurre frais et le jus d'un citron ; servez sur les rôties de la lèche-frite arrangées au fond du plat.

ROUGES-GORGES ROTIS.

Metz était autrefois célèbre pour ses brochettes de rouges-gorges. On en servait des montagnes aux moindres tables d'hôte. Cet heureux temps n'est plus!

c'est le cas de relire l'ouvrage sur la chasse de Toussenel, intitulé *Tristia*.

Rien ne peut-être mis au dessus d'une brochette de rouges-gorges, scientifiquement préparés et rôtis. On les plume, en écorchant la tête et en ôtant les yeux !

Tous les premiers forfaits coûtent quelques efforts, Mais, Attale, on commet les seconds sans remords ([1]). On rogne les ailes et les pattes à la jointure. Puis on les enfile dans de petites brochettes de bois ou de métal, en mettant entre deux une petite barde de lard. On fait cuire à un feu vif après avoir mis des tranches de pain dans la lèche-frite. Quand la tête blanchit, servez promptement avec les brochettes et sur les rôties.

—

BECS-FIGUES.

On les fait rôtir comme les rouges-gorges auxquels ils ne sont guère inférieurs.

Tous les petits oiseaux rôtis doivent être introduits entiers dans la bouche et mâchés vivement pour procurer la somme de délectation dont ils sont capables. Opérez sans précipitation et n'avalez pas comme vous feriez d'une huître : il y a tel petit os qui pourrait se mettre en travers et alors...

Ecoutez. En 1776 mourut Edouard Worthey-Montague, fils de l'ambassadrice célèbre de ce nom. Il passa sa vie à voyager en Europe, en Asie et en Afrique, prenant partout les mœurs des pays où il se trouvait ; il parlait toutes les langues orientales et même l'hébreu. Il était fort instruit, comme on peut le croire facilement, mais il n'avait pas appris à manger les becs-figues, et, au moment où il se disposait à rentrer en Angleterre pour se marier, il fut étouffé, à son passage à Padoue, par un os de bec-figue qui s'arrêta dans son gosier ([2]).

([1]) Racine. Les frères ennemis. acte III. sc. VI.
([2]) *Singularités anglaises. Paris 1814. vol. II p. 3.*

ORTOLAN

Le Bruant Ortolan est un oiseau de passage dans le pays messin, où il apparait en automne, mais toujours en petite quantité (¹).

La talent de cet oiseau est de s'assimiler très rapidement la graisse. Autrefois quand, au filet, — chasse maintenant défendue chez nous, — on parvenait à en prendre quelques-uns on en faisait en peu de jours, en les nourrissant simplement de millet à discrétion, de véritables petits pains de beurre.

Plumez vos ortolans et mettez-les immédiatement à la brochette en les séparant, comme les rouges-gorges, par de petits carrés de lard minces. Faites cuire à un feu vif et clair en les saupoudrant de chapelure passée au four.

« Ceci empêchera le jus de couler et formera sur le corps de ces estimables oiseaux, une croûte légère de couleur dorée et d'un goût exquis ». (²) dit Elzéar Blaze dont l'autorité est indiscutable.

—

ORTOLAN A LA PROVENÇALE.

Donc, l'ortolan n'est pas ce qu'un vain peuple pense.

Une remarque, malheureusement fort probante, de la prééminence des instincts matériels chez la majorité des hommes sur leurs aptitudes plus relevées, c'est qu'au théâtre, chaque fois qu'il est question de cuisine, tous les spectateurs écoutent avec la plus scrupuleuse attention.

Naguère, la recette de *la salade japonaise* (³) était goûtée à la scène et reproduite par les journaux avec plus d'empressement que ne l'aurait été un morceau de saine ou fine littérature. En 1821, la recette de l'ortolan à la Provençale faisait le succès d'une petite comédie de Scribe.

Cela me navre. — Et vous ?

(¹) Faune de la Moselle par D. H. L. Fournel. Metz 1836.
(²) Le chasseur aux filets, Paris 1839.
(³) Francillon, Alex. Dumas fils.

Néanmoins, comme les recettes de cuisine vieillissent moins vite que les morceaux littéraires je reproduis ici cette dernière (¹).

« Ecoutez ! — Vous prenez une truffe d'une dimension... à peu près la plus grosse qu'on pourra trouver... vous l'évidez comme il faut, y placez l'ortolan enveloppé d'une double barde de jambon cru... légèrement humectée d'un coulis d'anchois... Il y en a qui mettent des sardines... mais c'est une erreur... une erreur des plus grossières qu'on puisse faire en cuisine... Vous garnissez vos truffes d'une farce composée de foie gras et de moelle de bœuf pour entretenir un onctueux et prévenir le dessèchement... feu modéré dessus et dessous... vous faites usage du four de campagne pour donner la couleur... et... vous servez chaud.

PLUVIER.

The plover from the marshes calling.
(Le pluvier appelant dans le marais)
(Bret Harte)

Gibier de passage à l'automne et recherchant les terrains bas et marécageux. Très estimé, très délicat, il faut pour bien apprécier le pluvier le faire cuire à la broche, comme nous l'avons indiqué pour la grive.

GUIGNARD.

Un guignard ? — allons, je reste.
(Carmontelle)

C'est aussi un pluvier, mais plus petit que le pluvier doré ; il est également de passage en nos pays, mais fréquente plutôt les contrées montueuses.

La chair du guignard est plus délicate encore, plus savoureuse, plus succulante que celle du pluvier doré. Oh ! ces guignards ! L'un deux a fait commettre, un jour, un gros péché à un médecin gourmand. Oh ! ces médecins !

(¹) Le secrétaire et le cuisinier, Scribe

— « Bonjour, docteur ! c'est bien aimable à vous de me venir voir. Vous allez déjeuner avec moi ? »

— « Hum ! hum ! c'est selon. »

— « J'ai un guignard à la broche. »

— « Un guignard ? allons, je reste. (à part) c'est bien mince pour deux, un guignard. (haut) Donnez-moi votre main que je vous tâte le pouls — hum ! hum ! — Comment avez-vous dormi cette nuit ? — hum ? n'éprouvez-vous pas de la lassitude?

— « J'ai marché toute la matinée.

— « Hum ! hum ! tenez, ne badinez pas avec cela ! Vous allez boire de l'eau de poulet toute la journée et nous verrons ce soir s'il faudra vous saigner. »

— « C'est donc sérieux ? Ah ! mon Dieu ! moi qui me croyais si bien portant ! Catherine, faites-moi de l'eau de poulet... Le guignard... le docteur le mangera. Montez-lui une bouteille de vin de Bourgogne. »

Et le bienheureux docteur mangea le guignard.

Mais il eut beau ensuite alléguer.

La faim, l'occasion, l'herbe tendre
son prétendu malade lui garda une rancune qui ne s'éteignit qu'avec ses jours (¹).

Chartres est renommé pour ses pâtés de guignards. C'est à eux que la France doit d'avoir eu un poète comique de plus. Le jeune Collin d'Harleville avait adressé une épître en vers à Philippe, de Chartres, célèbre fabricant de ces pâtés, et le succès de cette première œuvre le décida à *suivre la carrière des lettres,* comme on disait autrefois.

—

VANNEAU.

Qui n'a mangé ni pluvier, ni vanneau
Ne sait ce que le gibier vaut.

En Lorraine, gibier de passage, de septembre en novembre ; s'accommode comme les pluviers, rôti et en salmis.

(¹) Carmontelle a mis en proverbe cette anecdote. Prov. LXXI.

*Qui jamais n'a mangé ni vanneau ni pluvier
Guère ne peut savoir ce que vaut le gibier,
Quand il est apprêté par un fin cuisinier.*

BÉCASSE

C'est rôtie — à la broche — que la bécasse développe tous ses avantages.

Si vous voulez que l'art y ajoute encore, saisissez une barde de lard gras avec des pinces rougies au feu; elle s'y allume et vous en faites tomber des gouttes enflammées sur le rôti pendant sa cuisson et au bout d'un quart d'heure de broche, en ayant soin, le plus possible, d'introduire les gouttes flambantes par les ouvertures du cou et du croupion.

Cette opération, d'invention gasconne, donne au gibier à plumes, bécasses ou perdreaux, un fumet et un croustillant délicieux. On a, en Gascogne, pour cet usage, une flamboire spéciale : c'est un cornet de tôle de fer de 6 centimètres de long, de 3 centimètres d'ouverture à un bout et de 4 milimètres à l'autre : ce cornet est rivé à une tringle de fer qui s'emmanche à une poignée de bois. — On fait rougir le cornet, puis on y introduit la barde de lard qui s'y allume et s'échappe en gouttelettes de feu liquide.

Avec ou sans flamboire votre bécasse est apportée brûlante sur la table. Hâtez-vous d'en extraire l'intérieur en supprimant le gésier. Sur la rôtie de pain, de 12 centimètres sur 6, et qui a déjà reçu dans la lèche-frite les sucs de l'oiseau, étendez ces dépouilles, auxquelles vous avez ajouté quelques gouttes d'huile, sel, poivre, muscade, jus de citron et une cuillerée à café de rhum. Envoyez à la cuisine cette tartine avec ordre de lui faire prendre en quelques minutes un air de feu doux, et de la rapporter aussitôt. Pendant ce temps vous avez découpé la bécasse; tranchez lestement la rôtie toute fumante, et passez bécasse et tartine à vos heureux convives.

N. B. On découpe, à table, la bécasse en tranchant d'abord la tête qui ne se sert pas. Les anciens chasseurs conservaient précieusement cette tête et, après le dîner, ils la faisaient rôtir, enveloppée dans un papier graissé et en la tournant et retournant par son long bec à la flamme et au suif d'une chandelle ; ils la croquaient ensuite pour se curer les dents.

Avec les chandelles cette friandise a disparu.

BÉCASSES EN SALMIS.

Si vous estimez vos bécasses trop avancées pour pouvoir être honorablement servies rôties, mettez-les en salmis. Elles seront ainsi excellentes, surtout si vous vous y prenez comme vous le verrez ci-après pour le salmis de bécassines.

BÉCASSINES EN SALMIS
méthode dite des Bernardins.

Grimod de la Reynière, dans *l'almanach des gourmands*, Elzéar Blaze après lui, dans *le chasseur au chien d'arrêt*, ont donné la recette du *salmis des Bernardins*.

La voici encore une fois ; on ne saurait trop répandre les bons enseignements.

« On prend quatre bécassines rôties à la broche, mais peu cuites ; on les divise selon les règles de l'art, ensuite on coupe en deux les ailes, les cuisses, l'estomac et le croupion ; on range à mesure ces morceaux sur une assiette.

« Dans le plat sur lequel on a fait la dissection, et qui doit être d'argent, on écrase les foies et les déjections de l'oiseau, et l'on exprime le jus de quatre citrons bien en chair, et les zestes coupés très minces d'un seul. On dresse ensuite sur ce plat les membres découpés qu'on avait mis à part : on les assaisonne avec quelques pincées de sel blanc et de poudre d'épices fines, deux cuillerées d'excellente moutarde, et un demi-verre de très-bon vin blanc. On met ensuite le plat sur un réchaud à esprit de vin, et l'on remue pour que chaque morceau se pénètre de l'assaisonnement et qu'aucun ne s'attache.

« On a grand soin d'empêcher le ragoût de bouillir;

mais lorsqu'il approche de ce degré de chaleur, on l'arrose de quelques filets d'excellente huile vierge. On diminue le feu, et l'on continue de remuer pendant quelques instants. Ensuite on descend le plat, et on sert tout de suite et à la ronde, sans cérémonie, ce salmis devant être mangé très chaud.

« Il est essentiel de se servir de sa fourchette en cette occasion, dans la crainte de se dévorer les doigts, s'ils avaient touché à la sauce. »

(*Almanach des gourmands, année 1806*)

CANARD SAUVAGE EN SALMIS.

Voulez-vous le secret pour le faire excellent et lui communiquer un fumet inattendu ?

Joignez-y une bécasse

Faites rôtir le canard un peu vert. Découpez-le alors en jolis morceaux selon la règle. Faites un léger roux en y ajoutant du jus du canard et mettez-y tous vos morceaux que vous achevez d'y cuire.

Pendant ce temps écrasez bien le foie ; mélangez-le avec de l'huile d'olive, du jus de citron et un peu de zeste râpé, de la moutarde, sel, poivre, un petit verre d'eau-de-vie et un peu de muscade.

Au moment de servir, mélangez dans la casserole cette rémoulade à la sauce du canard. — Dressez sur un plat, recouvrez de tranches de pain minces, légèrement grillées dans du beurre et entourez de rondelles minces de citron coupées en deux et dont vous avez dentelé l'écorce au couteau.

SARCELLES, MACREUSES, POULES D'EAU EN SALMIS.

Tous ces oiseaux sont réputés maigres et peuvent être mangés en carême.

Faites rôtir un peu verts et découpez en beaux morceaux.

Pendant que vos sarcelles cuisaient vous avez passé à l'huile ou au beurre des fines herbes hachées, 1/2 feuille de laurier, un oignon émincé, un peu d'échalottes hachées, un clou de girofle, de la poudre de thym et du gros poivre.

Mouillez avec moitié eau et moitié vin blanc; ajoutez des pieds de céleris cuits, des olives enoyautées, un peu de sel, saupoudrez de chapelure ; après un bouillon ou deux, ajoutez les morceaux de sarcelles; achevez de cuire à feu doux. Dressez sur un plat et servez avec un citron.

SAUCE POIVRADE CHAUDE POUR GIBIER ROTI.

Faites roussir dans une casserole 2 oignons et une carotte coupés en dés avec un morceau de beurre ; quand les oignons commencent à se colorer, ajoutez une bonne pincée de farine, et remuez toujours jusqu'à ce que le tout soit d'une belle couleur canelle; mouillez avec 1/2 verre de vin blanc et un verre d'eau ; ajoutez un bouquet de persil et une pointe d'ail et faites bouillir pendant 7 à 8 minutes; passez au tamis clair en exprimant légèrement ; remettez dans la casserole avec sel, poivre, échalottes hachées et un verre de vinaigre blanc. Faites chauffer et servez.

SAUCE AU GENIÈVRE (des Ardennes)
POUR GIBIER,
ROTIS ORDINAIRES ET VIANDES RÉCHAUFFÉES.

Faire un petit roux ; ajouter bouillon et jus (à défaut du jus, de l'extrait de viande de Liebig)) : assaisonner de poivre, sel, laurier, échalottes hachées, un clou de girofle, 20 à 25 grains de genièvre, et faire cuire ensemble une demi-heure à trois quarts d'heure.

Ajoutez-y alors une jatte de bonne crème et laissez sur le feu encore 20 minutes. Au moment de servir, enlevez le laurier et le girofle en laissant une douzaine de grains de genièvre, et ajoutez le jus du rôti. Cette sauce doit avoir la consistance d'une mayonnaise claire.

SAUCE POUR CANARD SAUVAGE ROTI.

Mélangez ensemble, dans une casserole, une cuillerée à café de persil haché, un verre de bouillon, un peu de vinaigre du poivre et du sel, Faites chauffer, et quand cette sauce commence à bouillir ajoutez le jus du canard.

GIBIER D'AVENTURE.

ÉCUREUIL.

L'écureuil est un rongeur, comme le lièvre, le lapin... et le rat.

En différents pays on estime sa chair, entre autres en Pologne (¹) et en Espagne (²).

La meilleure manière de l'apprêter est en terrine, mélangée à de la viande de porc et de veau, et avec les assaisonnements ordinaires des pâtés.

LOUTRE.

Sa chair est dure, coriace et produit un suc visqueux ; elle a un goût détestable, sent le poisson et passe pour insalubre.

On en faisait pourtant des pâtés estimés ; et les « Souvenirs de la marquise de Créquy, » parlent des pâtés de loutre faits à Wrolland, et servis sur la table de M. de Canaples (³).

La loutre est tenue pour *maigre* et on peut en manger aux jours où le gras est défendu ; c'est peut-être à cela qu'elle a dû d'être servie autrefois sur les tables les plus riches. Dans les couvents où les religieux étaient tenus au maigre toute l'année, ils avaient parfois des viviers spéciaux, où ils nourrissaient des loutres ; on m'a montré, il y a longtemps, au couvent,

---

(¹) *Cromerus, histoire de la Pologne.*

(²) *Vie de Dax, Nouveaux souvenirs de chasse et de pêche, Dentu, Paris 1860, chap. VI, L'Aragon.*

(³) *Souvenirs de la marquise de Créquy T. I. chap. I.*

en partie démoli, des Prémontrés, à Justemont (¹), l'emplacement d'un vivier de ce genre.

BLAIREAU.

Par ses caractères physiques, ses habitudes et sa manière de se nourrir, le blaireau semble tenir un milieu entre l'ours, le sanglier et le renard.

Sa chair est bonne à manger surtout si l'animal est jeune ; elle a le goût du sanglier et on fait avec ses cuisses de fort bons jambons. On dédaigne pourtant assez généralement le blaireau, peut-être à cause d'une ancienne croyance dont l'origine n'est pas encore bien éclaircie.

Les gardes ou les gens qui font métier de *déterrer* les blaireaux prétendent qu'il y a deux variétés fort distinctes de blaireaux ; l'une, qu'ils appellent le blaireau-chien ou taisson (²), aurait le museau semblable à celui du chien, et de celui-là on ne devrait pas manger ; l'autre, nommée blaireau-cochon, aurait une sorte de groin et serait excellent rôti et en ragoût.

Du Fouilloux, dans sa vènerie, mentionne cette distinction, mais en avouant qu'elle est fort peu apparente (³).

Les naturalistes, Buffon en tête, ne croient pas jusqu'à présent à ces deux variétés du même animal et nient l'existence du blaireau-cochon.

Il est très-probable qu'ils ont raison.

OURS

L'énorme cimier de cerf tenait compagnie au jambon d'ours.
Ekkehard chap. IV. (trad. A. Vendel)

Lorsque Alexandre Dumas, en 1833, raconta, au

(¹) *Maintenant ferme, annexe de Vitry, canton de Thionville.*

(²) *Taisson, ancien nom du blaireau.*

(³) *Il y a, dit-il, deux espèces de taisson, les porchins et les chenins ; les porchins un peu plus gras, un peu plus blancs, un peu plus gros de corps et de tête que les chenins.*

chap. VIII de ses « *Impressions de voyage en Suisse* » comment, à Martigny (¹), il avait mangé un beefsteak d'ours, et comment ce beefsteak était juteux et succulent, et quand, plus tard, dans le roman « *d'un maître d'armes* » il parla avec enthousiasme des pattes d'ours grillées, ce fut un tollé général contre le conteur : « De l'ours ! des pattes d'ours ! mais cela ne s'est jamais vu ! »

Pardon, cela s'était vu et depuis longtemps ; seulement on l'avait oublié, malgré Buffon qui parle de la chair de l'ours comme étant comestible, et ajoute que celle de l'ourson est délicate et bonne.

Un passage du *festin de Trimalchion* nous apprend que la chair d'ours apparaissait quelquefois sur les tables romaines ; mais à la manière dont en parle l'auteur, elle devait y être considérée comme une rareté, et même comme une rareté peu estimée, du moins dans le monde interlope que son roman met en scène (²).

Au XIVᵉ siècle les rois de France ne la jugeaient pas indigne de leur garde-manger. Une ordonnance de Charles VI enjoint de prélever pour la table royale certains morceaux des pièces de grand gibier abattues dans le voisinage de l'endroit où se trouve la cour.

(¹) *Bourg du Valais.*

(²) *Un des convives un peu pris de vin fait le détail d'un repas auquel il vient d'assister:*

« ... Bene admonet domina mea in prospectum habuimus ursinæ frustum, de quo cum imprudens Scintilla gustasset, pene intestina sua vomuit. Ego contra plus libram comedi, nam ipsum aprum sapiebat. Et si, inquam, ursus homuncionem comest, quanto magis homuncio debet ursum comesse? » *(Ici ma femme me donna un bon avertissement: nous avions devant nous un plat d'ours, dont elle (Scintilla) goûta imprudemment; aussi elle manqua rendre tripes et boyaux. Mais moi j'en mangeai plus d'une livre et je lui trouvai le goût du sanglier. Et je disais: puisque l'ours mange l'homme, n'est-il pas plus à propos que le pauvre homme mange l'ours à son tour ?)*

L'ours y est désigné, et le roi s'en réserve les filets et les pattes (¹).

Au XVIIIᵉ siècle les invités du comte de Créquy-Canaples trouvaient pour se régaler, au château de Canaples, des jambons d'ours que le châtelain faisait venir de ses possessions du Canada (²).

Le grec Élien, d'accord en cela avec les Suédois, les Russes, les Allemands et les Suisses d'aujourd'hui, mettait les pieds de devant de l'ours au nombre des aliments les plus délicats.

Ecoutez M. Victor de Scheffel, fort au courant des anciens usages de la Souabe et de la Suisse, parler ainsi d'un ours qu'une avalanche venait de tuer dans l'Ebenalp : « ... il soupesa les pattes du mort. « oh, oh ! c'est cela qui fera un festin... La chair nous approvisionnera tous deux pour notre hiver » ... « Ekkehard avait mangé au dîner avec le *senn* et sa fille les pattes de l'ours, un mets savoureux et succulent, grossier mais solide comme les hommes mêmes des vieux âges (³). »

M. Louis Viardot, dans ses souvenirs de chasses en Russie, dit qu'on fait des cuisses de l'Ours des jambons fort appétissants, et que les pattes, très grasses et très tendres, préparées comme les pieds de cochon et relevées par des truffes et de la moutarde sont un excellent manger.

En Amérique, les chasseurs savent fort bien apprécier l'ours comme gibier comestible : « ... mais l'ours, il faut donc le laisser sans en prendre seulement un quartier ?... cependant, aidé du *péon*, je

---

(¹) *In venationibus aprorum retinemus nobis caput et ungulas, et in venationibus ursorum echiam et plantas etc...* (Des sangliers tués à la chasse nous retenons pour nous la hure et les traces, des ours tués l'échine et les pattes... etc.)

Art. 20 de l'ordonnance de 1397.

(²) *Souvenirs de la marquise de Créquy*, chap. I.

(³) *Ekkehard*, par V. de Scheffel ch. XXIII traduction de M. A. Vendel, chez Calmann-Lévy, Paris, 1883.

désarticulai aux genoux les pattes de devant, chacun de nous en prit une et nous nous mimes en route pour le *rancho* (¹). »

En ces dernières années on a, de temps en temps, vendu à Paris de la chair d'ours.

Vous apprendrai-je que plusieurs éditions de *la cuisinière de la campagne*, publiée par Audot, traitent de la manière de préparer la chair d'ours, et que l'almanach des gastronomes de 1855, tout en trouvant un certain fumet trop prononcé à la chair de l'ourson, recommande de l'accomoder comme un bœuf à la mode, ce qui est, dit-il, sa meilleure préparation culinaire.

Etes-vous convaincus ?

Ou ai-je enfoncé une porte ouverte ?

PATTES D'OURS

(Lappé Médwède).

« En Russie, on trouve plus particulièrement chez les charcutiers des jambons et pattes d'ours, dont les gourmets font grand cas.

Dépouillez, lavez les pattes d'ours et mettez-les à mariner au moins quarante-huit heures, après quoi vous les mettez à blanchir, les rafraîchissez et les mettez à cuire dans une bonne cuisson garnie de divers légumes et aromates ; lorsqu'elles sont cuites, égouttez-les sur un plat, et taillez-les en cinq parties dans leur longueur ; panez à l'anglaise et grillez ; servez avec une sauce aigre-douce ou piquante. »

(Extrait de la Gastronomie en Russie par A. Petit chef de la cuisine de son Excellence le comte Panine, ministre de la Justice, Paris 1860.)

(¹) *Henry Gaillard, mes chasses dans les deux mondes* chap. VII. Dentu. 1864.

LOUP.

Recette pour ne pas en manger.

Elzéar Blaze (¹) et le marquis de Foudras (²) ont tous deux parlé d'occasions, où un râble de loup, bien mariné, dûment assaisonné d'épices, de vinaigre, de poivre, de moutarde et surtout accompagné de la fameuse sauce du piqueur Morico, avait doublé avec avantage un filet de sanglier absent.

Or donc, il y a quelque cinquante ans, le comte de B., à B. (pas bien loin de notre pays), grand chasseur, avait annoncé à ses compagnons incrédules qu'il leur ferait un jour manger du loup, sans qu'ils s'en doutassent, et qu'ils s'en lécheraient les doigts.

A quelque temps de là, après une chasse fatigante, on servit au dîner un filet de sanglier qui fut déclaré délicieux, et pour l'accommodement duquel Alexis P., le chef de cuisine du comte, reçut les chaleureux compliments de la joyeuse assistance.

Un seul des convives, M. de Ch., s'était abstenu sans mot dire. A son côté, et fort attentive, se tenait sa fameuse petite chienne Coquette, à qui il faisait partager les bonnes choses servies sur son assiette. Soit hasard, soit qu'il se doutât de la mascarade, M. de Ch., avant d'y goûter, avait présenté à sa chienne un morceau du prétendu sanglier. La futée Coquette avait détourné la tête avec un dégoût et des mines indicibles. C'était pour son maître comme si elle lui avait dit : « On veut vous attraper ; n'en mangez pas... C'est du loup ! »

Avis aux gens à préjugés.

RENARD.

Tous les gardes forestiers se font un régal de manger du renard. Pour faire perdre à la viande son odeur forte et répugnante, ils se contentent de l'ex-

---

(¹) *Elzéar Blaze, Le chasseur au chien courant,* chap. XV.

(²) *Marquis de Foudras, La vénerie contemporaine,* 2ᵉ série, chap. II.

poser à une nuit froide, à la gelée si c'est possible, de la mariner ensuite et de l'apprêter à une sauce brune fortement épicée.

Je veux leur apprendre le moyen d'enlever au renard ce fumet... de renard qui a, avec une grande logique, donné naissance à un verbe de la langue verte.

Il suffit de le faire cuire à l'eau avec une dizaine de noix sèches avant de le mettre au ragoût.

Que se passe-t-il ? je ne saurais le dire ; mais la chair a perdu son inconvenant parfum et, si vous ouvrez une des noix, vous ne pourrez pas en supporter la puante odeur.

C'est ainsi qu'avec un sachet contenant de la mie de pain tendre on enlève à la choucroute son goût quelquefois trop prononcé.

CYGNE SAUVAGE.

Fort rare dans nos pays où il est quelquefois de passage pendant les hivers rigoureux. On en voit plus souvent dans le Luxembourg où on en mange de temps en temps. Le cygne sauvage jeune est excellent cuit en daube.

GRUE.

De passage au printemps et en automne dans le pays messin, la grue composerait un fameux plat, car elle a près de un mètre trente centimètres de longueur. La grue fait très bien dans les paysages d'hiver et aussi en poésie. Ecoutez Dante :

E come i gru van cantando lor lai,
Facendo in aer di se lunga riga.
(Et comme les grues vont chantant leur
plainte en faisant dans l'air de longues files.)

Mais sa chair trempée aux épreuves des longs voyages est dure, fibreuse, insipide ; aussi le chasseur qui en tue une se contente-t-il ordinairement de la faire empailler. Les Romains ne craignaient pas les grues dans leurs festins :

Mazonomo pueri magno discerpta ferentes
Membra gruis sparsi sale multo, non sine farre.

(Et dans un grand bassin des esclaves apportent une grue découpée par morceaux, abondamment assaisonnée de sel et cuite avec de la farine)
Horace, Sat. 8 Liv. II.

Au 13º siècle, en Bavière, et certainement ailleurs, la grue était admise aux honneurs de la cuisine, en compagnie des perdrix, des oies et des poulets. Un passage des Carmina Burana ([1]) en fait foi.

Perdices et anseres
Ductæ sunt coquinæ,
Plura volatilia
Grues et gallinæ.
49 (fol. 30), 20, p. 140.

Sans doute on doit croire que les Romains et les rudes convives du moyen-âge savaient, pour s'escrimer sur elles, choisir les jeunes grues.

A l'occasion, ayez le même bon sens, et si une grue tendre et non maussade tombe un jour sous votre plomb, ordonnez à votre cuisinière de l'accomoder en daube, comme on le pratique pour le jeune cygne chez nos voisins du Luxembourg.

CIGOGNE.

Je ne vous engage pas à aller en Alsace s'il vous prenait un désir curieux de manger de la cigogne; car si malheureusement pour vous, vous aviez la mauvaise chance d'en abattre une, vous risqueriez fort d'être vous-même dépécé, ou tout au moins roué de coups en punition de votre attentat.

La chair de la cigogne est d'ailleurs de la même nature que celle de la grue, c'est-à-dire sèche, dure et de mauvais goût: elle a été mise au nombre de

---

([1]) *Carmina Burana. Lateinische und deutsche Lieder und Gedichte einer Handschrift des XIII. Jahrhunderts aus Benedictbeuern auf der K. Bibliothek zu München.* Stuttgart, 1847.

celles qu'on appelle *immondes*, car cet oiseau se nourrit de serpents, de crapauds et d'animaux malfaisants ou dégoûtants.

Pline *croit* qu'on la mangeait autrefois. Ce savant naturaliste aurait été plus affirmatif s'il s'était donné la peine de lire Horace, qui écrivait quelque quatre-vingts ans avant lui, et certainement cette lecture aurait été plus facile pour lui, à qui sa nourrice avait parlé le latin, qu'à nous autres dont les oreilles sont déjà dures quand on prétend nous le faire goûter à l'aide de gros dictionnaires... et de pensums.

Or donc Horace n'a-t-il pas dit :

... *tutoque (erat) ciconia nido,*
Donec vos auctor docuit prætorius.

(... *et la cigogne était en sûreté dans son nid jusqu'à ce qu'un préteur manqué vous enseigna à la manger*)

Horace, sat. 2, Livre II.

Cet initiateur était un certain Asinius Sempronius Rufus que les plaisanteries faites à cette occasion empêchèrent d'obtenir la préture, les Romains ne trouvant probablement pas fort à leur goût le cadeau dont son génie inventif les gratifiait.

Le moyen-âge continua les traditions des Romains et la cigogne se trouve dans une nomenclature d'oiseaux comestibles donnée par Rabelais au Liv. IV du Pantagruel, cap. 59.

On prétend que les cigognes savent s'administrer entre elles, quand il en est besoin, certain remède anodin, pour lequel leur long bec leur sert de canule, et qu'à leur imitation se sont formés, chez nous, *les canoniers de la pièce humide.*

Quand ce ne serait qu'en mémoire de ce bienfait, je vous crierai : Ne mangez pas de cigogne.

Nos aïeux des XII° et XIII° siècles servaient à leurs repas, la corneille noire, que nous qualifions généralement du nom du corbeau.

Lucullus faisait venir à grands frais des corbeaux de Germanie pour figurer dans ses festins. C'était probablement le vrai corbeau, plus grand d'un tiers que la corneille noire ; habitant les grandes forêts montueuses de l'Allemagne et très rare en Lorraine, où il niche pourtant quelquefois sur les rochers des environs de Gorze et sur les côtes de Sierck.

SOUPE AU CORBEAU.

Naguère encore quand, à travers champs et bois, on revenait d'une longue chasse, un vieux chasseur ne manquait jamais de s'écrier :

« Eh ! là bas, vous autres, tâchez de tuer un corbeau pour nous faire une bonne soupe. »

Tout le monde parle de la soupe au corbeau et personne ne veut en essayer. Pourtant l'axiôme est vrai ; mais il faut dépouiller l'oiseau de sa peau. Moyennant cette précaution tenez pour certain que « *pour avoir un bon potage il faut y mettre un corbeau.* »

HÉRON EN SALMIS.

Un jour que je chassais le lièvre, j'avais tué un héron. Je le fis ainsi accommoder : rôtir aux trois-quarts revêtu de feuilles de vigne et ayant dans l'intérieur quelques brins de sarriette ; puis découper et mettre avec du bouillon dans la casserole ; on y ajouta une bouteille de bon vin rouge, des échalottes découpées, de l'ail, de la poudre d'épices, du laurier, du thym, une branche d'estragon, du gros poivre, des carottes et des oignons, le jus et le zeste de 2 citrons ; quand la sauce fut réduite à moitié, on y adjoignit encore un peu de sel et un demi-verre d'eau-de-vie.

J'avais un compagnon de chasse : — « Est-ce que cela se mange, le héron ? » fit-il en avançant le nez vers le plat.

— « Je n'en sais rien : goûte ! l'expérience est une belle chose. »

Malgré toutes les herbes de la St-Jean que j'y avais employées, notre ragoût sentait la vase et l'huile de poisson, et la chair de la bête était vireuse, fibreuse et coriace.

On m'a dit depuis que j'aurais dû faire écorcher mon héron ; mais, comme on le chantait dans un opéra-comique de Sedaine (¹) :

> *Vainement on subtilise,*
> *On ne s'avise*
> *Jamais de tout.*

Les Juifs, à qui cette chair n'est pas permise, ne doivent pas se plaindre de la défense. Pourtant, au moyen-âge, le héron était qualifié de gibier royal et Taillevant, maître-queux de Charles VII, enseigne la manière de l'accommoder et le fait entrer avec la grue, le cormoran, l'épervier, etc. dans la nomenclature des oiseaux qui servaient aux dîners féodaux aux XIIe et XIIIe siècles.

C'est sur un héron rôti, à lui inopinément présenté dans un festin par le comte d'Artois, qu'Edouard III, d'Angleterre, fit le serment qui coûta si cher à la France.

D'après le même Taillevant, on sacrifiait à sa *Dame* malade un faucon de chasse, *comme friand morceau* (²).

Ils avaient de bonnes dents, nos rudes ancêtres — et leurs femmes aussi.

De nos jours, les Anglais, gens sérieux et pratiques ont essayé, mais sans succès de réhabiliter cette antique cuisine ; car voici ce que je lis dans la biographie du grand Darwin par H. de Varigny.

« A Cambridge, Darwin fit partie du club des Gourmets (ou des Gloutons). Ce club avait pour but de faire des recherches expérimentales sur des mets nou-

---

(¹) *On ne s'avise jamais de tout*, Opera-comique de Sedaine, représenté sur le théâtre de la foire St-Laurent le lundi 14 Septembre 1761.

(²) *Ce dévouement fait le sujet d'un conte de Bocace, imité par Lafontaine.*

veaux, et l'on essayait chaque semaine de quelque animal *jusque-là* (¹) dédaigné par le palais humain. On essaya du *faucon* et d'autres bêtes ; mais le zèle du club mollit après l'essai d'un vieux hibou brun, « essai qui fut indescriptible », dit l'un des convives.

Rabelais, *Pantagruel, Liv. IV cap. LIX, une liste d'oiseaux comestibles où en fait d'oiseaux singuliers il ne reste déjà plus que la cigogne, le héron, la grue, le corbeau, le butor.*

Chéruel, *Dictionnaire des institutions mœurs et coutumes de France, Paris 1855, vœux faits dans les festins sur de nobles oiseaux servis avec apparat, le vœu du paon, le vœu du faisan... et parmi lesquels le plus célèbre est celui qui fut prêté à Lille en 1453, par le duc de Bourgogne et un grand nombre de chevaliers s'engageant à une croisade contre les Turcs. Ces serments chevaleresques se formulaient ainsi : « Je voue à Dieu, à la très glorieuse vierge Marie, ensuite aux Dames et au faisan (ou au paon) que etc... »*

PATÉ DE MOINEAUX.

« D'abord, le moineau est-il un gibier ? »

« Pourquoi pas ? »

« Mais encore, comment est-il un gibier ? »

« Ah ! — parce que. »

Original, de haut goût, d'une saveur sournoise, nouveau-venu, le pâté de moineaux a tout ce qu'il faut pour faire son chemin. Il joint à ses autres mérites celui, non à dédaigner, de ne pas coûter cher — le moineau n'est pas coté sur nos marchés — et celui, plus glorieux, d'être le prétexte d'une chasse nouvelle et utile.

(¹) Voir: *Taillevant, la nomenclature d'oiseaux qu'on ne mange plus et fort estimés de son temps.*

Vous me remercierez sur vos vieux jours de vous l'avoir fait connaître.

Quand vous avez plumé, flambé, épluché vos oiseaux, prenez la chair de quelques-uns d'entre eux, hachez-la finement et la pilez même, avec du lard râpé, quelques fines herbes et une petite pointe de sarriette.

Désossez ou ne désossez pas tous vos autres oiseaux ; fendez-les par le dos et les videz ; remplissez-les ensuite de la farce ci-dessus. Garnissez de bardes de lard le fond et les côtés d'une terrine ou d'une pâte dressée dans un moule ; rangez dedans les moineaux en les assaisonnant couche par couche de quelques épices et en remplissant les intervalles avec le restant de la farce que vous avez dû faire assez ample, et à laquelle vous ajoutez un peu d'échalotte et une pointe d'ail, le tout finement haché, 2 feuilles de laurier brisées en morceaux, un clou de girofle. Recouvrez d'une barde de lard très mince, placez le couvercle et faites cuire au four 2 heures et demie.

CHASSES D'HIVER.

Engins culinaires contre le froid.

Ne déjeunez jamais les pieds sous une table chargée, le matin d'un jour de chasse.

Vos chiens s'impatienteraient, et aussi ceux qui vous attendent au rendez-vous ; en hiver les journées sont courtes ; pressez votre mise en campagne.

Il ne faut pourtant pas *fanatiser* et partir *à vide*. La neige n'est pas chaude et le vent du Nord vous transpercerait.

Pour vous capitonner l'intérieur contre ses atteintes, rien ne surpasse la soupe sellée et bridée, dite départ de chasse, dont la recette est consignée à la page 5 de ce volume.

S'il ne vous est pas agréable de déjeuner aussi solidement avant le lever du soleil, employez la méthode russe, elle est excellente : quelques tasses de thé bouillant dans lequel vous mélangez partie égale de bon vin rouge.

Vos nerfs ne s'accommodent pas du thé ? j'ai une autre ressource à votre disposition. Dans un bol de chocolat à l'eau, que vous avez stimulé avec de la muscade, faites délayer un jaune d'œuf frais et buvez chaud en accompagnant d'une rôtie de pain grillé.

Voilà votre estomac garanti — ; mais vos entrailles sont délicates, et sensibles au souffle glacé de Décembre.

J'ai encore votre affaire.

Par une des plus rudes journées du mémorable hiver de 1879-80, je rencontrai, par les chemins et bien emmitouflé sur sa petite carriole, l'excellent et original docteur R..., en ce temps-là mon voisin et parti depuis, hélas ! pour ce pays d'où l'on ne revient pas.

« Comment, docteur, vous osez affronter cette température sibérienne ? »

« Je n'ai jamais froid en voyage. »

« Vraiment ! et comment faites-vous ? »

« Avant de partir je prends un petit lavement bien chaud. »

Je crois à l'infaillibilité des docteurs. Pourtant j'ai négligé, depuis bientôt dix ans, de profiter de la recette. S'il fait froid l'hiver prochain, je tâcherai de décider deux ou trois de mes amis à l'expérimenter et, si le résultat se montre favorable, je vous en informerai.

En parlant chasse on peut se permettre ces calembredaines.

—

HALTES DE CHASSE.

Le menu du général.

Le général X., naguère brillant officier d'avant-garde, vivait retiré dans ses terres. Il y soignait son domaine, montait à cheval tous les jours, chassait onze mois de l'année, recevait joyeuse compagnie et passait pour une fort belle fourchette.

Dix convives, dont le général, étaient un jour réunis, après la chasse, dans le vaste fumoir qui lui servait de salon.

— « Monsieur le général est servi. »

— « Jean, qu'avons-nous aujourd'hui au rapport ? »

— « Un filet de sanglier sauce au loup ;

« Une fondue au fromage dans le grand plat de cérémonie ;

« Un salmis de perdreaux ;

« Des cardons à la moëlle de Cerf ;

« Une salade russe ;

« Un pâté de lièvre ;

« Trois bécasses rôties. »

— « Messieurs, vous avez entendu, tonitrua le général en prenant la tête du mouvement, En avant, la droite ! en avant, la gauche !! en avant le centre !!! et Jean-etcetera qui ne me suit pas ! »

LES LOGARITHMES FRITS
à Metz.

Un taupin facétieux du collège de Metz, se rendant en vacances après des examens pour l'école polytechnique brillamment passés, entrait en Septembre 1844 dans un des meilleurs restaurants de la ville.

- Garçon ! pour commencer, donnez-moi des logarithmes frits. »

« Monsieur, il n'y en a plus, répondit le servant, ancien broyeur d'encre à l'école d'application ; la pêche a manqué sur les *sables de Calais.* »

TROISIÈME PARTIE

Cuisine folk-loriste du pays messin

SOUPE AU LARD.

« Est-ce que cela se mange ? » me disait un jour un imbécile.

Il y a ainsi de par le monde des pauvres d'esprit qui croiraient déroger — à quoi, s'il vous plaît ? — en mouillant leurs lèvres à une soupe destinée, selon eux, aux seuls paysans.

Eh, mordieu ! vous me feriez mettre en colère !

C'est grâce à cette soupe que nos paysans lorrains doivent d'être les mieux nourris parmi tous les habitants des campagnes de l'univers entier. Le bouillon de haut goût, où se sont concentrés les sucs du lard et des légumes cuits ensemble, est au premier degré succulent, savoureux et nutritif.

Que voulez-vous de plus ?

Les choux diaprés, les pois printanniers, les haricots verts, sur lesquels se détachent les fleurons rouges et jaunes des carottes et des pommes de terre nouvelles, forment un second plat hygiénique et restaurant. Le lard qui les surmonte, ferme et rose, a la saveur d'une nymphe de Rubens mollement étendue sur de riches et voluptueuses draperies.

Et toutes ces bénédictions seraient livrées à un sot dédain !

Vous avez donc des yeux pour ne point voir ? des

narines et vous n'odorez pas ! A quoi bon votre palais si vous ne savez vous en servir ?

Mais regardez donc ?

Mais flairez !

Ah ! que vous ne ressemblez guère à l'ancien bedeau de mon village !

L'illustre prédicateur, l'abbé Lacordaire (1), était venu prêcher à Metz une série de sermons qui émurent la ville et les alentours (2).

Notre bedeau, à ce bruit, se décida à faire tout exprès le voyage de la cathédrale. Il revint émerveillé, enthousiasmé, hors de lui ; « Ah ! monsieur, quelle éloquence ! quelle force ! et un raisonnement et une philosophie ! et ce geste ! et cette foi ! Voilà ce que j'appelle un orateur ! Quand on entend parler cet homme là, *on dirait qu'on mange du lard* (Sic).

Eloge singulier, mais parti du cœur et plus convaincu peut-être que le « *Mordieu, il a raison !* » du maréchal de Grammont au sermon de Bourdaloue (3), Lacordaire t'aurait accueilli avec un sourire indulgent : « *Celui qui fait bon marché de la pensée d'un homme, d'un homme sincère, celui-là est un pharisien, la seule race d'hommes maudite par Jésus-Christ* (4). »

Retenez ceci, enfants !

SOUPES AU LARD DE LORRAINE.
Principes.

Le lard se met dans la marmite en même temps que l'eau froide.

Si la soupe est faite aux légumes secs, ceux-ci se placent également dans l'eau froide avec le lard.

Il est bon de les faire tremper à l'avance dans l'eau froide pendant une douzaine d'heures.

---

(1) Alors chanoine honoraire de la métropole de Paris.
(2) Du 1er dimanche de l'Avent, 2 Décembre 1838 au jour de Pâques, 31 Mars 1839.
(3) Marquise de Sévigné, lettre 194.
(4) Lettre à Me Swetchine.

Les légumes frais au contraire et les choux sont mis dans l'eau bouillante et à moitié cuisson du lard.

La choucroute est mise à l'eau froide comme les légumes secs.

On sale et on poivre après l'introduction des légumes.

Dans toutes ces soupes, sauf dans la soupe aux choux et dans la soupe à la choucroute, on adjoint un bouquet garni.

Quand on a affaire à des légumes secs, on améliore leur saveur et celle du bouillon en y ajoutant vers la fin de la cuisson un peu d'oignon et de persil haché et roussi dans le beurre.

Dans la confection de la soupe au lard, le lard fumé est préférable à l'autre.

Le petit salé, le jambon, le saucisson, lui communiquent une succulence fort apréciée.

SOUPE AU LARD AUX PETITS POIS.

Pour 6 personnes, mettez dans la marmite 3 litres d'eau et au moins une demi-livre de lard, bouquet garni, poireaux, laurier, sel et poivre ; faites bouillir ; au bout de 2 heures, ajoutez dans la cuisson bouillante petits pois, petites carottes, pommes de terre, un ou deux cœurs de laitue ; salez et poivrez. Laissez bouillir d'abord, puis cuire ensuite plus doucement pendant encore 2 heures. Dressez votre soupe en jetant le bouillon bouillant sur des tranches de pain découpées dans la soupière.

On fait de même la

SOUPE AUX LARD AUX HARICOTS VERTS,
SOUPE AU LARD AUX HARICOTS BLANCS ÉCOSSÉS,
SOUPE AU LARD AUX POMMES DE TERRE, NAVETS ET CAROTTES,
SOUPE AU LARD AUX FÈVES DE MARAIS ;

Celle-ci en ajoutant aux pois verts une bonne quantité de jeunes fèves de marais et un brin de sarriette ; on supprime les carottes.

SOUPE AU LARD JULIENNE.

Se fait, en suivant les mêmes principes, avec petits pois, haricots verts, cœurs de laitue, carottes, navets, fèves de marais, cerfeuil, oseille, poireaux, bouquet garni.

SOUPES AU LARD AUX LÉGUMES SECS.

SOUPE AU LARD AUX POIS SECS.

On y adjoint quelques échalottes et un peu de persil haché.

SOUPE AU LARD AUX HARICOTS SECS.

On y ajoute de l'ail.

SOUPE AU LARD AUX LENTILLES.

On y mélange quelques petits oignons et un peu de persil haché.

SOUPE AUX FÈVES DE MARAIS DÉROBÉES.

On l'assaisonne de sarriette.

On met ces légumes secs à l'eau froide en même temps que le lard ; ou mieux, on les a fait tremper depuis la veille dans de l'eau froide ; on les égoutte et on les adjoint au lard vers le commencement de la cuisson ; on laisse cuire doucement une heure et demie ; on ajoute quelques pommes de terre ; puis on pousse le feu de façon à obtenir l'ébullition que l'on maintient jusqu'à la fin.

En suivant cette méthode, et en se servant d'eau non calcaire, s'il est possible, les légumes secs mettent à cuire leur meilleure volonté, et y réussissent souvent. Vers la fin de la cuisson et un peu avant de servir, ajoutez au bouillon, pour en relever la saveur, un oignon découpé et légèrement roussi dans le beurre.

SOUPE AU LARD AUX HARICOTS VERTS SÉCHÉS OU SALÉS.

On blanchit les haricots verts séchés en leur faisant faire quelques bouillons à l'eau bouillante ; on les égoutte à la passoire et on les met dans la marmite, comme les légumes frais, à moitié cuisson du lard et pendant que le potage bout.

S'il s'agit de haricots verts salés, on commence par les faire cuire 2 heures à l'eau bouillante, puis on les jette dans l'eau fraîche ; ils perdent ainsi le goût de *vert* ; on les égoutte et on procède comme pour les haricots séchés.

SOUPE AU LARD AUX CHOUX.

On découpe les choux en petites tranches ; on les met à l'eau bouillante à moitié cuisson du lard ; on y adjoint quelques pommes de terre ; on augmente un peu la proportion du lard et, si on y ajoute quelques morceaux de petit salé, de ceux où il y a plus d'os que de chair, on rend le bouillon et les choux bien meilleurs.

SOUPE AU LARD A LA CHOUCROUTE.

Elle plaît à peu de personnes à cause du goût aigrelet que contracte l'eau où a cuit la choucroute.

La choucroute se met à l'eau froide avec le lard ; c'est le cas d'y joindre un saucisson de ménage ou une andouillette fumée.

SOUPE AU BOUDIN.

Vous savez ou vous ne savez pas que pour préparer les boudins on les fait cuire à l'eau. Quand les boudins sont fermés et ficelés, on les dépose dans une marmite d'eau quasi bouillante où on les laisse cuire jusqu'à ce qu'ils aient pris une certaine consistance.

Or le boudin contenant tous les éléments d'un potage, suc animal, graisse, sel, herbes, légumes, farineux, épices, le résultat de la cuisson dans l'eau doit nécessairement être un véritable bouillon, et il est tout naturel de s'en servir pour tremper une soupe.

SOUPES MAIGRES.

Signalons, sans nous y arrêter, comme soupes maigres usitées dans nos compagnes.

La soupe aux herbes et à la crême,
La soupe à l'oignon,
La soupe au lait,
La soupe à la *chauy'otte* (voir plus loin),

Puis toutes les soupes aux légumes frais ou secs où le beurre remplace le lard, et qui sont liées de crème fraîche.

LÉGUMES AU LARD.

Les légumes employés pour préparer la soupe au lard sont servis comme second plat et surmontés du lard.

Parmi eux les pois au lard ont le plus fait parler d'eux.

L'école de Salerne leur a consacré un distique :

Sunt inflativa cum pellibus atque nocita
Pellibus ablatis sunt bona pisa satis.

(Les pois avec leurs gousses sont venteux et nuisibles, mais écossés ils deviennent bons).

Rabelais a donné leur nom à un livre de la mirobolante nomenclature *des beaux livres de la librairie de St-Victor.*

Des Pois au lart, cum commento ([1]).

Un proverbe les citait en bonne part : ... *là, Dendin, ie me trouve à propous comme lart en pois.* ([2])

Au XIVᵉ siècle on servait des pois au lard sur la table des rois ([3]).

C'était aussi, au dire du grand Frédéric, la nourriture dont devaient se contenter ses officiers en quartier d'hiver lorsqu'elle leur était due par l'habitant.

On sait que Frédéric II examinait lui-même toutes les lettres à lui adressées et qu'il en annotait quelques-unes de sa propre main. Un jour il reçut d'un bour-

---

([1]) Pantagruel, Liv. II c. 7.
([2]) Pantagruel, Liv. III c. 61.
([3]) Champier, VII, 2.

geois de Berlin une dolente supplique où le bonhomme se plaignait des exigences d'un officier logé chez lui relativement à sa cuisine, et demandait au roi de vouloir bien le renseigner sur ce qu'il était tenu de lui fournir : « *Speck und Erbsen* » (des pois au lard) écrivit Frédéric à la marge.

BACON.

C'est le lard, le lard glorieux ! Nous n'avons pas à en parler. Disons seulement qu'à son propos les Lorrains sont divisés en deux camps : ceux qui n'estiment que le lard fumé et ceux qui le veulent simplement salé, les premiers habitant l'Est et le Sud-Est, les autres le Nord-Ouest et l'Ouest du pays.

Cette différence de goût a parfois manqué amener des brouilles sérieuses dans plus d'un ménage, et j'ai vu, dans une famille, mettre alternativement au pot, une semaine, un morceau de lard fumé et la semaine suivante du lard salé, car Madame était de l'Ouest et Monsieur, originaire de l'Est, n'entendait pas raillerie sur un sujet si important.

Ainsi le soleil et la lune se partagent amiablement l'éclairage du monde.

PETIT SALÉ.

On donne ce nom aux parties inférieures d'une bande de lard préparées et conservées comme il suit :

On découpe à la partie inférieure et la plus mince d'une bande de lard frais, et avant de le saler, des morceaux dont on proportionne la grandeur à l'ouverture du baril ou du pot de grès où on veut les conserver. On les empile en les serrant un peu dans le vase choisi et on recouvre de saumure.

Ce petit salé, qui n'est pas le petit salé d'autres pays où l'on emploie pour cette préparation les morceaux de poitrine de porc, se conserve fort bien ainsi jusqu'en mai.

Employé avec le lard ou au lieu de lard, il bonifie

singulièrement les soupes aux choux, aux pois ou autres légumes.

CUISINE DE PORC FRAIS.

La cuisine de porc frais se compose :

1° du *filet*, que l'on fait cuire entier aux oignons, ou que l'on découpe en tranches pour les faire frire à la poêle,

des *côtelettes*,

des *hatrets* (¹), tranches de foie que l'on fait également cuire dans la poêle avec de la graisse,

des *pieds*,

de la *cervelle*, que l'on mange frite,

des *boudins*;

2° de la *menue-harde* ou *menuâde* comprenant : *l'encensoir* (cœur, mou ou poumon avec partie de la trachée),

la fraise et les rognons.

Toute la *menue-harde* sert à composer d'excellentes soupes et d'excellents légumes.

Les *choux frisés à la menue-harde* forment le plat principal d'un repas traditionnel auquel les parents sont invités.

Le *riz à la menue-harde*, accommodé spécialement avec les rognons, est un manger fort estimé et non sans raison.

BOUDINS.

A quoi tient la vie.

Metz était autrefois renommé pour ses boudins, et il s'en exportait chaque semaine plusieurs centaines de mètres, dirigés en grandes partie vers Strasbourg.

Dans nos villages, le boudin tient une place distinguée dans les petites bombances et dans les cadeaux qui suivent le sacrifice de l'animal encyclopédique.

Mais défiez-vous ! sa préparation n'est pas soumise

(¹) *hatrets, hatercaux*, probablement de *hasta, hatelet, petite broche*, brochette qui servait à les faire rôtir.

chez tout le monde aux soins, non seulement de propreté, mais de méticulosité convenables.

Une négligence de ce genre a mis naguère en péril la vie de deux hommes, et a probablement donné à notre ville un professeur distingué.

M. Lhermite, savant instruit, homme aimable, de bonne compagnie, causeur anecdotier, fut longtemps professeur de physique au Lycée de Metz, sous le premier Empire et sous la Restauration. Au moment où éclata la Révolution, il était moine au couvent des missionnaires de Ste-Anne, couvent situé dans la maison qui porte encore ce nom, rue de la Fontaine, à Metz ([1]). Il émigra et, l'époque de la Terreur passée, il se trouvait à Mayence, où il serait probablement resté sans la quasi-tragique aventure qu'il se plaisait plus tard à raconter.

M. Lhermite avait conservé un souvenir spécial du boudin de Metz et de temps en temps s'en faisait envoyer à Mayence par un de ses amis ; il s'en régalait alors à la table de l'auberge où il mangeait. Un jour, un jeune officier, déjeunant à une table voisine, ne put s'empêcher de témoigner tout haut une sympathique attention pour le fumet du plat du bienheureux dîneur. L'offre de partage est aussitôt faite et acceptée.

Cet officier, aide-de-camp d'un général, commandant une division à Mayence, ne tarit pas près de son chef sur les agréables moments qu'un ancien moine lui avait fait passer et sur les mérites de son boudin. Le général, alléché, fit transmettre à M. Lhermite son désir d'avoir par lui du boudin de même provenance que celui dont son aide-de-camp avait gardé un si enthousiaste souvenir. Enchanté d'être agréable à quelqu'un, et surtout à quelqu'un qui pourrait lui être fort utile dans la position précaire où il se trouvait, M. Lhermite se hâta de déférer à ce désir.

Le boudin arriva ; le général s'empressa d'y goûter. Mais voyez le malheur ! Le charcutier négligent avait

---

([1]) Il y existe un escalier à double spirale intéressant, et dont on voit la cage de la rue.

laissé pénétrer dans le boudin une de ces épingles dont on se sert pour en percer l'enveloppe de quelques petits trous, afin d'en éviter le déchirement lors de sa première cuisson dans l'eau.

Le général avale le boudin... et l'épingle avec. Il manqua s'étrangler et devint furieux. On s'agite autour de lui : qu'est-ce que ce boudin ? c'est un calotin qui l'a fourni, un émigré !... il n'en fallait pas plus à cette époque pour être accusé d'avoir voulu attenter à la vie de cet officier... et pour être fusillé. Heureusement l'aide-de-camp reconnaissant, et certain de l'innocence de son commensal d'un jour, le fit prévenir en l'engageant à quitter la ville aussitôt.

Mr Lhermite épouvanté suivit ce conseil, partit de Mayence le jour même et déguisé. Après quelques pérégrinations, il retourna à Metz où, à la création du Lycée impérial, il fut nommé à une chaire de physique qu'il occupa pendant de longues années... grâce à l'animadvertance de son charcutier.

ANDOUILLES ET ANDOUILLETTES.

On ne manque pas non plus d'en préparer. On les suspend à la *léttaye* pour les faire sécher, puis on les fume ou on les conserve enfouies dans les cendres.

Je recommande l'andouille fumée aux buveurs, malgré le propos malséant de Rabelais à l'égard de son élément constitutif [1].

COROSSMÉGNÈYE.

Corossmégnèye, Coresmégnèye, Colossmégnèye, Corossmanier, c'est l'épine dorsale du porc et aussi d'autres animaux et même de l'homme.

Le *coross'* est la première vertèbre de l'échine aussi appelée le *Juif* ; on appelle également *corès* les 2 os sur lesquels s'appuie l'épine dorsale.

[1] Gargantua, Livr. I, chap. 4.

Au lieu de lard, on fait bouillir dans l'eau un bon morceau d'échine de porc frais contenant encore quelques vertèbres de la *corossmégnéye*. On ajoute pommes de terre, carottes, navets, céleris, poireaux, bouquet garni, laurier, un oignon piqué de clous de girofle, poivre et sel.

Cette soupe est excellente et aussi la viande fine qui a servi à la faire et qu'on accompagne des légumes susmentionnés.

On prépare de la même façon une soupe aux petits pois encore *plus meilleure,* comme disent les enfants, fort énergiques dans leur peu de souci de la syntaxe.

C'est probablement vis-à-vis d'un potage analogue qu'en 1811, le poète souabe Uhland exhalait son enthousiasme pour le porc, la choucroute au lard et le boudin dans sa Metzelsuppenlied (Chant de la soupe au porc frais) :

> *Wir haben heut' nach altem Brauch*
> *Ein Schweinchen abgeschlachtet ;*
> *Der ist ein jüdisch ekler Gauch*
> *Wer solch ein Fleisch verachtet.*

(Nous venons de tuer, suivant l'antique usage, un jeune porc ; il faut vraiment les sottes répugnances d'un juif pour mépriser une telle viande.)

De tout temps le sacrifice d'un porc — *l'animal encyclopédique* de Grimod de la Reynière, *animal propter convivia natum* de Juvénal — a été l'occasion de festins de famille ([1]), de cadeaux faits aux voisins et aux personnages à qui l'on veut rendre

---

([1])
> *Vo n'aivé sur vo taube cagôte*
> *Jaimoi ni lard ni boudain ;*
> *Sur lè nôtre, do lai Tôssain,*
> *Ai fau voi come le porc trôte.*
> *Jambion, côti, saucisson ;*
> *Le vin n'en a que pu bon.*

(La Monnoye, Noël V, de la suite des Noëls de la Roulotte et du Tillat).

honneur (¹) et de fricots intimes (²). Le sieur Martin, médecin, terminait en 1649, son « **Eschole de Salerne** » par cette maxime significative :

En hyver le porc est fort bon,
Et, pendant tout l'an, le cochon.

RIZ A L'OSCHÉ.

Les os de l'échine se nomment aussi des *oschés*, et le riz accommodé avec eux est un plat fort estimé.

JUIF.

La 1re vertèbre de l'épine dorsale du porc, la plus grosse, appelée *coross'* ou *Juif*, se prépare comme la *surpaule* avec la chair qui l'entoure, et se conserve pour être mangée spécialement à Pâques.

Cette appellation singulière de *Juif* provient peut-être (par corruption) du mot Jouy, Joux (du latin Jupiter, Jovis) désinence fréquente dans les noms de lieux élevés.

Or, chez le porc, la première vertèbre forme la partie la plus élevée du dos et, dans le sanglier surtout, a quelque ressemblance avec le sommet d'une montagne.

Quoiqu'il en soit, le *Juif*, mis au pot, fournit une excellente soupe ; les légumes qui l'accompagnent sont parfaits et sa chair est exquise.

CHOUCROUTE AU JOWA.

Avec les morceaux de bas-joues ou *jowa* on fait cuire de la choucroute ou des haricots verts conservés.

(¹) ... *Il n'estoyt tué pourceau en tout le voisinage, dont il n'eust de la hastile et des boudins.*
(*Rabelais, Pantagruel. Liv. III chap. 41.*

(²)   *Et, braves gens, que de joie,*
   Lorsqu'en forme de boudin
   Ressuscitera soudain
   Le bon habillé de soie !
(*Gabriel Vicaire, Emaux bressans*).

COCHON DE LAIT EN GELÉE.

Essentiellement du pays messin ; on en voit des plats sur toutes les tables des *fechtins*, noces, premières communions, fêtes et même aux dîners d'enterrements.

On échaude le cochon de lait à l'eau bouillante, puis on en enlève les soies en le raclant avec un couteau.

On le découpe ensuite en morceaux que l'on met dégorger dans l'eau pendant environ 12 à 15 heures.

On place ensuite ces morceaux dans une grande casserole ou marmite, en les accompagnant d'une bonne quantité d'oignons, d'aulx, d'échalottes, et en assaisonnant de sel, poivre en grains, clous de girofle, laurier, persil, estragon ou thym. Recouvrez de bon vin blanc, mettez à un bon feu et laissez cuire pendant 2 heures et demie ou 3 heures.

Quand ils sont bien cuits, retirez les morceaux de cochon de lait et déposez-les dans une terrine.

Battez légèrement en neige 2 blancs d'œufs que vous mélangez à la cuisson pour la clarifier ; faites-la encore cuire $1/4$ d'heure ; retirez du feu et laissez reposer. Arrangez proprement les morceaux déjà un peu refroidis du cochon de lait sur les plats ou assiettes où vous devez les servir, et versez dessus, en la passant à travers un tamis ou un linge, votre cuisson qui, en se refroidissant, les englobera dans une gelée fraîche et transparente.

Ainsi traité par nos bonnes *cuj'nires* de campagne, le cochon de lait ne ressemble en rien à ces odieux pastiches vendus par les charcutiers des villes, où les assaisonnements ne brillent que par leur absence et où le vin blanc est remplacé par du vinaigre... et de l'eau.

FROMAGE DE COCHON.

Dans du vin blanc, à son défaut dans de l'eau additionnée par moitié de vinaigre, et avec oignons, ail, clous de girofle, poivre en grains, sel et tous les assaisonnements d'un pot au feu, vous mettez cuire les morceaux découpés de la tête du porc, oreilles, groin, etc. les pieds, si vous ne vous en êtes pas servis autrement. Laissez cuire jusqu'à ce que les os se détachent facilement, 6 à 8 heures. Placez dans un moule. Passez la cuisson à travers un tamis et versez-la dans le même moule, où elle pénètre à travers la viande et forme dans les interstices et à la surface, une gelée par le refroidissement.

CERVELAS.

Dans les villages du pays messin, on les appelle des *saucisses ;* on les prépare ainsi.

On hache de la viande maigre du porc sans s'astreindre à rendre le hachis bien fin. Sur une table, on manie ce hachis avec un peu de salpêtre, du sel, du poivre, des épices et une bouteille de bon vinaigre. Dans une large terrine on place ensuite un lit de cette viande hachée, puis un lit d'assaisonnement composé d'ail, de 2 oignons, de 4 à 5 échalottes hachées, de laurier, de clous de girofle, de thym et de poivre en grains ; on continue en plaçant alternativement un lit de viande et un lit d'assaisonnements. On couvre la terrine et on laisse le tout ainsi pendant 8 jours, en hiver. On entoure alors cette préparation dans des boyaux du porc proprement nettoyés à l'eau salée ; on les ficelle fortement à la longueur d'environ 20 à 30 centimètres ; on les suspend à la *lettaye* accrochée au plafond de la chambre où on les laisse s'égoutter un jour ou deux. On les met ensuite dans une saumure dont on les laisse s'imprégner pendant 15 jours ou 3 semaines. Ils sont bons alors à être conservés ; cela se pratique de différentes façons.

Les uns font cuire la saumure ayant servi et l'écument jusqu'à ce qu'elle ne jette plus d'écume ; on la laisse refroidir et on y plonge les cervelas qui s'y conservent fort bien.

D'autres les enveloppent de papier et les placent dans des pots remplis de cendres. D'autres enfin les font fumer.

JAMBON AU FOIN.

(Ancienne méthode du pays messin pour faire cuire les jambons.)

Elle en vaut bien une autre ; c'est à tort qu'on l'a abandonnée et les anciens du pays la regrettent encore.

Le jambon, au préalable mis à dessaler dans l'eau froide (12 heures pour un jambon de grosseur moyenne, 24 heures pour un très gros) et cousu dans un linge, est placé, dans la marmite, sur un lit de foin parfumé, et blindé tout à l'entour avec la même étoffe. La marmite est ensuite remplie d'eau, et on fait bouillir à grand feu quatre ou cinq heures.

Mais on perd ainsi le bouillon provenant de la cuisson et fort propre à accommoder des légumes ? — Eh ! mesdames, on n'a rien pour rien dans ce monde ! D'ailleurs la perte n'est pas considérable s'il faut en croire un calembourg de Cicéron, lequel a dû bien faire rire les avocats de son temps.

Je veux vous conter la chose.

Dans sa première plaidoirie contre Verrès le juge inique, l'illustre orateur s'écriait : « *Negabant mirandum esse jus nequam esse Verrinum!* »

Or, cette exclamation offre un double sens par l'emploi équivoque des mots latins *jus*, signifiant droit, justice et aussi bouillon, potage ; et *Verrinum*, qui appartient à Verrès, ou qui appartient à un verrat. Cicéron disait donc : « On ne doit pas s'étonner que la justice rendue par Verrès soit mauvaise ; » et, en même temps, sa phrase pouvait s'entendre ainsi : « Il n'y a pas lieu de s'étonner qu'un bouillon de verrat ne vaille pas le diable. »

Donc, faites cuire votre jambon au foin, à la mode de nos grand'mères. Vous m'en donnerez *des bonnes nouvelles,* comme disait Potier dans sa légende des gendarmes enrhumés.

—

SURPAULE
(pahh' don loup).

Partie charnue contenant l'omoplate (palette, pahh' don loup, pahh') et située contre le jambon de devant.

On l'enfouit, pendant une nuit, au milieu de la viande hachée et assaisonnée préparée pour les cervelas, afin qu'elle s'imprègne de ses sucs, ou on la sale simplement. On l'enferme dans une vessie et on la fait légèrement fumer. On la suspend ensuite dans un endroit sec et on la réserve pour être mangée aux Rois, au mardi gras ou à Pâques, cuite avec des légumes.

Mais c'est surtout au mardi gras que ce morceau est mis au pot pour satisfaire à l'ancien rite, encore pratiqué dans quelques maisons. A la fin du repas, le plus jeune garçon de la famille, tenant en main la *palette,* montait sur le toit de l'habitation et, de là, il la lançait au loin sur le sol en prononçant à voix haute cette espèce d'évocation propitiatoire :

Oh! loup!
Tiens, loup! val tè pahh!
Te n'en èrès pus d'vant pâques!
Que les biès, les ourges, les avouènes et les vègnes
de c'ténnaie
Sint auss' beun' granaies
Que mè panse at beun' soulaie!
Tiens, loup! val tè pahh!
Tiens, loup! val tè pahh!
Tiens, loup! val tè pahh! (¹).

———

(¹) Oh! loup!
Tiens, loup! voilà ta pahh!
Tu n'en auras plus avant Pâques!
Que les blés, les orges, les avoines et les vignes de cette
[année
Soient aussi bien grainées
Que mon ventre est bien rempli!
Tiens, loup! voilà ta pahh! (ter)

OIE EN DAUBE.

L'oie en daube de nos campagnes est plutôt une fricassée qu'une daube, car la volaille n'y figure pas entière.

Découpez votre oie par morceaux que vous faites revenir avec du lard et un peu de graisse. Enlevez la graisse fondue et ajoutez 3 cuillerées de farine, que vous faites roussir légèrement tout en retournant le contenu de la casserole. Ajoutez de l'eau, sel, poivre, laurier, échalottes, thym, poudre d'épices et laissez cuire en mijottant.

Ce plat se prépare spécialement à la St-Martin.

L'oie de la St-Martin ! Cette très antique coutume dont parle Mary-Lafon dans ses « mœurs et coutumes de la vieille France » excitait la curiosité de Gérard [1]. Il se demandait quelles antipathies ou quels rapports pouvaient exister entre ces volailles et St-Martin ? il n'en découvrait pas et croyait plus probable qu'au 11 Novembre on trouvait des oies nouvelles riches d'un suffisant embonpoint, et fort estimées, puisque ajoute-t-il, au XVme siècle, un faisan, un porc, une oie se payaient le même prix, 14 sous parisis, comme il se voit par le tarif réglé par le conseil de Charles VI, en 1480.

L'oie de la St-Martin a, sinon son application, au moins sa légende conservée dans la chanson bourgeoise-populaire allemande suivante [2].

Quand le grand Saint Martin voulut
Fuir l'honneur d'être évêque,
Il se mit dans l'étable aux oies
Où il fut introuvable,
Jusqu'à ce qu'enfin les oies, par leurs clameurs,
Attirèrent ceux qui le cherchaient ;
Et c'est parce que leur caquet stupide

---

[1] L'ancienne Alsace à table, par Ch. Gérard, Berger-Levrault, 1877, 2e éd.

[2] Wenn der heilige Sanct Martin, (Liederbuch des deutschen Volkes, p. 118), traduction de A. Vendel.

A trahi le saint homme,
Qu'au jour de saint Martin,
Les oies sont châtiées,
Et qu'un sévère arrêt de mort
Est porté sur leur race.
C'est donc justice que nous aussi
gardions ce vieil usage,
et qu'en ce jour de fête nous invitions
tous nos meilleurs compères
à manger l'oie de saint-Martin,
à faire de la musique, à savourer du bon vin.

Un charmant dessin d'Oberländer a illustré cette chanson. On y voit saint Martin, la tête entourée de son nimbe de Saint et caché dans la paille d'un tect aux oies.

PATÉ D'OIE
(du rupt de Mad).

Le pâté d'oie était autrefois, pour les habitants de la vallée du rupt de Mad et de la contrée qui remonte vers Montmédy, ce que le petit cochon de lait en gelée est encore aujourd'hui pour les habitants du pays messin.

Pas de repas de noces ou de fête où les deux bouts de la table ne fussent garnis du traditionnel pâté.

Il est maintenant bien déchu de sa splendeur ; tout le monde en parle encore avec respect, mais personne n'en a vu. On ne saurait se figurer combien il est difficile de recueillir les moindres traditions, contes, chants, légendes, usages, croyances... et recettes du vieux temps.

C'est à l'obligeance d'une aimable châtelaine que je dois celle-ci. Je ne veux pas vous priver du plaisir de lire la lettre qu'elle écrivait à ce propos à un mien ami que j'avais mis en campagne.

« Enfin je la tiens, la bienheureuse recette après laquelle soupire votre ami ; mais c'est bien grâce à ma connaissance approfondie du patois et du cœur humain ; car il m'a fallu flatter, pour l'obtenir, la vieille la plus sourde et la plus antique de tout le village.

— « Mais il n'en veulent pas, dites ! Y disent que ç'ateu dè vieilleries. Le monde at devenu glorieux à ç't'eure. Leus-y faut du poisson de mer, de la morue, des choses extraordinaires, quoi ! Dans ma jeunesse les gens n'ateu'm i pou si glorieux, on mangeuse di boin to d'mème, alleu ! C'at ben sûr pour vous moqué d'mé qu' vos dites qu' vous v'leu fare i pâté d'oye. »

« Vous saurez d'abord, si cela peut vous intéresser, que, dans le temps, les oies étaient plus grosses et plus tendres « qu'au jor d'aujord'hu ! »

« Maintenant, la recette. On prend de la pâte levée, autrement dit de brioche (c'est même ce qui fait qu'on ne peut faire ce pâté que les jours de noces ou de fêtes, puisqu'il faut de la pâte de gâteau) ; on étend cette pâte sur une planche longue et assez étroite (ces pâtés sont très plats). On commence par poser sur la pâte une couche de viande hachée de porc frais et de veau, le tout mêlé et mariné d'abord dans du bon vin avec des épices — « tant pus de sortes qu'on en met, tant pus qu' c'est bon. » — On coupe une oie en morceaux, sans enlever les os, sauf le cou, les pattes et la carcasse ; si la bête est vieille, on la fait rôtir à demi pour l'attendrir. On pose les morceaux d'oie sur la viande hachée ; on remplit les creux avec des petits morceaux de jambon et de veau et avec le reste de la viande hachée. Enfin on couvre de bardes de lard minces, et on rabat la pâte par dessus. Il ne reste plus qu'à mettre au four et à servir froid.

« Ensuite, si vous ne tombez ni sur un vieux pilon, ni sur un vieux croupion, vous aurez de l'agrément.

« Quelle drôle d'idée a votre ami de confectionner un livre de cuisine sur ses vieux jours ! »

Cy finist l'extrait de l'épistre ménagière de la dame chastelaine.

ŒUFS.

Dans l'alimentation ordinaire de nos campagnes les œufs ne sont guère représentés que par :

L'omelette aux fines herbes ou au lard,

les œufs à la poêle, au lard ou au jambon,

les œufs durs de Pâques,

et, pour les desserts des fechtins, les œufs à la neige plus ou moins décorés.

Il y a loin de là — heureusement — aux 250 manières d'accommoder les œufs données par Dubois dans « *la cuisine d'aujourd'hui,* Paris, Dentu 1889. »

CHOUX SÉCHÉS AU FOUR.

Non seulement on prépare de la choucroute dans nos villages ; mais encore et, afin de ne rien perdre, on fait sécher au four, à l'ancienne méthode, les feuilles de choux coupées en 4. On les conserve dans des sacs ; cuits au lard ils donnent une soupe médiocre mais d'assez bons légumes.

POISSON A LA GELÉE AU VIN
(des bords de la Moselle).

Les pêcheurs (*piscatores* et non *peccatores*) des bords de la Moselle vantent beaucoup cette préparation du poisson.

Placez dans une grande poissonnière un ou deux poissons de belle taille et de bonne race, brochet, carpe, barbeau etc. Ajoutez oignons découpés et les épices accoutumées ; remplissez la poissonnière de bon vin rouge et mettez sur le feu. Quand le tout a bouilli et que le poisson est tout près d'être cuit, poussez vivement le feu de façon à ce que le vin s'enflamme au contact des flammes qui viennent l'effleurer ; si l'opération se fait sur un fourneau, allumez le vin quand il est suffisamment chaud ; laissez flamber et ralentissez le foyer. Votre punch éteint, versez poissons et vin cuit dans un plat bien creux ; laissez refroidir et vous servirez vos poissons glorieusement encastrés dans une gelée rouge et transparente.

MOÛS D'ALLEMANDS.

Kneppes.

Les *knepfen, quenèfes*. dont l'origine est, je crois, plutôt russe qu'allemande, sont appelées en Lorraine *moûs d'allemands* (*moûs* dans le sens de bouchées, de *mors* dans l'expression populaire, mais non classique, de un *mors de pain* (¹), et *kneppes* avec la prononciation messine.

Mettez dans une écuelle 1 livre de farine, 4 œufs entiers, un peu de sel, mouillez avec du lait ; (ajoutez, si vous voulez de la crème ou un peu de fromage blanc) et formez du tout un pâte épaisse. Avec une cuillère à bouche détachez des morceaux de cette pâte de la grandeur de la cuillère et poussez-les avec le doigt dans l'eau bouillante ou vous les laissez cuire de 10 à quinze minutes.

Dressez-les sur un plat et versez dessus des mies de pain frites au beurre.

Ou bien, faites frire dans du beurre un oignon découpé ; ajoutez-y de la crème et versez immédiatement sur les *Kneppes*.

Les jours maigres on les accommode en vinaigrette.

N. B. Gardez-vous comme du péché d'introduire du beurre dans la pâte de vos *Kneppes*, car elles se déliteraient dans l'eau chaude et *tomberaient en brouandaine*.

KNEPPES A LA SEMOULE.

Ceci est un raffinement. Faites cuire au lait une semoule bien épaisse ; ajoutez un grain de sel ; mélangez-y un certain nombre de blancs d'œufs légèrement battus. Opérez, pour la cuisson, comme pour les Kneppes ordinaires.

(¹) Les allemands disent dans le même sens *bissen* (*bissenbrod*) et les anglais ont le mot *bit* qui a la même acception.

TOTELOTS.

Ce sont de petits morceaux carrés découpés dans de la pâte faite avec de la farine, de l'eau et du sel, et amincie au moyen du rouleau. On les fait cuire à l'eau et on les mange assaisonnés à la vinaigrette.

Dans le *pays-haut* mosellan ce mets fort maigre se prépare spécialement le jour du vendredi saint.

Au pays haut, *totelots* ; en champagne, *toutelots* ; aux environs de Metz, *tatelats* ou plutôt *tatelates* (tartelettes); vers Rémilly, *toûtâts* ou *rémats* (restants de pâte); suivant M. Adam (¹) totelot est un diminutif de tôté, toûté (gâteau) à Granvillers et à Saales ; nous disons *tourte, tourtauwe* pour le même objet.

SOUPE DORÉE.

On coupe des tranches minces de pain, on les trempe dans la *murotte* qui sert à faire les *pantekouffes*, puis on les fait frire à la poêle. C'est généralement pour le repas du soir que ce mets est préparé (²).

NOUILLES
et soupe à la Chauyotte.

On prépare des nouilles dans tous les ménages en formant une pâte bien ferme avec des œufs et de la farine assaisonnée de sel, (pour un bon plat 5 œufs et une demi-livre de farine). On amincit cette pâte au rouleau à l'épaisseur d'une feuille de papier ; puis on la roule bien serrée sur elle-même et avec un couteau on la découpe par tranches très rapprochées de façon à ce qu'en se déroulant elle forme de longs filets.

Les nouilles se cuisent à l'eau avec un peu de sel, pour les repas des jours maigres. On les fait égoutter, puis après les avoir dressées dans un plat on couvre le dessus de mies de pain frites au beurre ou mieux

---

(¹) Les patois Lorrains Nancy 1881, p. 289.
(²) (Pays-haut, Abbéville).

des restants de la pâte découpés fins et également frits au beurre.

Soupe à la *Chauyotte*. — Avec l'eau qui a servi à cuire les nouilles on trempe une soupe dite à la Chauyotte, et que l'on rend meilleure en y adjoignant un peu de lait.

POUSSATTES.

Se dit toujours au pluriel, des *poussattes*, c'est une bouillie assez épaisse faite avec de la farine, et du lait dans lequel on a délayé des œufs. On assaisonne d'un peu de sel.

Les *poussates* ne se préparent plus guère que pour les enfants. Autrefois cependant la *bouillie* figurait parmi les mets estimés ; au XVIme siècle on la servait sur les tables royales. Les mémoires de Mlle de Montpensier prouvent que cet usage subsistait encore au XVIIme siècle ; il y est raconté comment le jeune roi Louis XIV et son frère le duc d'Orléans se jetèrent un jour mutuellement un plat de bouillie à la tête [1].

FAUX RIZ.

Sur assez de farine, mise dans un plat, cassez un œuf, ajoutez un peu de sel, et, avec une cuillère, tournez, mélangez, pétrissez jusqu'à ce que le mélange devienne homogène, sec et un peu dur. Frottez cette pâte entre les mains de façon à la réduire en *grémions* (petites boulettes de la grosseur d'un grain de riz) ; on obtient le même résultat en pressant avec une cuillère la pâte au fond d'une passoire.

On fait glisser doucement ces *grémions* dans du lait bouillant, où on les laisse cuire une demi-heure, en remuant constamment pour qu'ils ne se collent pas ensemble ; on ajoute un peu de sel ou un peu de sucre et quand le tout est devenu assez épais on verse dans un plat.

---

[1] Chéruel, art. nourriture.

MEILLAT OU MIOT.

Le *meillat*, millet cuit au lait et sucré, avait autrefois une part assez importante dans l'alimentation de notre pays. Je n'en veux pour preuve que le nom donné à une rue de Metz, la rue du coffe-millet (aujourd'hui, Œlmühlenstrasse) *raue don caffe-meillat*, c'est-à-dire rue de l'écosse-millet, ainsi appelée à cause du commerce considérable qu'y faisaient les huiliers en y écossant le millet dont on composait des potages. Le millet déchu est aujourd'hui remplacé par le riz.

Le *meillat* était le plat fondamental du *r'chet* (¹) terminant la série des *crègnes*, et au lendemain duquel les *jalouantes* (²) devaient se reposer pour faire place à la bêche et aux labours du printemps.

C'était aussi le plat servi comme potage au souper du second jour d'une noce dans le pays messin, et au lendemain des jours de fête dans les environs de Boulay sous le nom de *hirchenbrei* (hirsenbrei).

Le *meillat* peut se targuer d'une respectable antiquité car, s'il faut en croire V. de Scheffel, il était, au X⁰ siècle, d'un usage commun dans les couvents.

Il s'agit d'un diner des moines au monastère de St-Gall. « D'abord se présenta une bouillie de mil fumante, pour donner à ceux qui voudraient s'en tenir consciencieusement à la règle le moyen de se rassasier (³). »

MIOT-BÉTA.

C'est un faux-millet comme il y a le faux-riz.

On mouille de la farine avec du lait pour en faire des grumeaux et on les jette dans le lait bouillant.

SALADE DE PISSENLITS AUX CHAWUONS.

C'est la salade du carême, celle qui annonce le renouveau. Sans elle point de bons repas dans nos

---

(¹) Le *r'chet* est le petit festin par lequel on termine les *crègnes* (veillées) où femmes et filles réunies filent et dévident le chanvre pendant les soirées d'hiver.

(²) Dévidoirs.

(³) Ekkehard, chap. IV, traduction A. Vendel 1883.

grandes fermes ; encore fallait-il autrefois qu'elle fût retournée avec les doigts et des propres mains de la *mâtrasse*, sans quoi elle n'avait pas de goût, disait-on. J'ai vu tel *grand valat* (¹) menacer de bons maîtres de les quitter parce que la maîtresse, retournant dans le saladier les pissenlits avec la cuillère et la fourchette, supprimait ainsi du repas une satisfaction traditionnelle, sensuelle et gourmande.

Mettez dans le saladier des pissenlits épluchés; ajoutez oignons, ciboules, échalottes, ail découpés, une cuillerée d'huile, poivre, très peu de sel ; préparez dans la poêle de petits morceau de lard frits (*chawhons*) ; versez-les sur la salade et, immédiatement par-dessus, du vinaigre chauffé. Retournez.

Au lieu d'huile on se sert quelquefois de crème : on jette alors celle-ci dans la poêle sur les *chawhons*, puis, par-dessus, le vinaigre chauffé; on verse promptement le tout sur la salade et on la retourne.

FROTTAYE.

Eune frottaye, une *frottée :* il y en a de 2 espèces, une grasse et une maigre.

La *frottaye* grasse se compose de lard cuit et froid tartiné sur du pain ; on y ajoute quelquefois un grain de sel, mais toujours on découpe dessus une échalotte.

C'est, ma foi, fort bon.

La *frottaye* maigre est tout simplement un morceau de pain frotté d'ail, puis *trempé dans l'eau* et saupoudré de sel.

Un petit garçon se régalait de cette friandise « Oh ! le gourmand, dit le père, il ne peut pas manger son pain sans sauce. »

FIOUSE è lè flemme.

La *galette à la flamme* se fait les jours où *l'on cuit* ; c'est un régal. Son nom vient de ce qu'on la met au four avant le pain, et lorsqu'il y flambe en-

---

(¹) premier valet d'une ferme.

core quelques brandons. Nos voisins, les Alsaciens, ont leur *flamm'Kuch*.

L'antique et véritable *galette à la flamme* se prépare avec un œuf entier, battu dans 3 ou 4 cuillerées d'huile, (de préférence de l'huile de lampe (ou de colza), plus grasse que *l'huile douce* (ou d'œillette), de façon à former une *murotte* ; un grain de sel.

Avec la pâte du pain on fait une abaisse de la forme d'une tarte ; on la place sur la pelle à enfourner ; on y verse la *murotte*, et on met vivement au four sur une place préparée au milieu des légères flammes qui en garnissent encore l'entrée et le pourtour ; on laisse cuire 5 minutes.

Les amateurs mêlent à la *murotte* de petits dés de lard et des oignons découpés fins.

Les délicats remplacent l'huile et l'œuf par un appareil consistant en 2 œufs battus avec de la crème et du saindoux ; ils ajoutent à la pâte de l'abaisse du beurre, du lait et un peu de levure.

MÉCHATTE.

C'est une innocente friandise des jours où *l'on cuit*.

Avec du lait, de la farine, de la levure et un peu de sel (quelquefois on y ajoute 3 ou 4 œufs et du beurre), on pétrit une petite miche (michette, méchatte), pouvant peser, une fois cuite, de 2 à 3 livres, on la dépose dans une corbeille qu'on place généralement sous le *plumon* (¹) d'un lit pour que, tenue ainsi chaudement, elle lève mieux.

On met la *méchatte* au four en même temps que le pain ; mais on la retire plus tôt, au bout d'environ $^3/_4$ d'heure à 1 heure.

ROUYATS.

C'est une pomme entière, non pelée, revêtue d'une enveloppe de pâte de pain et cuite au four. On la met

---

(¹) Plumon, mot messin signifiant coite, lit de plumes, fait avec le gros duvet et les plumes de l'oie.

au four en même temps que le pain et on la retire aussitôt cuite (¹).

Le *Rouyat*, à Metz *roulot*, dans le *pays haut* de la Moselle *roulotte* et *rôbate*, dans la Beauce *boulot*, en champagne *micheron*, dans la Lorraine allemande vers Boulay *aeppelmetch*, à Paris *chausson* etc., quel que soit le nom qu'on lui donne, est cosmopolite et partout fort estimé des enfants.

La *méchatte*, la *fiouse è lé flemme* et le *rouyat* sont des régals attendus des jours de cuisson du pain, le *roulot* pour les mioches, *la galette à la flamme* pour le mari et la *michette* pour la femme.

CREUPÉS.
ou pantekouffes (prononciation messine)

Voûtes, *vôtes*, sur la rive gauche de la Moselle.

Avec de la farine, des œufs, du lait et du sel, on fait une *murotte* assez claire.

Versez-en la quantité convenable dans la poêle à frire, garnie d'un peu de saindoux ou d'huile, et tenue sur un bon feu. Après un instant de cuisson, retournez le *creupé* dans la poêle ; quand il est cuit et encore mollet, faites-le glisser sur un plat et recommencez pour un autre.

FIOUSE.

C'est la fameuse galette ou *quiche* lorraine qui, avec les *choux*, a valu autrefois une réputation méritée aux boulangers de Pont-à-Mousson.

Pétrissez ensemble de la farine, du beurre et un œuf pour en former une abaisse que vous placez dans la tourtière en en relevant les bords d'environ 1 centimètre. Mettez au four et, quand cette pâte est presque cuite, retirez-la, versez-y un mélange clair composé de 1 ou 2 cuillerées de fromage blanc, de deux œufs entiers battus, d'un peu de sel et d'autant de

---

(¹) En Angleterre le *dumpling* est une pâte légère entourant des pommes ou quelque autre fruit. W. Scott, Woodstock, note du chap. 26.

crème fraîche qu'il en faut pour que l'appareil remplisse l'abaisse ; remettez au four pendant 5 minutes et servez brûlant.

N. B. Notre *fiouse* vient-elle de la *fouace* (¹) bourguignonne et poitevine ? c'est possible quoique la fouace et la fiouse soient deux choses différentes (²).

FLON.

Le *flon* est une *fiouse* dont la *marotte* est faite avec du lait et des œufs : pour un flon de bonne dimension, il faut 5 œufs battus dans une chopine de lait avec un grain de sel.

Le *flon* était anciennement en honneur à Metz parmi les écoliers : une bonne grosse femme, que je vois encore d'ici, parcourait les rues à partir du mois de mai, portant de *petits flons* sur une large *volette*, recouverte d'un linge et suspendue horizontalement devant elle au moyen de bretelles passant derrière son cou ; les cris qu'elle poussait : « *Les flons tout chauds ah ! ils sont tout chauds, tout bouillants !* » nous faisaient encore tressaillir sur les bancs de la classe de philosophie ou de mathématiques spéciales quand notre vieille tentatrice de *septième* faisait retentir la rue St-Vincent de ses appels d'autrefois.

CHAUDÉS.
(grosses tartes aux prunes.)

Le *Chaudé* n'est pas une tarte friande de desserts,

(¹) Car notez que c'est viande céleste manger a desicuner raisins avec *fouace* fraîche...
(Gargantua Liv. I chap. 25)

  Aussi tôjor devé Noëi,
   Je pleure ai grosse gôte,
  Quaud i songe, ai taule èssetai,
   Au maingean de lai *foisse*,
  Qu'éne pome vos é coutai
   Mointe poire d'angoisse.

(Noëls bourguignons de Bernard de la Monnoye, noëls du Tillot, noël V. coupl. 2)

(²) La fouace est une espèce de pain de fleur de farine fait en forme de galette et cuit sur l'âtre du foyer.

mais un mets qui entre dans l'alimentation à l'époque des prunes. Dans les grandes fermes on en remplit le four chauffé tout exprès, et les chaudés servent aux repas du personnel de l'exploitation.

Pour les préparer on se sert d'une pâte semblable à celle des *méchattes* (lait, farine, levure, sel). On l'étend en forme de tourte en en relevant légèrement les bords. On y place serrées l'une contre l'autre et entières les prunes de la saison, damas, maranges, *holrosses*, mirabelles, etc. quetches, ces dernières enoyautées et divisées en deux.

LAIT.

Le lait et tous ses dérivés, lait caillé, fromage blanc, crème, beurre, etc. entraient autrefois pour une large part dans l'alimentation de nos campagnes. Il n'en est plus de même aujourd'hui. Les enfants mêmes, pour qui le lait est une nourriture indiquée par la nature, le dédaignent ou en sont privés ; plus de soupe au lait, mais quelquefois du café noir avant d'aller à l'école ; l'homme qui revient des champs ne trouve plus dans le buffet de quoi se faire une tartine de beurre ou de fromage ; mais il a le verre d'eau-de-vie — et quelle eau-de-vie, oh !

On nourrit pourtant plus de vaches dans nos villages qu'autrefois ; mais le lait ne reste plus à la maison ; la femme est toute glorieuse d'empocher chaque soir la monnaie que lui remet le laitier de la ville.

Avec le lait drainé vers la ville, c'est la santé qui s'en va de nos champs.

Prenez-y garde ! l'effet se fait déjà sentir.

Je m'arrête, car je n'ai voulu qu'indiquer ici et non traiter cette grave question d'hygiène domestique.

MATTONS.

Le lait caillé (mattons) accompagné de pommes de terre cuites à l'eau, faisait autrefois le souper des habitants de la campagne, des ouvriers et de la bourgeoisie des petites villes en Lorraine. Cette nourriture du soir était saine et hygiénique. On ne la rencontre plus que rarement. Tant pis.

BROCQ.

Moitié lait pur, moitié lait caillé, des tranches de pain immergées dans ce mélange constituent « *lè brocq* » aux environs de Metz — la *brockel* près de Boulay, où ce nom s'applique aussi au lait caillé seul — la *brach* dans les villages avoisinant Thionville. *Lè brocq* est une *mérande* (goûter) fort estimée en été des ouvriers agricoles.

FROMAGE BLANC.

Il se mange avec du sel, du poivre, des oignons, des appétits découpés. On en fait ainsi d'épaisses tartines.

FREMGEYE.

Val d'lè bonne fremgeye! Fromgeye, frem'gin, c'est le fromage blanc, égoutté, puis mis dans un pot avec assaisonnement de sel et de poivre et conservé ainsi pendant plusieurs mois.

On en fait des tartines sur du pain et on les parsème d'oignons ou d'échalottes découpés.

C'est à peu près le fromage en pot (potekèse) des Flandres dont voici la formule.

Prenez 3 pots de lait caillé ; faites-en égoutter séparément le contenu dans les linges *ad hoc* jusqu'à ce qu'il soit devenu très sec, qu'il ne renferme plus une goutte de petit lait ; il faut au moins 5 jours.

Quand il est arrivé à cet état, c'est-à-dire à la forme primordiale des fromages, placez-en une couche serrée au fond d'un pot de grès, saupoudrez de sel fin et de poivre ; puis recommencez et continuez ainsi : une couche de fromage, puis assaisonnement de sel et de poivre en forçant un peu la dose de poivre, jusqu'à ce que le pot soit rempli.

Fermez-le au moyen d'un fort papier ficelé et abandonnez-le à la solitude dans un endroit sec au moins pendant 6 semaines.

Ouvrez alors ce cher trésor, vous en trouverez le dessus un peu moisi : mais écartez ce rideau et vous découvrirez un fromage à chair onctueuse, jaunâtre, homogène, appétissante, azotée, ayant toutes les qualités et toutes les vertus que peut avoir... un fromage.

Les Flamands se délectent à en faire de petites tartines qu'ils font ensuite griller devant un feu vif et dont il se régalent sous le nom de rôties au fromage.

―

CRÈME FRAICHE A L'AIL.

Une gousse d'ail découpée fine, dans de la crème fraiche et mangée avec un bon chiffon de pain bis. Cette manière de manger la crème n'est pas générale en Lorraine ; mais je l'ai vu pratiquer au village de R...ange, près de B. et la brave dame qui m'engageait à l'imiter me la recommandait fort : « cela tient la bouche fraîche » ajoutait-elle.

J'ai fait comme elle, car je me suis souvenu d'une sage parole du très sage Sancho « *Ce n'est pas grand chose qu'un conseil de femme, mais qui ne le suit pas est un fou.* »

(*Don Quichotte* 2ᵐᵉ partie, Livre 5, chap. 7.)

TRANG'NAT ET GUÉYIN.

C'est le fromage de ménage préparé avec du lait caillé, mis à égoutter dans le *hh'enon* ou *chenon* (forme ronde en bois) revêtu intérieurement d'un linge à travers lequel s'écoule le *petit lait* et placé sur une *volette*. Au bout de quelques jours, quand le fromage est suffisamment sec, on ouvre le linge et on couvre sa face supérieure de sel et de poivre ; puis on le renverse sur la volette et on sale et on poivre l'autre face ainsi que les côtés. On le met ensuite à sécher sur *le lettaye* (lattis suspendue au plafond de la chambre.

Si on le mange dans cet état, il prend le nom significatif de *trang'nat*.

Quand il est bien sec, au bout de 15 ou 20 jours, on le range avec ses camarades, tous empilés dans des pots de grès, ou enveloppés de petite paille d'avoine et déposés dans un *cuveau* en un endroit obscur et sans air ; quelques ménagères le suspendent simplement recouvert d'un linge dans l'étable, au-dessus de la tête des vaches, pour qu'il reçoive leur chaude haleine.

Le *trang'nat* ne tarde pas à *passer* et à prendre une consistance crémeuse et une couleur jaunâtre ; il change alors de nom et devient *guéyin*. C'est sa dernière métamorphose.

Aux environs de Metz, les fromages *guéyins* sont appelés *beafsteaks de Failly* (¹), probablement par la même intention railleuse qui a fait baptiser de Welch rabbit (lapins gallois) par les Anglais les rôties de pain au fromage du pays de Cornouailles.

FROMAGE CUIT
(de Boulay, Lorraine).

Mettez un fromage blanc sur le feu dans une casserole et laissez-le cuire un moment ; reprenez-le avec l'écumoire de façon à en faire égoutter le petit lait. Déposez-le à mesure dans un linge que vous serrez pour bien exprimer toute l'humidité restante. Liez-le ensuite dans ce linge ; suspendez-le et le laissez sécher.

Quand il est bien sec (au bout de quelques jours si cela est nécessaire), émiettez-le dans un pot de grès et le pressez fortement. Placez-le dans un endroit chaud où vous l'abandonnerez à ses réflexions. Couvrez le pot de peur des visites des mouches. Le fromage ainsi traité ne tarde pas à se transformer en une

---

(¹) Failly, village du canton de Vigy, à 8 kil. de Metz et où l'ancienne institution des Queulots est encore en vigueur.

masse onctueuse, à *passer*, comme on dit en Lorraine. Aidez-le en le remuant de temps en temps avec une spatule de bois.

Lorsqu'il aura accompli cette évolution, c'est-à-dire quand il sera bien *passé*, remettez-le à la casserole en y ajoutant un peu de beurre et quelques cuillerées de lait pour délayer ; incorporez-y deux jaunes d'œufs, assaisonnez de sel et de poivre. Faites-lui faire ainsi un tour sur le feu. — Quand tout sera bien homogène, versez dans un pot.

AUTRE FROMAGE CUIT.

Prenez un de ces fromages communs de Belgique appelés Angelots, avant qu'il soit *passé*. Découpez-le en petites tranches fines et les mettez dans une casserole avec un peu de lait sur un feu doux ; tournez continuellement avec une cuillère et ajoutez petit à petit un peu de lait si le mélange devient trop épais. Ajoutez une ou deux cuillerées de beurre ; assaisonnez de sel et d'une forte dose de poivre et laissez cuire doucement en tournant toujours. Quand le mélange est bien fondu et bien homogène versez dans un petit pot à fromage ou dans un pot... de confiture.

CHEUNTRÉS
(Gauffres).

On prépare une *murotte* avec des œufs délayés dans du lait ; on y mélange du saindoux, chauffé au préalable pour que le mélange se fasse mieux ; on assaisonne d'un peu de sel. Au moyen d'une grande cuillère on verse la quantité convenable de cet appareil dans un moule à *Cheuntrés*, tenu sur un bon feu et graissé au moyen d'une couenne de lard ; au bout d'un instant on retourne le moule ; quand le *Cheuntré* est cuit des deux côtés, on le fait glisser sur une assiette où d'autres ne tarderont pas à venir s'empiler avec lui.

Le Cheuntré affecte 2 formes ; rectangulaire divisé en petits carrés ; c'est la forme classique de la gauffre ;

ou ronde grâce au nouveau moule s'adaptant à l'ouverture du fourneau de cuisine ; le cercle en est alors divisé en 6 ou 7 secteurs offrant différents dessins.

Le *Cheuntré* est assez épais, un peu mollasse et non pas mince et cassant comme la gauffre traditionnelle de la foire de Metz.

CHOHH' CREUPÉS

C'est une sorte de beignets secs.

Casser 6 œufs dans de la farine ; ajoutez lait, levure, sel (si vous voulez, un peu de beurre et 1 ou 2 cuillerées d'eau-de-vie). On pétrit de façon à former une petite miche que vous placez dans une corbeille. Généralement on la dépose sous le *plumon* du lit — ou, couverte, près du feu jusqu'à ce que cette pâte soit bien levée.

On pétrit alors de nouveau et on étend au rouleau de l'épaisseur d'une pâte à galette. Au moyen d'un couteau on découpe des carrés dans cette préparation et on les met dans une friture bouillante composée par moitié d'huile de colza et de saindoux. On dresse sur un plat et on saupoudre de sucre.

WHÉTÉ.

Le Whété est le gâteau-brioche que l'on fait pour les fêtes patronales des villages, à Pâques, à la Pentecôte, pour les repas de mariage, en un mot dans toutes les occasions où l'on veut célébrer quelqu'un ou quelque chose. Sur les rives de l'Orne, vers Moyeuvre, on l'appelle *torté*.

Cassez des œufs sur de la farine fine, ajoutez du beurre et un peu de lait chauffé, de la levure et du sucre.

Travaillez cette pâte jusqu'à ce qu'elle devienne plus ferme que la pâte de pain. Laissez-la en repos en la couvrant jusqu'à ce qu'elle soit bien levée.

Prenez dans cette masse successivement ce qu'il faut pour chaque gâteau. Vous partagez cette portion de pâte en 3 morceaux que vous roulez en boudins ; de ces 3 boudins vous faites une tresse à laquelle vous donnez une forme circulaire, en couronne, en en unissant les extrémités ; dorez au jaune d'œuf et mettez au four aussitôt.

A Pâques le *gâteau* se fait généralement plus petit ; il se tresse *à deux* et affecte la forme droite d'un triple enlacement dont le nœud du milieu est plus large que les deux autres : on place un de ces gâteaux devant chaque convive.

Cet usage se perd. — Tant pis.

TATE AU M'GIN

Lè tâte au m'gin, éva lè tehh'àtte, lè chohh' tâte et l'wetè so baclent et s'cunent évaucé d'eune féçon qu'an n'connahh' mè éyou.

Mangin, megin, m'gin dérive de *fremgèye*, (fromage, fromagée) *fremgin*.

Délayez des œufs dans de la crème fraîche ; ajoutez-y quelques cuillerées de bon fromage blanc, du sucre et un peu de sel fin. Amalgamez le tout avec une cuillère, de façon à former un appareil un peu épais.

Dans les villages au-delà d'un certain rayon à partir de Metz, il est de règle de pétrir le *m'gin* avec la main nue, « sans cela, disent les *bianch's têtes* ([1]), il ne réussirait pas. »

Préparez une pâte brisée avec de l'eau, de la farine, du saindoux ou du beurre, un peu de levure ; faites-en une abaisse comme pour une tarte ; garnissez-en votre tourtière et versez-y votre *m'gin*, de l'épaisseur d'un doigt.

Mettez cuire à un feu doux. Se mange chaude ou froide.

TEHH'ATE.

La *tehh'ate* ne diffère de la *tâte au m'gin* que par la manière dont on la fait cuire, directement sur l'âtre du four et non à la tourtière, et par sa forme ; le pourtour de l'abaisse, au préalable façonné et dentelé

([1]) Les femmes, en patois messin.

au moyen de la pointe d'un couteau ou d'une petite pince, est relevé en plusieurs parties et réuni à ces différents angles, de façon à ce que la *tehh'ate* présente une forme carrée, triangulaire, etc., mais le plus souvent pentagonale. Elle est ainsi plus cérémonieuse, plus distinguée, plus *présentable* comme on dit, que la simple *tarte au m'gin*.

Art ! tu n'es pas un vain nom !

La *tehh'ate*, autrefois de fondation aux *fech'tins* de noces, aux repas de fêtes et de première communion, etc. est malheureusement souvent remplacée aujourd'hui par *lè tâte au seucq*, erreur de goût déplorable.

TATE AU SEUCQ
(Tarte au Sucre).

Faites une pâte de gâteau ; avant qu'elle soit levée mettez-y du beurre et le travaillez ; puis étendez-la en forme de galette. Délayez des jaunes d'œufs dans une tasse ; avec une plume de poule que vous y trempez, badigeonnez bien le dessus de votre tarte ; jetez-y quelques petits dés de beurre et saupoudrez-la abondamment de sucre en poudre. Mettez au four.

CHOCH' TATES.

Tartes sèches du pays messin. Cette tarte n'est pas une *tarte :*

C'est une espèce d'échaudé particulier au pays messin ; il ne se rencontre plus au-delà d'un rayon de 3 à 4 lieues autour de Metz. Il tend à disparaître — ma foi, je le regretterai.

Pour 5 belles tartes sèches, cassez 20 œufs ; mélangez avec 5 cuillerées de beurre fondu, une cuillerée de levure et assez de farine pour que la pâte obtenue, après avoir bien travaillé le mélange, soit très ferme. Détachez un bon morceau de votre pâte, étendez-le avec le rouleau en galette très épaisse.

Fendez avec un couteau cette galette en 4 ou 5 larges lanières et entrelacez-les de façon à former des intervalles à jour, carrés ou losanges ; faites de même pour les 5 tartes : placez-les sur de petites *volettes* (¹) et découpez-en les bords en forme de dents avec le couteau.

Vous avez de l'eau bouillante sur le feu ; placez-y les *volettes* soutenant les tartes, et laissez cuire jusqu'à ce que celles-ci se détachent de leurs supports. Retirez-les et les plongez dans l'eau froide pendant quelques minutes. Le lendemain vous les dorez au jaune d'œuf et vous les mettez cuire au four 8 minutes environ après la prise du pain.

CONN'CHÉS.

C'est une espèce de tourte, contenant des pommes assaisonnées de poivre, à laquelle on donne une forme triangulaire et que l'on cuit au four.

Préparez avec de la farine, du lait et du beurre une pâte comme pour une tarte ; formez-en une abaisse très amincie au moyen du rouleau. Garnissez la moitié du cercle avec des pommes pelées, découpées en tranches minces et fortement assaisonnées de poivre, recouvrez-les de l'autre moitié de l'abaisse, de façon à donner au *conn'ché* la forme de la lune à son premier quartier. Réunissez les bords tout le long du pourtour du demi-cercle et piquez le dessus de différents dessins au moyen des dents d'une fourchette.

Cette ornementation constitue, en même temps, de petits évents qui empêchent le couvercle de se boursoufler et d'éclater sous la tension de la vapeur produite par la cuisson des pommes.

Le *Conn'ché* se prépare généralement pour la veillée de Noël.

(¹) La *volette* se nomme en quelques pays une *tournette*:

    Et sur des *tournettes* de joncs
    (Bien délicats ceux qu'ils dégoûtent !)
    Blancs comme la neige et tout ronds,
    De larges fromages dégoutent.
        (La copa syrisca, de Jules Lemaître.)

PÉTÉ D'POUÈRES.

C'est une espèce de *conn'ché* fait avec des poires, principalement des *rovés*, avec cette différence que dans le *conn'ché* les rondelles de pommes se placent crues dans la pâte et, cuites, conservent leur apparence, tandis qu'ici on fait cuire les poires à l'avance en une espèce de marmelade. On étend cette marmelade, assez épaisse, sur une abaisse de pâte à *connché*; on recouvre d'une autre abaisse; le pété a alors une forme circulaire; on le fait aussi en forme de demi-ellipse comme le *conn'ché* en ne garnissant que la moitié de l'abaisse inférieure et en la recouvrant de l'autre moitié.

POÈS DE PHHI.

C'est une singulière friandise offerte en façon de goûter à son *vauzenat* par sa *vauzenatte* dans la visite traditionnelle faite par le *guéchon* à la *bacelle* dans l'après-midi du dimanche qui suit la proclamation des *Vauzenats*, (valentins).

Avec de la farine, des œufs, du lait, du beurre, du sucre et un peu de levure, on fait une pâte à beignets qu'on étend fort mince au moyen du rouleau. Dans cette pâte on découpe avec un dé à coudre, servant d'emporte-pièce, — cela est ingénieux — de petites rondelles qu'on fait cuire comme des beignets. Il en faudrait beaucoup pour s'indigérer.

Poès d'seuq (pois de sucre) en patois signifient des bonbons; mais *pois de ph'hi*? qu'est-ce que *ph'hi*? quelques uns y veulent voir *pois d'éph'hi* (pois d'épicier). Cela ne me tracasse pas outre-mesure.

TARTES AUX RAISINS.

Le pays de Metz est la patrie de toutes les tartes aux fruits.

En voici deux qui lui sont, je crois, spéciales, et que je n'ai jamais eu le plaisir de saluer ailleurs.

Faites une pâte à tarte ordinaire, « bonne si vous le pouvez et si vous comptez en manger ».

Garnissez-la de graines serrées de raisins noirs parsemées de quelques graines de raisins blancs. Disposez au-dessus de très minces et très étroites bandelettes de pâte posées en losanges. Mettez à la tourtière. Au moment de servir saupoudrez de sucre.

Autre. Garnissez votre pâte à tarte de quelques moitiés de pommes ; garnissz les intervalles et le dessus creusé des pommes avec des graines de raisins.

Parfaites, ces deux tartes lorraines.

POIRES TAPÉES.

> *Semblablement où est la Reyne*
> *Qui commanda que Buridan*
> *Fust jeté en un sac en Seyne?*
> *Mais où sont les neiges d'antan?*

La *poire tapée* est mon plus ancien souvenir d'appétence gourmande. Du temps qu'il y avait encore des arbres fruitiers autour de nos villages, et parmi ces arbres des poiriers de rousselets à la stature hautaine, la *poire tapée* représentait (avec le pruneau de quetche) l'article *confiserie* dans nos campagnes. Chaque famille tenait à honneur d'en pouvoir montrer une petite provision. Nos bonnes en recevaient de leurs parents en témoignage d'affection lointaine et, alternativement, les rangeaient sur les étagères de leur armoire et les cachaient dans leur malle. Pour nous, enfants, admis, seulement aux grandes occasions, à contempler ces trésors, la *poire tapée* nous apparaissait comme le dernier mot de la friandise.

Pauvres poires tapées, où êtes-vous allées?

> *Mais où sont les neiges d'antan?*

Pelez des poires de rousselet en leur conservant la queue. Rangez-les la tête en bas dans des plats pouvant aller au four et remplissez les vides par d'autres rousselets disposés en sens contraire et ainsi de suite jusqu'à ce que vous ayez formé une pyramide. Recouvrez-les des pelures destinées à augmenter le jus et à fournir un certain parfum.

Mettez au four à la sortie du pain. Quand elles sont refroidies et déjà à moitié cuites, placez vos poires une à une sur une table et aplatissez-les légèrement avec la *battoire* à linge. Remettez-les au four à la première cuisson, sur des *volettes* d'osier ; aplatissez-les encore de même quand elles sont refroidies et placez-les dans le jus qu'elles absorbent ; recommencez ainsi jusqu'à ce que tout le jus ait été bu et vos poires bien confites.

PEUMES CHOCH'HES.

Aux environs de Boulay (Lorraine), des *Schetzel*. Ce sont des pommes coupées en deux et séchées ainsi au four après la cuisson du pain et sans être pelées. On les conserve dans des corbeilles ou dans des sacs tenus en lieu sec. Les enfants les grignottent telles quelles, ou bien on les fait cuire à l'eau avec un peu de sucre.

PRUNES CHOCH'HES.

Pruneaux de quetches séchées au four sur des claies. On les place au four à 2 fois à la sortie du pain et on les conserve dans un endroit sec.

On fait également des *prunes choch'hes* en se servant de mirabelles, de reines-Claude, etc. et même quelquefois de cerises noires.

POUÉRATTES, R'NADS, NÈPES EN BIASSI.

On fait des amas de ces petites poires dures (pouérattes, renards etc.) qui ne mûrissent jamais, de nèfles dans les rares villages où il y a encore des néfliers, et on les enveloppe de foin. Cela constitue un *biassi*. Ainsi privées d'air, ces poires ou ces nèfles subissent un commencement de fermentation et deviennent blettes (*biasses*). On ouvre alors les biassi pour les manger.

« J'évans mis nas *pouérates en biassi po les fare r'ni biasses* ».

Par extension on appelle biassi les provisions de tous les fruits que l'on conserve en tas sur le plancher ou en corbeilles, poires, pommes, nèfles, noix, noisettes, etc.

« *On enteume les biassi è lè Tossaint* ».

En patois allemand-lorrain des environs de Boulay, les *biassi* deviennent des *Mussit*, probablement de *muss*, bouillie, marmelade, comme biassi de biasse, blet, blette.

LATOIRE.

Latiare dans le pays de Moyeuvre, *quetschenkraut* près Thionville, *Leckmerig* aux environs de Boulay, *schlegen* ou *schleken* en allant vers Sarrebourg, le *latoire* est une marmelade faite avec des *quetches* enoyautées.

On en remplit un chaudron *d'airain* et on fait cuire pendant 7 ou 8 heures en remuant constamment au moyen d'une spatule de bois pour empêcher le jus des prunes de se gratiner au fond du chaudron.

On remplit avec le *latoire* de grands pots de grès, et il sert pendant longtemps à faire des tartines pour les enfants et même pour les hommes.

Pendant sa cuisson, on peut y ajouter des carottes, des poires (rousselets ou soquettes), des noix fraîches pelées et rompues en quatre... et des cailloux bien propres : on prétend que ces derniers s'agitant au fond du chaudron ne laissent pas au gratin le temps de se former.

On fait un autre latoire avec du jus de carottes et des poires (rousselets ou soquettes) cuits ensemble. Pour obtenir le jus de carottes on leur fait faire un tour sur le feu puis on en exprime le jus en les tordant dans un linge.

On mêle aussi au latoire du moût et des graines de raisin. Suivant les localités, il prend alors le nom de *raisiné*.

FÈVES DE MARAIS GRILLÉES.

La fève de marais grillée sur le fourneau constitue, dans quelques villages, une friandise des soirées d'hiver, aidant à déguster le vin et à *recener*.

MOUILLATTE.

Le jour de la vendange si l'on presse du vin au retour de la vigne, les femmes ne manquent pas de s'emparer d'une cruche de ce vin doux. Elles y éteignent un fer rouge, et le boivent en y trempant des rôties de pain grillé.

Fiez-vous à elles ; c'est un excellent régal.

LIRETTE.

Liqueur particulière aux villages vignobles.

A 2/3 de moût de raisins pressés au sortir de la vigne et versé dans un baril on mélange 1/3 de bonne eau-de-vie de marcs. Au bout de 10 à 12 jours on soutire au clair ; on rince le baril et on y réentonne la liqueur. Au mois de mars on soutire de nouveau et on met en bouteilles.

De fortes têtes croyant améliorer cette vénérable liqueur ont inventé d'y faire infuser de la canelle et des clous de girofle ; ne fréquentez pas ces révolutionnaires. Il faut savoir respecter les traditions, les tombes dans les cimetières, les vieux monuments, les vieilles gens... et les vieilles recettes.

N. B. La plupart de ces recettes, spéciales au pays messin, ont été écrites sous la dictée de Mme Gandal, cuisinière à Retonfey,

qu'at moû fine cuj'nire
Et qué fa m'li d'eller cujner dans les fechtins (¹).

(¹) Chan Heurlin.

QUATRIÈME PARTIE

Cuisine des Dames.

PLATS SUCRÉS, GATEAUX, CRÈMES, FRUITS CONFITS, DESSERT, LIQUEURS, ETC.

A falta de pan buenas son tortas
(Faute de pain, du gâteau.)
Proverbe espagnol.

« *Passons du grave au doux, du sévère au plaisant.* »

La faim apaisée, vive la Friandise !

Les Dames la considèrent de bon œil et me pardonneront de lui avoir donné une place aussi étendue dans les pages suivantes.

Je les ai écrites pour l'amour d'elles.

Il est sage de se ménager leur amitié, disait madame Du Deffand à ce rusé de Marmontel.

PAIN DE SEIGLE ET DE FROMENT.

..... *La femme qui ne craint pas de mettre la main aux choses fortes, aux occupations laborieuses, et qui par là se montre digne des louanges que font d'elle son mari et ses enfants.....*

(*Mgr. Dupanloup, La femme studieuse c. 111.*)

Le pain est le premier de tous les gâteaux.

Le pain de seigle et de froment dont je dois la recette à l'obligeance de Mesdames les comtesses de V. est parfait pour les tartines de beurre du déjeuner, les sandwich, etc. ; dans une maison nombreuse, il est excellent pour la nourriture des gens de service et se conserve frais plus longtemps que le pain de blé pur.

Il devrait être adopté par nos fermières.

On mélange le seigle et le froment par moitié avant de l'envoyer au moulin.

Pour 4 pains de 10 livres, il faut 1 livre $^1/_2$ de *levain*, provenant de la cuite de pain précédente, 26 livres de farine (30 pesées avec la corbeille) et 10 litres d'eau.

Dans ces 10 litres d'eau, qu'on a fait tiédir, on délaie le levain et on mélange peu à peu un peu plus de la moitié des 26 livres de farine, en pétrissant, battant et travaillant rudement la pâte dans la *maie* : il faut de bons bras.

On recouvre la maie de son couvercle et on laisse le travail de fermentation s'opérer : il faut cinq heures.

Au bout de ce temps la masse doit être suffisamment levée ; on y incorpore le reste de la farine et un peu de sel, et on la manipule de nouveau vigoureusement.

On forme alors des pâtons qui, placés dans des corbeilles ne les doivent remplir qu'à moitié. On couvre ces corbeilles, et on les tient dans un endroit où il ne fait pas froid et où il n'y a pas de courant d'air.

Lorsque les pâtons sont bien *levés* on les enfourne.

Pour les pains de 10 livres il faut 2 heures de cuisson.

On a eu soin de prélever 1 livre et demie à 2 livres de pâte pour former le *levain* de la *cuite* suivante.

SOUFFLÉ DE POMMES DE TERRE.

Prenez quatre œufs ; cassez-les et séparez les jaunes dans un saladier : vous y ajoutez quatre grandes cuillerées de sucre en poudre, deux pommes de terre moyennes cuites à l'eau et bien écrasées. Tournez avec une cuillère, sans battre, jusqu'à ce que le mélange devienne un peu épais, et ajoutez du zeste de citron.

Battez à part les blancs ; mélangez ; videz dans un plat beurré et mettez au four.

Le soufflé bien levé, servez rapidement avant qu'il ne s'abaisse ; car il s'aplatit très vite — trop vite, hélas ! comme toutes les boursouflures de ce monde.

TOT-FAIT.

Délayez 6 œufs dans de la farine ; ajoutez 6 verres de lait, du sucre, un peu de sel blanc, de l'eau de fleurs d'oranger ou de la vanille. Délayez jusqu'à consistance de bouillie ; versez dans la tourtière beurrée et faites cuire à feu vif dessus et dessous pendant 20 minutes. Servez chaud ou froid.

CAROTTES ALGÉRIENNES
ou charlotte campagnarde, anciennement cheveux d'anges.

Trois noms pour un plat de carottes, c'est fort honorable pour ce légume.

1° une livre de carottes bien propres et coupées en lanières fines,

2° un zeste de citron,

3° eau bouillante, assez pour couvrir largement.

Quand l'eau est réduite à moitié on ajoute 1 livre de sucre.

Lorsque les carottes sont bien cuites, on les retire avec l'écumoire et on les dépose sur le plat ou le compotier où elles doivent être servies. On laisse le jus se transformer en un sirop épais et on le verse alors sur les carottes que l'on arrose en le reprenant de temps en temps pendant le refroidissement.

FRAISALIA (dessert.)

Préparez une crème à la vanille. — Mettez au fond d'un moule une couche de biscuits à la cuillère ; puis, par-dessus, une couche de fraises et une couche de framboises ; saupoudrez de sucre pilé, et arrosez d'un peu de rhum. Continuez ainsi, en superposant dans le même ordre autant de couches qu'il en faut pour remplir le moule, avec cette attention que la dernière couche doit être de biscuits. Mettez le moule, dans une cave bien fraîche de façon que cette espèce de gâteau se glace.

Au moment de servir, renversez sur une assiette, et versez par-dessus la crème à la vanille.

FRAISES AU GINGEMBRE.

Qui veut des fraises du bois joli ?
En voici mon panier tout rempli,
De fraises du bois joli.
(Pierre Dupont).

S'il faut en croire le capitaine Coignet (¹), qui avait été un peu gelé à la retraite de Russie, les fraises sont souveraines appliquées sur les engelures et guérissent même les membres atrophiés par le froid.

Fontenelle leur attribuait une bien autre vertu. — Si je puis arriver jusqu'à la saison des fraises...., disait-il. Il a eu le bonheur d'y parvenir 99 fois, et c'est à l'usage des fraises qu'il a toujours rendu grâces de sa longévité (²).

Les fraises, surtout les grosses fraises ananas et les fraises anglaises, sont excellentes mangées avec de la crème et du sucre.

Aux personnes qui les trouveraient un peu *lourdes*, ainsi accommodées, je conseillerai d'accompagner la crème fraîche de poudre de canelle ou de poudre de gingembre, si la canelle leur paraît trop fade.

La fraise est encore très bonne arrosée de jus d'orange et de rhum et saupoudrée de sucre.

Quant aux petites fraises des bois, si éveillées et si parfumées, elles préfèrent à la crème et à l'orange quelques cuillerées de bon vin rouge.

(¹) Les cahiers du capitaine Coignet, publiés par M. Lorédan Larchey, Paris 1883, cahier VII.
(²) Souvenirs de la M$_{se}$ de Créquy, chap. IV.

PUDDING FLAMBOYANT.

Le pudding est le boudin de la pâtisserie.

La mie d'un pain d'une livre détrempée dans du lait (ou de l'eau) le plus longtemps possible et passée dans un linge blanc,

1 roquille de crème (ou de lait),
1/4 de raisins de Corynthe,
1/4 » de Smyrne,
1/2 quart de moelle de bœuf, à son défaut 1/4 de beurre frais,
1/4 de sucre en poudre,
6 jaunes d'œufs,
4 blancs d'œufs,
6 cuillerées de rhum,
3 cuillerées d'eau-de-vie de Cognac.

Mélangez le tout ; beurrez un moule et y mettez encore un papier beurré ; versez l'appareil et faites cuire au bain-marie 2 heures et même plus.

Sauce du pudding : 6 cuillerées de rhum, 4 d'eau, du sucre en poudre, le zeste d'un citron, un peu de gelée de groseilles ; faites fondre ensemble sur un feu doux ; versez sur le pudding au moment de servir.

Le pudding sur la table, ajoutez 2 cuillerées de rhum et mettez-y le feu ; laissez flamber et servez brûlant.

PUDDING AU BISCUIT
(Proportions pour 12 Couverts).

7 biscuits en caisse,
1/4 raisins de Corynthe,
1/4 » de Smyrne,
1 cuillerée de farine,
1 chopine de crème douce,
1 » de lait,
8 ou 9 jaunes d'œufs,
le zeste de la moitié d'un citron,
gros comme un œuf de beurre frais ou moitié moelle de bœuf.

Beurrez votre moule ; étendez-y une couche légère de raisins ; coupez les biscuits en deux dans le sens de leur épaisseur; déposez-les à plat sur les raisins; recouvrez d'une couche de raisins, puis d'une couche de biscuits et ainsi de suite en ayant soin de ne pas trop remplir le moule.

Tournez le beurre avec la farine sur le feu en y ajoutant lait, crème, zeste, sucre vanillé et jaunes d'œufs. Lorsque ce mélange aura mijoté, retirez-le du feu et en mettez dans le moule la quantité nécessaire pour le remplir ; gardez le reste pour la sauce.

Faites cuire au bain-marie 1/4 d'heure; au moment de servir, réchauffez la sauce et y mettez 1/2 gobelet de rhum.

—

PUDDING AU PAIN.

1/2 livre de pain séché (¹) (préférablement de la croûte) et pilé très fin,
1/2 verre de vin de Madère,
1/2 livre de sucre,
1/4 d'amandes douces,
9 jaunes d'œufs.

Tournez ensemble 1/2 heure ; introduisez le zeste d'un demi-citron, 1 pincée de canelle et 6 blancs d'œufs battus en neige.

Mélangez ; mettez dans un moule saupoudré de mie de pain séchée et râpée très fin ; faites cuire au four une demi-heure.

—

PUDDING FINANCIÈRE.

Les financiers ont toujours passé pour avoir bonne table ; la remarquable recette suivante le prouvera une fois de plus.

Beurrez bien un moule à pudding, et garnissez-en le fond et le pourtour avec des biscuits à la cuillère. Saupoudrez de sucre en poudre ; puis déposez au fond un lit de fruits confits ; recouvrez-le d'un lit de macarons ou de toute autre espèce de gâteaux secs, broyés;

(¹) On en vend tout préparé pour cet usage : pain anglais.

et terminez cette première opération par un lit de raisins de Smyrne et de Corynthe ; recommencez par des gâteaux, puis des fruits confits, puis des gâteaux, puis des raisins et ainsi de suite, en terminant par des gâteaux.

Battez alors dans du lait tiède, sucré et parfumé au rhum ou au kirsch, de 3 à 9 jaunes d'œufs suivant la grandeur du moule.

Versez dans la forme de façon à la remplir, et à ce que les biscuits soient bien imprégnés.

Faites cuire une heure au bain-marie. Au moment de démouler, faites passer un instant au four du fourneau ; le gâteau s'y gonfle et se ressuie.

Démoulez au moment de servir et versez dessus une crème au rhum ou au kirsch.

PUDDING DE VERDUN.

Pilez 150 grammes de belles pralines rouges de Verdun dans un mortier, en y ajoutant peu à peu 5 cuillerées de sucre en poudre ; mêlez le tout avec 6 blancs d'œufs battus en neige ferme. Versez dans un moule uni garni de caramel, et faites cuire au bain-marie avec feu sur le couvercle, environ 2 heures.

Renversez sur le plat et versez dessus une crème légère à la vanille ou au caramel.

Peut se faire la veille.

PUDDING DE SEMOULE
Entremets sucré (du Palatinat).

Faites bouillir un demi-litre de lait avec un petit morceau de vanille ; retirez la vanille et ajoutez 125 gr. de semoule fine que vous laissez cuire. Quand elle est cuite, retirez du feu et incorporez-y 100 grammes de beurre et 125 grammes de sucre, puis, l'un après l'autre, les jaunes de 6 œufs, en tournant toujours au moins pendant 10 minutes. Mêlez-y ensuite le blanc des 6 œufs battu en neige ; versez dans un plat beurré allant au four, et laissez cuire une demi-heure.

PLUM-PUDDING RUSSE.

Coupez en deux une douzaine de petites brioches ou de petits pains au lait, et rangez bellement ces 24 moitiés contre les parois intérieures d'un moule. Effritez d'autres petits pains et mélangez cette poussière avec un zeste de citron haché fin, de l'écorce d'orange confite et 125 grammes de raisins de Smyrne, que vous avez fait revenir dans du rhum ; sucrez légèrement et remplissez le moule avec cette farce ; arrosez d'une crème légère à la vanille ; faites cuire au bain-marie.

Démoulez et servez masqué d'une sauce faite d'un sirop de sucre mélangé de rhum.

TARTE A LA FRANGIPANE.

Mon père, alors chef d'escadrons et en garnison à Metz, avait un ordonnance (je dis *un* et non pas *une*, mais l'un et l'autre *se dit* ou *se disent*) avait donc un ordonnance alsacien, nommé Schwarzweger.

Un jour — nous avions probablement demandé l'octroi de quelque friandise en récompense de thèmes sans solécismes ou de versions sans contresens — mon père appela Schwarzweger et lui dit :

« Schwarzweger, allez chez Humbert, le pâtissier de la rue des Petites-Tapes (entre parenthèses, la rue des Petites-Tapes s'appelle aujourd'hui rue Fabert et le fameux Humbert a été remplacé par l'honorable et non moins habile Planta) et demandez-lui une tarte à la frangipane. »

« Oui, mon commandant. »

« Vous rappellerez-vous le nom de frangipane ? »

« Mon commandant, je le répéterai tout le long du chemin ; je dirai *frangi* en avançant le pied gauche, et *pane* en posant le pied droit. »

Par malheur, au moment d'entrer chez Humbert, une servante, qui finissait la toilette d'une allée voisine, accrocha de son balai un éperon du pauvre canonnier, et manqua le faire choir. Ses pieds s'entremêlèrent ; les syllabes du mot les suivirent ; la mémoire s'envola et Schwarzweger nous rapporta... une tarte aux pommes.

A la suite de cet accident, notre cuisinière prit quelques leçons de frangipane (¹), et voici, bonne ou mauvaise, la méthode qu'elle employait.

Mettez dans un vase allant au feu 2 œufs entiers et 1 jaune d'œuf ; incorporez-y de la farine, ou mieux de la fécule de pommes de terre, environ une bonne cuillerée ; délayez avec du lait ; placez sur le feu et portez le mélange à l'ébullition ; ajoutez-y alors un petit morceau de beurre ou de moelle de bœuf et laissez cuire, en remuant continuellement, jusqu'à ce qu'on ait obtenu une bouillie un peu épaisse ; il faut à peu près un quart d'heure.

Laissez refroidir ; ajoutez une poignée d'amandes concassées grossièrement avec du sucre en poudre ; si vous voulez, un macaron broyé ; aromatisez avec de l'écorce de citron ou de la fleur d'oranger ; mélangez bien, et étendez sur votre pâte au moment de mettre au four.

―

TARTE A LA CITROUILLE.

Faites cuire dans du lait, avec un seul grain de sel, de la chair de citrouille ou de courge giraumon découpée, et l'écrasez de façon à la réduire en une purée fine. Ajoutez un peu de sucre, trois œufs légèrement battus et une goutte de fleurs d'oranger si vous en avez. Versez sur la pâte de votre tarte, étendue dans le plateau, et mettez au four.

Très bon ; meilleur froid que chaud.

Les courges se conservant facilement, leur emploi nouveau sous forme de tarte apportera de la variété dans le régiment des entremets sucrés d'hiver.

De plus, cette préparation étant peu connue jusqu'à présent en Lorraine, on pourra, si d'autres plaisirs manquent, en donner l'élément constitutif à deviner aux dineurs.

―――

(¹) Saviez-vous que Frangipane a été un nom propre ? — Eh bien! au mois de décembre 1291, le gouverneur de Dalmatie était un sire Frangipane.
Vie des Saints par Collin de Plancy. Paris 1875.
T. XXIII p. 374.

Meâ culpâ

TARTE AUX ORANGES
(de Tunisie).

Meâ culpâ ! durch meine schuld ! through my most grievous fault !

J'avoue ma faute ! — à la page 29 de ce petit livre j'ai attribué à Tacite un hémistiche qui revient à Lucain : *Jusque datum sceleri* se trouve au second vers de la Pharsale.

Je vous dois une compensation. Vous l'aurez dans l'exquise recette de la *tarte aux oranges* due à l'un de nos plus savants compatriotes et venant en ligne droite de Gafsa en Tunisie.

Prenez de petites oranges ordinaires. Ouvrez-les après les avoir pelées, et enlevez avec soin les pépins sans déchirer la mince pellicule qui enveloppe les quartiers. Faites un sirop très épais. Employez pour cela du sucre sur lequel vous râperez un peu de zeste d'orange. Préparez une pâte à tarte et étendez dessus vos quartiers d'oranges, très serrés, en alternant, par rangées, le sens des quartiers. Sucrez avec l'épais sirop et faites cuire.

Garanti excellent.

BONNET DE CARDINAL.

Pesez 2 œufs avec leur coquille, et prenez même poids de farine fine et même poids de sucre.

Battez les blancs, sans les réduire en neige ; ajoutez les jaunes et le sucre, petit à petit et en tournant, puis la farine en continuant à bien mélanger. Incorporez à ce mélange une cuillerée de beurre que vous avez fait fondre. Étendez cette pâte aussi mince que possible dans un plateau beurré et mettez au four. Quand ce gâteau est à peu près cuit, mais encore mou, donnez lui la forme d'une espèce de bonnet *carré*, et achevez de cuire. Se mange froid et doit être cassant.

BEIGNETS SECS.

Sans eux, pas de *mardi-gras*.

Ils doivent être blancs, minces, secs et cassants.

Cassez 4 œufs dans un saladier et mélangez-y petit à petit de la farine avec une pincée de sel jusqu'à ce que vous ayez obtenu une pâte bien ferme et sèche ; il faudra environ une demi-livre de farine.

On peut aromatiser le mélange avec un peu de zeste de citron, ou d'eau de fleurs d'oranger, ou avec une petite cuillerée de kirsch.

Etendez votre pâte au rouleau de l'épaisseur d'une feuille de papier. Découpez-y des losanges avec la roulette à pâte et mettez-les cuire dans une friture bouillante de saindoux. L'huile ou le beurre les rendraient jaunes.

Dressez en montagne et saupoudrez de sucre.

BEIGNETS DE FEUILLES DE VIGNE.

On cueille de jeunes feuilles de vigne en leur laissant le pédoncule. On les fait mariner pendant 2 heures dans une terrine en les saupoudrant de sucre et en les arrosant d'eau-de-vie de Cognac et de quelques gouttes d'eau de fleurs d'oranger. On les fait frire ensuite de jolie couleur dans de l'huile ou de la graisse bouillante après les avoir trempées dans la classique pâte à beignets, dont la recette est ci-dessous.

Ces beignets doivent être croquants : servez à mesure qu'ils sortent de la poêle et en buissons.

N. B. On emploie au même usage des fleurs d'acacia.

PATE POUR BEIGNETS DE FRUITS.

8 cuillerées de farine fine,

1 petite cuillerée d'huile d'olive,

30 grammes de beurre qu'on fait fondre dans une petite quantité d'eau tenue tiède et avec laquelle on délaie la farine et 2 œufs.

PETS DE NONNES.

O les charmants gâteaux, ô les divines choses,
Qu'Iris nous cuisinait en la saison des roses.
Doux zéphirs qui souffliez ces jours-là dans les cieux
N'en portâtes-vous rien à la table des Dieux?
(*D'après Segrais, Virgile, églogue 3*)

Mettez dans une casserole 1/4 litre d'eau, gros comme un œuf de beurre frais, un morceau de sucre et une pincée de sel.

Retirez la casserole du feu et saupoudrez de farine en tournant avec une cuillère jusqu'à ce que vous ayiez formé une pâte bien épaisse.

Remettez sur le feu et tournez continuellement votre pâte avec la cuillère jusqu'à ce que la cuisson l'ait rendue légère ; vous le reconnaitrez en ce qu'elle ne doit plus alors s'attacher au bout du doigt.

Poussez votre casserole sur le coin du fourneau et, lorsque votre appareil n'est plus que tiède, vous y cassez un œuf entier et remuez pour bien l'y incorporer ; vous recommencez avec un second, un 3me, un 4me, etc., en opérant chaque fois un mélange intime, et ainsi de suite jusqu'à ce que la pâte soit suffisamment claire pour qu'en en prenant gros comme une noix dans la cuillère elle y coule lentement et que vous puissiez la faire glisser facilement dans une friture bouillante où elle forme une boule creuse et légère. Quatre œufs doivent généralement suffire ; on peut y ajouter un peu d'eau de fleurs d'oranger ou du zeste de citron râpé.

Employez ainsi toute votre pâte en dressant à mesure sur un plat les soufflés obtenus, en les saupoudrant de sucre et en les envoyant chauds quand vous en avez une belle pyramide.

GELÉE AU JUS DE FRAMBOISES OU DE GROSEILLES.

Pour une chopine et demie de jus, prenez 5 grammes de gélatine, mêlez au jus en y ajoutant du sucre à proportion ; faites faire un bouillon et passez au-dessus du moule qui doit donner la forme choisie en parsemant d'amandes épluchées et de pistaches. Faire la veille et tenir au frais pour faire prendre.

GELÉE D'ORANGES.

Exprimez-le jus de six ou sept oranges et filtrez-le; ajoutez-y celui d'un gros citron ou d'un citron et demi moyen et une livre de sucre que vous y laissez fondre. Faites dissoudre dans un peu d'eau chaude six feuilles de gélatine en hiver, huit en été. Clarifiez cette gélatine fondue et, quand elle est presque froide, mélangez-la au jus des oranges. Mettez dans un moule en un endroit frais, et même dans la glace, si cela vous paraît nécessaire.

GELÉE DE PORTUGAL.

Pour une livre et demie de sucre, prenez 12 pommes de reinette que vous pèlerez, couperez par morceaux et ferez bouillir. Lorsqu'elles commenceront à se défaire, vous les passerez dans un linge blanc. Faites un sirop avec ce jus de pommes et du sucre; quand il sera presque à point, vous y adjoindrez le jus d'un citron; découpez en lanières minces ou en petits morceaux la fine écorce de 3 oranges, où il ne doit pas rester de blanc; après l'avoir fait cuire dans 3 eaux différentes pour en ôter l'amertume, vous la jetterez dans votre gelée ainsi que le jus des 3 oranges, et la ferez cuire 2 minutes. Laissez refroidir et versez dans vos pots à gelée.

POMMES EN MOULE.

Newton, voyant tomber la pomme,
Conçut la matière et ses lois.
(Sully-Prudhomme, Stances et poëmes).

C'était à faire à lui.

D'autres, voyant tomber les pommes, les ont simplement ramassées et en ont tiré la jolie marmelade dont voici la recette.

1½ kilo. de pommes acides,
1 kilo. de sucre, avec lequel vous faites un sirop.

Faites cuire vos pommes et les passez. Mettez-les ensuite recuire 3|4 d'heure dans le sirop avec du zeste de citron râpé. Versez dans un moule que vous tenez à la cave.

Au moment de servir, démoulez et arrosez d'une sauce faite avec le sirop et quelques cuillerées de rhum.

MOUSSE AU CITRON.

Éléments : un verre de vin blanc, 30 gr. de sucre, le zeste d'un citron et le jus de 3, 7 jaunes d'œufs, 9 gr. de gélatine, le blanc des sept œufs battus en neige.

Emploi : mêlez le vin, le sucre, le zeste et le jus de citron ; chauffez un peu. Faites dissoudre la gélatine dans un peu d'eau chaude et ajoutez-la au vin et au jus de citron, ainsi que les sept jaunes d'œufs, que vous y délayez. Poussez cette mixture à l'ébullition et laissez bouillir un instant.

Pendant ce temps, battez vivement en neige vos blancs d'œufs. Retirez la casserole du feu, ajoutez votre neige au contenu; mélangez sans retard et versez dans la forme.

Faites ce mets la veille du jour où vous voulez le servir ; tenez la forme au frais, à la cave, pour qu'elle prenne, et renversez sur un plat pour servir.

Cette *mousse* n'est pas réussie si elle n'est pas légère et *mousseuse*.

AUTRE MOUSSE AU CITRON.

6 œufs,
4 citrons,
1/2 livre de sucre cassée en morceaux que l'on frotte contre l'écorce des citrons ; mettez le sucre ainsi imprégné de l'essence du zeste dans une bassine sur le feu avec un grand verre d'eau, et dès que l'eau commence à cuire ajoutez le jus exprimé des citrons après

l'avoir passé. Lorsque le mélange bout, on y met les jaunes d'œufs bien battus ; on les y délaie et tout aussitôt on y ajoute les blancs battus en neige bien serrée. On fouette avec la vergette et on laisse encore 2 minutes sur le feu, ni plus ni moins.

CROQUANTE
Plat monté.

Prenez poids égal de sucre et d'amandes douces. Ebouillantez les amandes afin de pouvoir en enlever la pelure, et jetez-les au fur à mesure dans de l'eau fraiche. Quand cette opération sera terminée, jetez toutes les amandes sur un linge blanc et pressez-les doucement de façon à en ôter toute l'humidité. Prenez-les ensuite une à une et au moyen d'une légère pression latérale du pouce et de l'index, ou avec la pointe d'un couteau, séparez-en les deux cotylédons.

Vous avez mis votre sucre dans une casserole sur le feu pour en faire un caramel ; clarifiez-le et quand il est en bon point jetez-y vos amandes et remuez avec une cuillère afin qu'elles prennent bien le sucre. Ce travail doit se faire à un feu doux sur le coin du fourneau, pour éviter de brûler le sucre.

Enduisez d'huile fine le moule qui doit vous servir.

Voilà les préliminaires : il faut maintenant opérer.

Prenez une cuillerée ou deux de vos amandes bien enduites de caramel et étendez-les sur le fond de votre moule ; puis, avec une cuillère de bois neuve, un citron entier ou même une carotte, appuyez sur elles de façon à en tapisser la partie du moule correspondante ; reprenez-en une autre cuillerée et continuez ainsi à les appliquer, par petites parties qui se soudent entre elles contre le fond et les parois du moule. Il faut pendant ce temps tenir le caramel un peu chaud, car en se refroidissant il deviendrait cassant et on ne pourrait plus le manier. Pendant l'opération, faites de temps en temps glisser la croquante en la tournant dans le moule afin qu'elle ne s'y attache pas.

Vous n'avez pas de moule spécial ? vous possédez bien 4 casseroles, une toute petite, une petite, une moyenne et une plus grande. Servez-vous en successivement comme de moules. Vous aurez 4 croquantes dont la plus forte formera la base et la minuscule la pointe d'un fort joli plat monté.

Avant de mettre les amandes au caramel, on peut les faire blondir : la Croquante en devient plus croquante.

Autre méthode, dite des Artistes.

Vous découpez en petits morceaux vos amandes ébouillantées et épluchées : vous les faites blondir et les jetez dans le caramel. Quand elles l'ont bien pris, vous versez sur une table de marbre enduite d'huile fine ; puis, très promptement et très lestement, en lapottant sur toute la surface de cette espèce de pâte, vous l'étendez à plat aussi mince que possible et, pendant qu'elle est encore malléable, vous la transportez dans le moule où vous l'appliquez ; ou bien vous en découpez des lanières et la roulez en forme de bracelets, de serpents, etc.

CROQUETTE AUX AMANDES.

Faites une pâte sans beurre et sans eau, en mouillant la farine simplement avec 4 jaunes d'œufs, et en employant assez de farine pour que la pâte soit ferme. Ayez 1/2 livre d'amandes douces coupées en long et en 6 parties, 1/2 livre de sucre en poudre, 2 blancs d'œufs battus en neige, devant servir de véhicule aux amandes et au sucre. On étend le tout sur un plateau à tarte et on met au four. Cuisson douce ; les amandes doivent devenir blondes sans être grillées.

BISCUIT MOUSSELINE.

6 œufs,
1/2 livre de sucre vanillé,
1/4 de fécule,
de la rapure de citron ou de la poudre de vanille suivant les goûts,

On bat les jaunes d'œufs, dans un lieu très frais, avec le sucre et la râpure de citron pendant une demi-heure ; un autre fonctionnaire bat en même temps les blancs en neige très ferme ; vers la fin de ce double battage on fait le mélange très doucement en y tamisant de la fécule mise dans un passe-bouillon ; mélangez bien intimement au moyen d'une cuillère et versez dans un moule.

Mettez au four après le pain. Si vous vous servez du four à fourneau, faites d'abord saisir puis entretenez une chaleur douce pendant une demi-heure.

Pour glacer ce gâteau, on mélange un blanc d'œuf, la moitié du jus d'un citron et du sucre. — Bien battre pour pouvoir bien étendre cette glace.

GATEAU DE BISCUITS.

Prenez une forme unie ; rangez dedans, au fond et tout autour, des biscuits que vous arrosez de kirsch ou de rhum. Etalez sur les biscuits du fond une couche de gelée de groseilles.

Mettez par dessus la gelée une couche de biscuits trempés comme ci-dessus, puis de la gelée et continuez ainsi jusqu'en haut du moule en terminant par une couche de biscuits.

Placez la forme ainsi remplie dans un endroit frais, et laissez au gâteau le temps de prendre consistance.

Faites glisser ensuite sur un plat et recouvrez d'une crème à la vanille, ou bien garnissez de fruits confits ou de bonbons.

GATEAU DE PLOMB.

Mettez sur la planche 2 poignées de belle farine ; faites un creux au milieu pour recevoir une livre de beurre coupé en morceaux, 6 œufs entiers, 1 once de sucre râpé et une pincée de sel blanc. Mêlez et pétrissez le tout ensemble en le roulant 2 fois, mais très légèrement. Laissez reposer cette pâte pendant 20 minutes ; puis roulez et étendez-la 4 fois ; A la 4ᵉ fois, tenez-la de l'épaisseur d'un bon doigt ; découpez dedans des rondelles de la grandeur que vous voulez et placez-les dans des moules ronds et de dimension appropriée. La pâte étant suffisamment grasse on peut se dispenser de graisser les moules. Avec la pointe d'un couteau vous dessinez de petits carreaux sur la pâte, absolument comme les boulangers de Pompeïes le faisaient en l'an 79 de notre ère, il y a juste 1809 ans ; glacez avec un jaune d'œuf mêlé d'un peu d'eau ; mettez dans un four très chaud.

NB. Les proportions indiquées ci-dessus servent pour environ 20 gâteaux de grandeur moyenne.

GATEAUX DE MILAN.

$1/2$ chopine de farine,
$1/4$ de sucre en poudre,
$1/2$ quart de beurre frais,
2 œufs.

Placez votre farine sur la planche à pétrir en y formant un petit puits. Placez-y le sucre, un œuf entier et le jaune de l'autre ; versez-y le beurre fondu au bain-marie. Travaillez ce mélange et étendez la pâte au rouleau d'un peu moins d'épaisseur que pour une tarte. Découpez à la roulette des carrés et des losanges dans cette pâte ou toute autre figure ; placez dans un plateau beurré ; glacez au moyen d'une plume avec le blanc d'œuf mis de côté ; saupoudrez de sucre râpé et mettez au four.

Peu de minutes suffisent pour la cuisson de ces petits gâteaux, qui pourtant se conservent *mille ans...* à ce qu'on dit.

GATEAU MAZARINE.

1/4 et demi d'amandes ; autant de sucre ; 5 œufs dont vous battrez les blancs en neige, et la râpure d'un citron.

Pilez les amandes extrêmement fines, en une espèce de pâte ; mélangez le sucre, les jaunes, la râpure, puis les blancs battus en neige. Versez dans un moule graissé avec de l'huile d'olive ; mettez au four 1/2 heure après le pain et retirez en même temps que le pain.

GATEAU DU VALOIS.

Six blancs d'œufs, 125 grammes de sucre en poudre, 125 grammes de beurre, 125 grammes de farine fine.

Battez fortement en neige les blancs d'œufs et mêlez-y la farine en continuant à battre.

Faites fondre le beurre et ajoutez-y, en tournant toujours dans le même sens, et petit à petit, vos blancs d'œufs en neige déjà mélangés de farine, le sucre et une cuillerée d'eau de fleurs d'oranger.

Remuez constamment jusqu'à ce que la pâte soit lisse et sans grumeaux. Versez dans le moule, saupoudrez de sucre, et laissez cuire au four une heure et demie.

Ce gâteau monte au feu, aussi ne faut-il pas remplir le moule.

GATEAU BRETON.

Mettez dans une terrine 125 grammes de beurre un peu ramoli, 125 grammes de farine, autant de sucre, du zeste de citron, une poignée de raisins de Corinthe et deux œufs. Mélangez intimement, versez dans un moule beurré. Faites cuire et garnissez avec quelques amandes découpées.

GATEAUX FLAMAND (Joiback).

Une livre de farine ; une demi-livre de sucre en poudre ; une demi-livre de beurre ; 24 œufs ; pour 20 centimes de canelle en poudre. Mêlez la canelle avec la farine ; pétrissez avec les œufs d'abord, ensuite avec le beurre ; formez de cette pâte de petits gâteaux que vous faites cuire au four.

GATEAU D'AMANDES.

3 œufs,
leur poids de sucre,

leur poids d'amandes pilées.

leur poids de pommes de terre cuites à l'eau et passées.

Battez les blancs en neige ; mélangez ; faites cuire 1 heure.

GATEAUX D'AMANDES.

On tourne le tout ensemble pendant une heure. Ajoutez le zeste d'un citron ; un demi-quart d'oranges et de citrons confits, coupés en petits morceaux, une pincée de canelle en poudre. Mélangez le tout ensemble ; battez en neige les 6 blancs d'œufs ; ajoutez, mêlez et versez dans un moule. Faites cuir au four trois quarts d'heure.

Hein ?

GATEAUX MENTSCHIKOFF.

Une demi-livre de beurre très frais,
Une demi-livre d'amandes, dont douze amandes amères,
Une demi-livre de sucre.

Emondez vos amandes et concassez-les grossièrement.

Pilez-les ensuite au mortier avec le sucre et le beurre, de façon à former une pâte bien homogène.

Faites une crème à la vanille avec deux œufs et environ une chopine de lait ; tournez-la sur le feu jusqu'à ce qu'elle prenne ; versez-y immédiatement la pâte susdite que vous y délayez.

Mettez ensuite cette préparation dans un moule garni de biscuits au fond et sur les côtés ; ajoutez par-dessus des biscuits en guise de fermeture.

Lorsque ce gâteau est refroidi, pressez-en le dessus avec un couvercle sur lequel vous posez un léger poids.

Se fait la veille pour être mangé froid.

POUDRE DE LEVURE
pour gâteaux.

Faites la composer par votre pharmacien :
bicarbonate de soude 1 partie,
crème de tartre 2 parties,
et servez-vous en pour faire les deux gâteaux suivants — et d'autres.

GATEAU TURBAN
(Kugelhupf) du pays de Bade.

Pétrissez légèrement 450 grammes de farine, 180 grammes de sucre avec 6 œufs entiers.

Faites fondre 165 grammes de beurre dans 135 grammes de lait ; ajoutez-les à votre pâte en y mêlant 3 grammes d'anis vert pilé, un peu de zeste de citron râpé, quelques raisins de Corynthe et 30 grammes de la poudre ci-dessus.

Versez dans un moule graissé, et aussitôt le mélange levé, mettez au four.

GATEAU ALSACIEN.

Mélangez :
farine 250 grammes,
sucre 100 grammes,
le zeste d'un citron,
4 cuillerées de lait,
4 jaunes d'œufs,
15 grammes de poudre de levure.

Faites fondre 100 grammes de beurre et mélangez de nouveau.

Battez les 4 blancs d'œufs en neige, mélangez encore.

Versez dans un moule frotté de beurre, et, aussitôt le mélange levé, enfournez immédiatement dans un four pas trop chaud.

GATEAU DE SABLE (des bains de Lavay).

1/2 livre de beurre frais,
1/2 livre de sucre en poudre,
1/2 livre de fécule de pommes de terre,

4 œufs et une 1/2 écorce de citron râpée.

On mêle d'abord le beurre avec le sucre ; puis on ajoute la fécule jusqu'à ce que le mélange soit formé, et ensuite les œufs et le citron en mélangeant sans battre.

On met dans un grand ou deux moyens plateaux à tarte bien beurrés ; on couvre d'un papier afin que le dessus ne brûle pas. Le four doit être doux (un peu moins chaud que pour une tarte). Surveillez avec soin et laissez cuire une demi-heure.

Ce gâteau, à texture grenue, ce qui lui a valu son nom, se conserve bien ; est précieux pour cela à la campagne.

—

GATEAU MOKA.

500 grammes de sucre en poudre très fine,
500   »   de beurre bien frais,
8 jaunes d'œufs,
8 à 9 cuillerées de crème fraîche un peu épaisse,
— essence de Moka ou café très fort.

Pétrissez le beurre avec une cuillère jusqu'à sa conversion en crème ; ajoutez petit à petit, en continuant toujours à pétrir, d'abord le sucre par cuillerée, puis les jaunes d'œufs un à un, puis l'essence de Moka. Enfin, lorsque, à force de pétrir, vous ne sentirez plus le sucre craquer sous la cuillère, ajoutez la crème et mélangez bien. Ayez un moule non percé ; garnissez-en le fond de biscuits à la cuillère ou mieux de tranches minces coupées dans un bon gâteau biscuit que vous aurez fait la veille ; versez dessus une couche de votre crème de l'épaisseur de deux doigts ; placez encore un lit de tranches de gâteau biscuit, puis un de crème, et ainsi de suite en terminant par des biscuits... Tenez le moule à la cave sur de l'eau fraîche pour démouler au moment de servir.

Ce gâteau, une des plus belles découvertes des temps modernes, doit, pour être réussi, avoir la consistance onctueuse des foies gras des pâtés de Strasbourg ; il se sert comme eux par tranches découpées à la cuillère.

GATEAU DE MARRONS.

Epluchez et râpez une demi-livre de beaux marrons; pilez finement 60 grammes d'amandes douces et 120 grammes de sucre, Délayez un quart de beurre avec six jaunes d'œufs ; mêlez le tout ensemble et incorporez enfin les blancs d'œufs battus en neige épaisse. Placez dans un moule et faites cuire au four trois quarts d'heure. Servez avec une crème au chocolat.
Délicieux.

GATEAU DE POMMES DE TERRE.

3/4 de sucre,
1/4 d'amandes râpées,
12 jaunes d'œufs,
le jus et le zeste d'un citron, tournez ce mélange pendant une demi-heure.

Vous avez râpé 1 livre et demi de pommes de terre et l'avez fait cuire à l'avance ; mélangez avec l'appareil. Incorporez légèrement les 12 blancs d'œufs battus en neige ; mettez au moule et faites cuire 3/4 d'heure dans un four pas trop chaud.

GATEAU AU RHUM.

3 œufs dont les blancs mis à part,
1/2 livre de sucre,
1/2 livre de farine,
1/4 de beurre frais,
1 pincée de sel fin.

Pétrir le tout ensemble ; y joindre 2 poignées de raisins de Corynthe et 1 de raisins de Smyrne, 2 cuillerées de rhum et 2 d'eau de-vie de cognac ; battez les blancs en neige et les mélangez à l'appareil. Beurrez le moule et le saupoudrez de farine ; versez dedans l'appareil et faites cuire 3/4 d'heure à un four pas trop chaud.

GATEAU D'ABRICOTS.

12 abricots,
12 feuilles de gélatine,

1 livre de sucre.

Faites cuire les abricots sans les peler et les passez au tamis. Préparez un sirop avec la livre de sucre ; mêlez-le avec la purée d'abricots et le lait des noyaux pilés avec une goutte d'eau. Mettez dans un moule et faites prendre dans la glace.

GATEAU AU CHOCOLAT.

Cinq œufs (on peut en mettre quatre, on peut en mettre six).

Un quart de chocolat,
Un quart de beurre,
Un quart de sucre en poudre,
Un demi-quart d'amandes râpées,
Une cuillerée de farine ou mieux de fécule,
Un peu de vanille.

Mettez le beurre dans une casserole et tournez, à froid, avec une cuillère jusqu'à ce qu'il soit réduit en crème.

Vous avez fait chauffer votre chocolat pour le rendre bien mou. Délayez-le avec le beurre ; ajoutez les jaunes d'œufs un à un, en tournant toujours ; puis le sucre en poudre ; puis les amandes et la fécule en continuant à tourner. Battez les blancs en neige et mélangez-les à votre préparation.

Beurrez le moule et saupoudrez de farine ; versez-y l'appareil et faites cuire au four.

Le gâteau est assez cuit quand, en y enfonçant un petit éclat de bois, le bois n'est plus teint par le chocolat.

GATEAU PRALINÉ.

Prenez 150 grammes de bonnes pralines que vous pilerez dans un mortier, en y ajoutant peu à peu 6 cuillerées de sucre en poudre. Mêlez avec 6 blancs d'œufs battus en neige très ferme ; versez le tout dans un moule (uni) garni de caramel et faites cuire au bain-marie, avec feu sur le couvercle (environ 2 heures). Renversez sur un plat et masquez d'une crème légère à la vanille.

On peut faire ce gâteau la veille.

GATEAU DE BISCUIT AU CHOCOLAT.

1/2 livre de sucre,
14 œufs dont 7 blancs seulement; on tourne pendant 1/2 heure. Ajoutez 1/4 de chocolat à la vanille râpé, 1/4 de fécule. Mélangez bien; versez dans un moule et faites cuire 3/4 d'heure.

GATEAU PORTUGAL
ou plum-cake.

1/2 livre de farine,
3 œufs entiers,
1 pincée de sel,
1/2 livre de beurre,
1 poignée de raisins secs.

D'abord bien mélanger, dans un mortier, œufs, sucre, sel, beurre, raisins.

Y ajouter la farine et bien mélanger encore de façon qu'il ne reste aucun grumeau.

Mettre dans un moule garni d'un papier beurré et faire cuire 2 heures.

GATEAU A LA BROCHE
(Baumkuchen du Luxembourg et de l'Allemagne).

Ce gâteau, d'origine allemande, est réellement cuit à la broche comme un rôti; et cela est d'autant plus curieux qu'en Allemagne on ne se sert pas de broches pour les viandes.

Il faut avoir un bois tourné en forme de cône tronqué très allongé, d'environ 60 centimètres de longueur, sur 11 de diamètre à sa base et 4 à l'autre extrémité. Ce bois est percé suivant son axe d'un trou dans lequel doit passer la broche avec laquelle il doit tourner. Si l'on n'a pas de tourne-broche, on la met en mouvement à la main au moyen d'une manivelle, tandis que la broche est posée sur deux espèces de landiers-crémaillères.

Pour faire le baumkuchen, vous composez un appareil avec 1 livre de sucre, 1 livre de farine, 1 livre de beurre, 28 œufs, un demi-litre de lait et un peu de muscade râpée.

On commence par bien travailler les 28 jaunes d'œufs avec le sucre en poudre ; puis on y mêle la farine, et ensuite le beurre, fondu au bain-marie, ainsi que la muscade. Cette pâte doit présenter une consistance un peu fluide, de façon qu'en en prenant dans la cuillère on puisse la faire couler en filets de la grosseur d'un brin de paille ; à mesure que, pendant l'opération, elle devient trop épaisse, on la délaie avec quelques cuillerées du lait qu'on tient chaud pour cet usage.

Tout étant ainsi préparé, on enveloppe le mandrin de bois d'un papier gris, qu'on maintient au moyen d'une grosse ficelle roulée autour en spirale, et dont on laisse libre un bout assez long du côté de la plus large base du mandrin.

Beurrez légèrement ce papier, placez la broche devant un feu clair et vif et mettez-la en mouvement. Aussitôt que le bois est un peu chaud, on fait couler dessus de la pâte en minces filets ; elle s'y attache. C'est ce qu'on appelle *donner une charge*. La broche continuant à tourner, quand cette charge est cuite, ce qu'on reconnaît à ce qu'elle commence à prendre couleur, on donne une seconde charge en observant les mêmes précautions et ainsi de suite jusqu'à épuisement de la pâte.

Sous le gâteau est placée une espèce de lèche-frite dans laquelle on dépose à mesure la pâte à employer, et où on ramasse en même temps celle qui dégoutte de la broche, pour les verser quand il le faut sur le gâteau. C'est dans cette lèche-frite qu'on ajoute le lait nécessaire à la fluidité de l'appareil.

L'opération de la cuisson terminée, on glace le gâteau avec du sucre coloré en rose ; on le laisse refroidir ; puis, en le tenant debout, et prenant le bout de la ficelle qui sort à sa base, on la déroule doucement en tirant légèrement, ce qui dégage le papier du moule et permet de faire sortir celui-ci du gâteau.

Ce n'est pas une petite affaire qu'une entreprise de ce genre.

On découpe ce gâteau par tranches horizontales et on y aperçoit alors, comme dans un arbre scié les différentes couches de liber accumulées chaque année, le dessin circulaire des *charges* superposées. C'est à cette particularité qu'il doit le nom de *Baumkuchen* (gâteau d'arbre), que lui ont donné les Allemands.

GATEAU DE RIZ.

Ebouillantez 230 grammes de riz et le faites crever dans un peu de lait bouilli avec un zeste de citron. Après l'avoir laissé refroidir, y ajouter une pincée de sel fin, 125 grammes de sucre, 4 œufs entiers, les jaunes de 4 autres œufs. Beurrez une casserole, saupoudrez-la de mie de pain effritée, fouettez en neige les 4 blancs d'œufs mis à part et les incorporez peu à peu avec le riz. Versez le tout dans la casserole et faites cuire au four une bonne demi-heure.

GATEAU DE RIZ AUX AMANDES.

1/2 quart de riz cuit au lait,
1/2 quart d'amandes douces pilées,
1/2 quart de sucre en poudre,
3 jaunes d'œufs
et 2 blancs.

Mêlez bien. Faites un caramel dans une casserole et agitez-la bien en tous sens pour en enduire les parois. Versez-y votre appareil et faites cuire au bain-marie 1 heure 1/2. Renversez sur un plat et versez par dessus une tasse de café fort et bien sucré. Ajoutez du rhum — cela ne peut pas nuire — au contraire.

GATEAU DE RIZ AU RHUM.

Faites cuire la valeur d'une tasse à thé de riz dans environ 60 à 70 centilitres de lait; sucrez à volonté; 3 jaunes d'œufs; les 3 blancs battus en neige; mélangez bien le tout ensemble et versez dans un moule où vous avez préparé un caramel. Faites cuire au bain-marie pendant 20 minutes.

Sauce pour accompagner ce gâteau : 3 jaunes d'œufs que vous tournez avec du sucre en poudre sur un feu doux, en ajoutant le sucre petit à petit jusqu'à ce que vous jugiez la sauce assez longue pour couvrir le gâteau. Au moment de servir, ajoutez-y trois cuillerées de rhum et, si la sauce est encore trop épaisse, une cuillerée d'eau chaude.

Versez sur le gâteau, après vous être assuré qu'il n'est pas trop chaud ; une trop grande chaleur ferait fondre et couler ce masque, ce qui serait moins joli — à ce que disait ma grand-mère.

GATEAU ANGLAIS AU MIEL.

1 kilog. de miel jaune,
250 gr. de beurre frais,
le jus de 2 citrons,
une pincée de muscade râpée ;

versez le tout dans du beurre fondu au bain-marie et, après avoir bien mélangé, ajoutez un kg. de farine de blé et pétrissez. Faites des feuilles de pâte d'un centimètre d'épaisseur, découpez et faites cuire légèrement dans du beurre.

(Le miel par J. Dennler).

SOUFFLÉ AU CHOCOLAT.

Prenez trois tablettes de chocolat que vous faites fondre sur le feu dans très peu d'eau, de façon à ce que le produit soit le plus épais possible. Battez cinq blancs d'œufs en neige et mêlez avec le chocolat quand celui-ci est bien refroidi. Faites cuire 20 minutes à un four pas trop chaud.

SOUFFLÉ AUX MACARONS.

2 ou 3 macarons réduits en poudre,
6 cuillerées de sucre en poudre,
6 jaunes d'œufs,
les 6 blancs battus en neige,
1 cuillerée et demie de kirsch ou de rhum.

Mélangez le tout ensemble ; mettez dans un moule beurré ; faites cuire 10 minutes.

SOLFERINO.

Prenez 1/2 livre de biscuits et 1/4 de massepains. Garnissez le fond et les côtés d'un moule avec les biscuits. Emiettez ce qui en reste avec les massepains émiettés également.

Mettez au fond du moule un lit de cette poussière, puis un lit de confiture de fruits, puis un 2me lit de biscuits émiettés, recouvert d'un mélange de fruits confits, sur lequel une nouvelle couche de poudre de massepains est elle-même recouverte de raisins de caisse, mis au préalable à gonfler dans du rhum. Continuez jusqu'au bord du moule, en achevant par de la poudre de biscuits.

Versez dessus un bon verre de rhum, puis une crème très légère à la vanille qui doit imprégner le tout. Descendez à la cave et laissez prendre jusqu'au lendemain. Au moment de servir, démoulez et masquez d'une bonne crème lourde à la vanille.

PLOMBIÈRE.

Prenez un peu plus d'une chopine de lait, exactement 60 centilitres,

Quatre œufs,

100 grammes de sucre,

Le quart d'une gousse de vanille,

Trois cuillerées à bouche (combles) de fécule,

Six à huit macarons suivant leur grandeur.

Faites bouillir le lait avec la vanille et sucrez-le.

Délayez la fécule dans du lait froid que vous aurez eu soin de faire bouillir à l'avance et de laisser refroidir ; versez en tournant dans le lait vanillé, qui est sur le feu, et continuez à tourner jusqu'à ce que le mélange soit de l'épaisseur d'une pâte de pets de nonne.

Retirez du feu, et mettez, un à un et en tournant toujours, quatre jaunes d'œufs dans cette pâte; versez dans un plat et laissez refroidir.

Tout ceci peut se préparer dès le matin.

Au moment du dîner, battez les quatre blancs en neige ; prenez vos six macarons, écrasez-les et mélangez-les aux blancs battus ; puis versez en tournant dans le premier appareil.

Mettez le tout dans une casserole d'argent — à propos, il m'est revenu que j'abusais des casseroles d'argent; voyons, voudriez-vous que je vous servisse cette exquise Plombière dans un baquet? — Mettez donc le tout dans une casserole d'argent et faites cuire au four, comme un soufflé, environ une demi-heure.

PALAIS DE GLACE.

Une des plus belles découvertes de nos jours, réalisant tous les desiderata d'une maîtresse de maison, facile à exécuter, coûtant peu, délicieuse.

Faites dissoudre 6 grammes de gélatine dans de l'eau que vous maintenez tiède, jusqu'au moment de vous en servir.

Faites caraméliser 100 grammes de sucre dans une casserole, et ajoutez-y la gélatine en la passant et en remuant vivement — Pendant qu'on opère ce mélange, la casserole étant encore sur le feu, une seconde personne doit battre prestement six blancs d'œufs en neige, y mêler 30 grammes de sucre en poudre préparés à l'avance, avec un peu de sucre vanillé, et les verser dans le caramel. Mélangez d'une main leste et retirez aussitôt du feu.

Coulez le tout dans un moule huilé ; laissez refroidir et placez dans un endroit frais. Faites avec du lait, du sucre caramélisé et les 6 jaunes d'œufs, mis à part, une crème brûlée que vous versez sur le gâteau en le servant.

Peut se préparer la veille.

SAVARIN.

Faites d'abord un levain avec 50 grammes de farine fine, gros comme une noix de levure de bière sèche et la quantité de lait tiède nécessaire pour que cette pâte reste ferme. Placez-la à une température douce, jusqu'à ce qu'elle ait doublé de volume. Délayez-la alors avec un quart de verre de lait tiède, en y ajoutant 2 grammes de sel, 1 cuillerée de sucre en poudre et 65 grammes de beurre frais.

Bien pétrir le tout avec la main jusqu'à ce que le beurre soit bien fondu ; y mêler un œuf entier et pétrir de nouveau en ajoutant 90 grammes de farine. Si la pâte devenait trop épaisse il faudrait y remettre un peu de lait tiède ; elle doit être un peu moins consistante que celle des madeleines.

Beurrez un moule à savarin avec du beurre frais ; versez-y la pâte et tenez dans un endroit chaud où vous la laissez lever pendant 2 heures ou 2 heures et demie.

Mettez au four 20 à 25 minutes.

Vous avez préparé un sirop de sucre auquel vous ajoutez quelques cuillerées de rhum ; versez-le dans le moule sur ce savarin une heure avant de servir.

BABA.

Cet aimable gâteau est dû au bon roi Stanislas, dernier duc de Lorraine ; ce n'est pas le seul titre de ce bon prince à la mémoire des Lorrains.

Voici les éléments de la recette ancienne :

3/4 de belle farine,
1/2 livre de beurre,
4 œufs,
1 sou de lait,
3 sous de raisins de Corynthe,
1 sou de raisins de Smyrne,
2 sous d'amandes douces découpées,
1 petit verre de rhum,
2 petites cuillères de levure,
7 à 8 morceaux de sucre
et un peu de sel.

Et voici comment on les emploie :

Faites fondre le sucre dans le lait et mélangez-y le beurre et le sel ; mêlez à votre farine et commencez votre pâte ; ajoutez y un à un vos 4 œufs en continuant à travailler jusqu'à ce qu'elle se détache bien des mains ; seulement alors vous ajoutez les raisins, les amandes, le rhum et la levure, en mélangeant bien.

Placez dans un moule bien graissé, et assez grand pour que la pâte lève sans déborder ; tenez dans un endroit tiède pour activer la levée ; mettez à un four un peu chaud et laissez cuire 35 minutes.

PETITS FOURS A LA FRAMBOISE.

Excellents comme provision de dessert à la campagne; se conservent 6 mois dans un endroit sec.

Dans 5 blancs d'œufs battus en neige, incorporez, petit à petit, pour obtenir un mélange bien intime, une livre de sucre *tamisé*, en poussière. Ajoutez 6 à 7 cuillerées à bouche de jus de framboises ; cette espèce de pâte deviendra alors très claire ; mais il faut la battre jusqu'à ce qu'elle devienne épaisse et lourde.

Avec une petite cuillère à café, vous en formez sur un papier de petits dépôts. Mettez, pour sécher, à un four très-doux, par exemple 4 heures après la sortie du pain ; éviter de laisser prendre une couleur jaune; ces bonbons doivent rester roses. En été on peut tout simplement les faire sécher au soleil.

GAUFFRETTES.

1/4 de beurre frais fondu au bain-marie,
1/4 de sucre en poudre,
3 œufs.

Mettez le sucre dans un saladier, cassez-y les œufs (jaunes et blancs) ; remuez un peu et versez-y le beurre. Ajoutez de la farine petit à petit en remuant avec la cuillère, jusqu'à consistance de pâte ferme. Formez de petites boulettes que vous ferez cuire à feu de flamme dans un moule à gauffrettes.

MADELEINES.

La patrie des madeleines est Commercy ; la quantité d'œufs employée par jour dans cette ville pour cette intéressante fabrication varie, avec les saisons, entre 200 et 300 douzaines ; l'époque des vacances la porte à son maximum.

Les madeleines se fabriquent par le mélange intime de farine 1re qualité, de sucre, d'œufs et de beurre dans des proportions variables selon chacun des fabricants. Tout est battu pendant environ une heure, afin d'obtenir l'homogénéité parfaite ; on ajoute quelques gouttes d'essence de citron, puis on met la pâte en moules. Quant aux œufs ils entrent intégralement dans la fabrication, et c'est le blanc seul qui sert à mouiller la farine et le sucre.

Voici une recette de madeleines de ménage.

2 œufs, même poids de sucre : autant de farine et même poids de beurre. Réduisez votre sucre en poudre fine et faites fondre le beurre au bain-marie. Fouettez vos blancs en neige et mouillez avec la farine et le sucre en la travaillant légèrement et en ajoutant petit à petit les jaunes d'œufs légèrement battus et le beurre fondu ; ayez soin que la pâte ne se refroidisse pas trop et mettez dans des moules à madeleine beurrés.

Peu de personnes ont mangé une madeleine de Commercy, à Commercy sortant du four ? eh, bien ! Ego — Et je suis reconnaissant au fabricant qui m'a fait expérimenter cette rareté.

MACARONS.

Plusieurs villes se disputent l'honneur de fabriquer les meilleurs macarons ; je donne la préférence à ceux de notre petite ville de Boulay.

125 grammes d'amandes douces,
200 grammes de sucre,
2 blancs d'œufs.

On émonde les amandes, on les fait bien sécher, on les pile, puis on y mélange les blancs d'œufs.

On prépare un sirop au perlé avec 70 grammes de sucre ; on le mêle à l'appareil précédent ainsi que le reste du sucre en poudre.

Quand le tout est bien amalgamé, on en fait de petites boulettes de la grosseur d'une noix que l'on dépose de distance en distance sur du papier blanc. On les cuit dans un four doux ; et on les détache du papier quand elles sont froides, en le mouillant légèrement par derrière.

On fait également avec cette recette un peu modifiée des macarons aux avelines.

On n'émonde pas les avelines et on n'emploie que 110 grammes de pâte de noisettes au lieu de 125 pour la même quantité d'œufs et de sucre, parce qu'elle en absorbe davantage ; le macaron se fait aussi beaucoup plus petit que l'autre ; il est plus fin et plus délicat.

MACARONS PAIN D'ÉPICES.

Makar, makars heureux veut dire,
Makaron, macaron s'en tire.
(Racines grecques)

Pétrissez farine de seigle ou de froment avec miel ; aromatisez de girofle ou de macis. Formez de très petites boulettes que vous déposer sur une feuille de papier. Faites cuire au four.

OUBLIES.

Théarion brilla dans les pâtes surtout :
Sous ses doigts délicats les farines pétries
Sortirent en beignets, en gauffres, en oublies.
(Berchoux, la Gastronomie, chap. II.)

Elles se cuisent comme les gauffres, mais dans un moule spécial qui les rend minces comme une feuille de papier. On les roule ensuite en cornets, que l'on place généralement par cinq les uns dans les autres : c'est ce qu'on appelle *une main* d'oublies.

La bouillie liquide qui sert à leur confection doit être parfaitement lisse et est composée de fleur de farine, d'œufs, de vin blanc, de sel et de sucre.

L'oublie est une pâtisserie fort ancienne ; les Grecs la fabriquaient comme nous le faisons encore, sauf l'emploi du sucre, dont ils s'abstenaient, et pour cause.

Autrefois, à partir de la St. Michel, 29 Septembre, on entendait, toutes les nuits d'hiver, retentir dans les rues de Metz la voix du crieur d'oublies.

Voilà l'plaisir, Messieurs, Mesdames !
Voilà l'plaisir !
Régalez donc ces Dames !
Voilà l'plaisir !

Les polissons le suivaient en parodiant quelquefois son refrain d'une façon fort irrévérencieuse.

La marchande de *flons*, le marchand de *berlingots* et le crieur *d'oublies* ! trois meubles animés des rues de Metz emportés par le temps !

CRÈME LÉGÈRE pour arroser les gâteaux.

Un demi-litre de lait, deux jaunes d'œufs et un blanc. Faites bouillir le lait après l'avoir battu avec les œufs. Laissez épaissir sur le feu en tournant toujours dans le même sens avec une cuillère, sucrez légèrement et, si vous l'aimez mieux ainsi, aromatisez avec un peu de vanille ou de canelle. Versez ensuite doucement sur le gâteau.

CRÈME LÉGÈRE.

2 citrons,
1/4 de gobelet de vin blanc,
  »   »   d'eau,
1 cuillerée de rhum,
6 œufs frais,
1 cuillerée de farine,
1/4 et demi de sucre.

Frottez l'écorce des citrons sur le sucre de façon à bien imprégner ce dernier et le mettez dans une casserole avec le rhum, le vin blanc et l'eau ; délayez alors les 6 jaunes d'œufs avec la cuillerée de farine et ajoutez-les au reste en tournant et en continuant à tourner, toujours dans le même sens sur un feu doux. Quand cette crème commence à s'épaissir, retirez-la du feu et exprimez-y le jus des citrons ; laissez refroidir et, un moment avant de servir, mêlez-y légèrement les 6 blancs d'œufs battus en neige.

Se mange froide.

CRÈME ANGLAISE A LA VANILLE.

Faites bouillir un verre de lait bien sucré avec un morceau de vanille et retirez du feu quand le lait a bouilli. Faites fondre sur le feu 5 feuilles de gélatine en été, 4 seulement si on est en hiver, dans aussi peu d'eau que possible, et passez-la. Délayez 3 jaunes d'œufs dans le lait refroidi et remettez sur le feu jusqu'à ce que la crème épaississe ; retirez de nouveau du feu pour incorporer la gélatine fondue. Battez en neige ferme un verre de crème ; mélangez au reste en fouettant toujours et mettez au moule en lieu froid.

CRÈME BRULÉE
ou crème au Caramel.

Faites bouillir du lait en le sucrant. Faites un caramel dans une grande cuillère à pot et versez dans le lait. Battez bien 6 jaunes d'œufs, mettez dans la crème et passez.

CRÈME DE GROSEILLES.

Ecraser des groseilles rouges, en passer le jus à travers un tamis jusqu'à la quantité d'un verre et demi ; y mêler 1/2 livre de sucre en poudre et le laisser bien fondre dans le jus. Ajouter alors une demi-livre de crème bien épaisse ; mélanger bien complètement le tout et laisser reposer dans un lieu frais.

CRÈME DE GROSEILLES ET DE FRAMBOISES.

1/2 litre de jus de groseilles et de framboises,
300 grammes de sucre,
6 jaunes d'œufs.

Mélangez, mettez sur le feu et battez le mélange jusqu'au moment où il cuit. Otez alors la casserole du feu, et continuez à battre en introduisant la neige de 4 blancs.

CRÈME AU CITRON ou à l'orange.

Prenez deux citrons (ou deux oranges) pour une demi-livre de sucre.

Frottez l'écorce de vos citrons sur le sucre de façon à bien imprégner ce dernier de l'essence contenue dans cette écorce.

Exprimez le jus des citrons ; passez-le à travers un linge ; ajoutez-y un verre d'eau et le sucre cassé en morceaux.

Quand le sucre est fondu, ajoutez-y deux œufs frais battus.

Faites cuire sur un feu vif, en agitant continuellement le mélange avec une spatule, jusqu'à ce qu'il ait acquis la consistance d'une crème.

Versez dans un plat creux, une jatte ou des petits pots — des petits, vous m'entendez.

CRÈME PRISE AU CHOCOLAT.

Mettez dans une casserole 4 tablettes de chocolat et 1/4 de verre d'eau. Laissez cuire et bouillir assez longtemps jusqu'à ce que le chocolat soit bien fondu. Ajoutez-y alors 2 chopines de lait et 100 grammes de sucre ; laissez cuire. Quand ce mélange est assez cuit retirez-le du feu, et mettez-en de côté un bon bol destiné à former la sauce du gâteau. Délayez 6 jaunes d'œufs et versez-les doucement dans le reste du chocolat ; faites fondre dans un peu d'eau 10 grammes de gélatine ; ajoutez au chocolat, mélangez bien, puis versez dans un moule et faites prendre au bain-marie.

Lorsque ce gâteau-crème est cuit, mettez refroidir et descendez-le à la cave. Renversez seulement au moment de servir et arrosez de la sauce mise à part.

CRÈME FORESTIÈRE.

On en trouve les éléments dans le plus petit village. A recommander aux chasseurs en déplacement, aux militaires en marche et, à la campagne, aux châtelaines surprises par une visite inattendue.

Prenez deux jaunes d'œufs frais et crus que vous déposez dans un saladier. Brouillez-les en tournant toujours du même côté avec une cuillère ou une fourchette, ou le moulinet à faire les mayonnaises. Incorporez petit à petit deux cuillerées de sucre en poudre et deux petits verres de kirsch.

Continuez en ajoutant l'un après l'autre un troisième, un quatrième, un cinquième jaune d'œuf, — un jaune d'œuf par convive.

A chaque fois, vous mélangez intimement une cuillerée de sucre et un petit verre de kirsch par jaune d'œuf, en continuant toujours à tourner, jusqu'à ce que le tout ait pris la bonne consistance d'une crème épaisse et onctueuse.

Dressez dans des petits verres, et mangez à la petite cuillère.

Appliquez, pour réussir, les principes qui président à la confection d'une mayonnaise.

Au milieu des bois, dans la maison forestière, après une rude journée de chasse, cette crème dorée, onctueuse, pleine de promesses, apparaît comme une surprise, on la salue le sourire aux lèvres, et on la déguste avec reconnaissance.

CRÈME AU VIN.

Prenez deux citrons et trois quarts de livre de sucre. Frottez les citrons sur le sucre, ou le sucre sur les citrons, de façon à enlever l'épiderme et imprégner le sucre de l'huile essentielle contenue dans le zeste. Mettez dans une casserole en rosette neuf jaunes d'œufs et plein un grand verre de bon vin blanc ; ajoutez-y le sucre et le jus des citrons. Tournez continuellement, et toujours dans le même sens, sur un feu très doux jusqu'à ce que le mélange s'épaississe. Battez les blancs de vos œufs en bonne neige, et mêlez intimement à votre crème, que vous aurez retirée du feu. — Passez au tamis dans le plat où vous devez servir.

Observations essentielles. — Cette crème doit se faire le jour même où on veut la présenter ; encore faut-il la tenir dans une cave fraîche, car elle a une forte tendance à s'éclaircir.

Il faut être deux pour la faire : pendant que l'un

bat les blancs d'œufs en neige, il faut que l'autre continue à tourner la crème sur le feu, jusqu'au moment précis où l'on opère le mélange.

Pour la manger on peut être plus nombreux, car les proportions ci-dessus donnent un grand plat.

SAMBAGLIONE
de Gênes.

Crème-mousse excellente.

Une douzaine de jaunes d'œufs, trois-quarts de litre de bon vin blanc, une demi-livre de sucre en poudre et un peu de rhum. Mettez sur un feu vif et tournez et battez continuellement jusqu'à ce que la mousse soit un peu épaisse. Il ne faut pas faire bouillir. Servir aussitôt faite.

CONFITURE DE QUETCHES PELÉES.

Prenez de belles quetches pas trop mûres, et faites leur faire un bouillon à l'eau bouillante. Retirez-les avec l'écumoire et déposez-les à mesure dans de l'eau fraîche. Enlevez-en la peau et faites-les cuire dans une bassine avec environ 1/2 livre à 3/4 de livre de sucre par livre de prunes ; laissez bien le sirop se faire ; aromatisez avec un peu de vanille et mettez en pot.

Très bonne et très belle.

CONFITURE DE TOMATES.

Epluchez des tomates, coupez-les en plusieurs morceaux, enlevez les graines et mettez tous ce fruits dans une bassine. Quand ils sont ainsi égouttés, pesez-les et prenez 3/4 de livre de sucre par livre de tomates. Mettez le sucre au feu et faites-le fondre avec un peu de jus des tomates ; quand il commence à prendre la consistance sirupeuse, ajoutez-y les tomates et laissez cuire une demi-heure. Retirez alors vos fruits et faites-en passer le jus dans une passoire ; soumettez-le encore à quelques instants d'ébullition et ajoutez un morceau de vanille.

Très belle, très bonne, très fine cette nouvelle confiture.

VIOLETTES PRALINÉES.

Il faut employer des violettes doubles ou des violettes de Parme.

Faites un sirop de sucre très épais ; essayez-le et, lorsqu'il fait bien le crochet, jetez-y vos violettes ; laissez faire quelques bouillons, puis versez le tout en une couche mince sur des plats et des assiettes. Espacez aussitôt et vivement les unes des autres toutes vos violettes avec la pointe d'un couteau ; détachez-les ensuite du plat avant que le sirop soit refroidi, et faites sécher à un four très doux.

PRUNES A L'EAU-DE-VIE
Recette de la mère Moreau.

Choisissez de belles prunes de Reine-Claude un peu avant leur maturité, d'un beau vert et croquantes. Coupez la moitié de la queue, et percez chacune d'elles d'une dixaine de trous avec une grosse aiguille, autour de la queue et dans la fente. Cette opération les empêche de crever. Déposez-les à mesure dans de l'eau fraîche où elles devront baigner. Quand elles y seront toutes, posez la bassine sur le feu. — C'est ce qu'on appelle *blanchir*, et cette partie de la préparation est celle qui demande le plus de précautions.

Lorsque l'eau est assez chaude pour ne pouvoir y tenir les doigts, retirez la bassine du feu.

Jetez-y 8 grammes de sel pour 3 livres de fruits. Laissez ainsi reposer une bonne heure. Remettez sur un feu doux ; remuez avec précaution vos prunes et vous les verrez reverdir ; poussez alors d'avantage le feu, de manière que l'eau frémisse *sans bouillir*, jusqu'à ce que les prunes s'amollissent un peu sous le doigt ou qu'elles remontent sur l'eau. A mesure qu'elles remontent on les enlève avec l'écumoire pour les mettre à l'eau froide.

Ouf ! — voilà le *blanchiment* fait ; il s'agit maintenant de mettre les fruits au sucre. Préparez dans une bassine un sirop de sucre assez abondant pour que la quantité de fruits à confire puisse largement y baigner ; versez-le bouillant sur vos prunes bien égouttées et dans leur terrine. On laisse reposer 24 heures. Le lendemain on fait bouillir le sirop dans la bassine en le conduisant au grand lissé ; on le verse bouillant sur les fruits et on laisse encore reposer 24 heures ; puis on fait la même opération une 3me fois, en concentrant encore un peu plus le sirop. Après avoir laissé les prunes reposer 2 jours dans ce liquide, on les fait sécher dans un lieu très chaud, et on les garde dans des boîtes par lits entre des papiers, ou bien on les conserve dans des bocaux et dans leur sirop en y ajoutant de l'eau-de-vie.

PRUNES A L'EAU-DE-VIE
autre méthode plus simple.

On pique les prunes, on les passe à l'eau bouillante pour les blanchir et on les jette à mesure dans l'eau froide. Quand elles sont bien égouttées, on les range dans des bocaux, et on remplit ceux-ci avec un mélange de sirop de sucre et d'eau-de-vie à 22°, dans la proportion de 3 parties de sirop et de 2 parties d'eau-de-vie.

POIRES A L'EAU-DE-VIE.

Ayez des poires de rousselets pas trop mûres ; mettez-les dans une bassine en les recouvrant d'eau ; faites leur faire un bouillon, retirez-les et les jetez dans l'eau fraîche.

Quand elles seront refroidies vous les pèlerez, si possible avec un petit couteau à dessert à lame de corne ou d'argent ; vous couperez la moitié de la queue ; vous ôterez l'œil qui est au côté opposé ; puis, après les avoir piquées çà et là et profondément avec une grosse épingle, vous les jetterez à mesure dans une bassine contenant de l'eau fraîche où vous avez exprimé le jus de quelques citrons. Placez sur un feu gai et faites bouillir.

Aussitôt qu'une épingle pourra traverser vos poires

sans résistance, retirez-les avec une écumoire et plongez-les dans de l'eau fraîche.

Faites cuire du sucre au petit lissé en le clarifiant à la manière ordinaire.

Vos poires, retirées de l'eau et bien égouttées, sont placées dans une terrine ; versez par dessus le sucre bouillant et laissez-les ainsi pendant 10 ou 12 heures.

Reprenez alors votre sirop de sucre et faites cuire au perlé en ayant soin de le bien écumer. Laissez-le refroidir et mêlez-y de l'eau-de-vie à 25 degrés dans la proportion de deux litres d'eau-de-vie pour une livre de sucre.

Vos poires ont été placées dans des bocaux, serrées sans être écrasées; versez votre liqueur par dessus, de façon à les couvrir et bouchez bien.

NB. Pour 10 livres de poires il faut 4 livres de sucre.

CERISES A L'EAU-DE-VIE
(recette de ménage).

Vous souvient-il un peu de ce que vous disiez,
  Mignonne, au temps des cerisiers ?
Mais moi je m'en souviens, et n'en soyez surprise...
  Donc vous disiez...
  Que vous aimiez fort la cerise
  La cerise et les cerisiers.
    (Alphonse Daudet; les amoureuses).

Dans un bocal à large ouverture, mettez du sucre imbibé d'eau ; puis par-dessus une certaine épaisseur de belles cerises de Montmorency dont vous avez coupé les queues aux trois-quarts ; recouvrez d'alcool. Recommencez en plaçant de nouveau quelques morceaux de sucre imbibés d'eau, puis des cerises en recouvrant d'alcool, et ainsi de suite jusqu'à ce que le bocal soit plein.

Aromatisez, suivant votre goût, avec quelques brins de vanille ou de canelle.

NOIX CONFITES (plat triste).

On prend des noix vertes, avant que la noix soit formée, vers la fin de Juin. Après les avoir essuyées avec un gros linge, on les met dans de l'eau fraiche qu'on renouvelle tous les jours pendant 8 ou 10 jours. Faites-les cuire ensuite dans de l'eau jusqu'à ce qu'elles s'attendrissent assez pour qu'un petit poinçon de bois puisse passer à travers.

Sortez-les de l'eau et faites égoutter ; piquez dans chaque noix 2 morceaux d'orange et 2 morceaux de cédrat confits.

Faites un sirop de sucre avec autant de livres de sucre que vous avez de livres de noix et en ajoutant un verre d'eau par livre de sucre. Quand le sirop est bien cuit et qu'il file, versez-le tout bouillant sur les noix que vous avez déposées dans un vase de fayence. — Au bout de 24 heures, retirez le sirop et faites-le recuire ; rejetez-le bouillant sur vos noix. Au bout de 24 heures faites cuire ensemble noix et sirop pendant 20 minutes jusqu'à ce que le sirop file bien. Retirez du feu et versez pour refroidir dans le vase de fayence. Mettez ensuite en bocaux.

Cette conserve manque d'agréments ; les noix noirâtres collées au flanc du bocal ont l'air de sangsues [1].

ANGÉLIQUE CONFITE.

Coupez des tiges d'angélique à la longueur de 15 à 20 centimètres, et jetez-les dans de l'eau fraîche. Mettez sur le feu une bassine de cuivre avec de l'eau ; lorsque cette eau sera près de bouillir, jetez-y l'angélique, retirez la bassine du feu et laissez ainsi pendant une heure. Enlevez alors à l'écumoire les morceaux d'angélique et les jetez dans de l'eau froide : il doit y en avoir assez pour qu'ils y baignent à l'aise.

Remettez sur le feu et laissez bouillir jusqu'à ce

---

[1] Brillat Savarin cite, à la 8me méditation de la Physiologie du goût, un prédicateur de mérite, le chanoine Delestre, qui ne manquait jamais d'avaler une noix confite, dans l'intervalle de temps qu'il laissait à ses auditeurs, entre chaque point de son discours, pour tousser, cracher et se moucher.

que l'angélique devienne molle. Retirez alors et ajoutez une poignée de sel. Une heure après, faites égoutter et pesez vos bâtons d'angélique. Prenez poids égal de sucre ; faites-en un sirop où vous les mettez. Laissez les faire quelques bouillons, retirez du feu et laissez-dans le sirop jusqu'au lendemain.

Faites égoutter l'angélique et recuire votre sirop jusqu'à ce qu'il tombe goutte à goutte (au perlé) ; remettez-y alors cette même angélique et, après quelques bouillons, laissez-l'y tremper encore 24 heures.

Recommencez encore une fois cette opération.

Huilez légèrement un papier et rangez dessus les bâtons d'angélique bien égouttés ; laissez-les ainsi jusqu'à ce qu'ils soient parfaitement secs, en les retournant de temps en temps avec une fourchette.

Serrez-les alors par lits dans une boîte, en interposant un papier blanc entre chaque lit ; fermez hermétiquement et conservez dans un endroit sec.

RAISINS CONFITS AU MIEL.

Mettez 3 kilg. 500 gr. de belles grappes de raisins dans un vase à large goulot, en ayant soin de ne pas les écraser. Faites ensuite un sirop de 2 kg. de miel et d'un demi-litre de bon vinaigre, auquel vous ajouterez une pincée de clous de girofle et de canelle, et que vous ferez chauffer ensuite pendant une vingtaine de minutes ; écumez bien et versez le sirop tout chaud sur les raisins. Le vase est ensuite fermé hermétiquement. Les raisins se conservent de cette manière pendant plusieurs années.

(Le miel par Dennler, Enzheim, Alsace, 1885).

LIQUEURS
note préliminaire.

Toutes les anciennes formules de liqueurs prescrivent d'employer de la bonne eau-de-vie de Cognac pour les exécuter.

L'eau-de-vie de Cognac est devenue un mythe.

Faites infuser vos fleurs, vos écorces, vos graines, etc., dans de l'alcool à 90° ; puis dédoublez-le au moyen d'un sirop de sucre plus ou moins allongé.

LIQUEUR DE FLEURS D'ORANGERS.

Mettez dans un vase 1/2 livre de fleurs d'orangers épluchées. Faites un sirop cuit à la grande plume avec 1 livre 3/4 de sucre dans une pinte (¹) d'eau. Lorsqu'il est tiède, versez-le sur la fleur d'orangers et remuez jusqu'à ce qu'il soit froid ; ajoutez une pinte d'eau-de-vie en mélangeant bien ; laisser infuser 4 heures et passez au papier filtre.

LIQUEUR DE CAFÉ.

300 grammes de café Moka à moitié grillé,
1500 » de sucre,
3 litres d'alcool à 90°,
2 litres et demi d'eau,
2 gousses de vanille.

Concasser le café ; mettre infuser dans l'alcool avec la vanille pendant 6 semaines.

Faire un sirop avec de l'eau et du sucre. Mélanger, filtrer, mettre en bouteilles et cacheter.

LIQUEUR D'ANGÉLIQUE A LA MODE DE FLANDRE.

Pelures de tiges d'angélique râclées au couteau, 125 grammes par litre d'eau-de-vie. On les met infuser dans de l'eau-de-vie blanche. Au bout de 5 ou 6 jours on ajoute 250 grammes de sucre par litre d'eau-de-vie. On met dans une bassine et on fait chauffer, sans laisser bouillir. Quand le sucre est fondu, on retire du feu et on laisse refroidir.

On passe au papier filtre avant de mettre en bouteilles.

Un peu forte et très stomachique.

LIQUEUR D'ANGÉLIQUE.

On coupe en petits morceaux 500 grammes de tiges d'angélique bien fraîche ; on les fait infuser pendant 20 minutes dans 2 litres d'alcool à 90° ; on agite de temps en temps.

(¹) La pinte est un peu plus petite que le litre : il faut 29 pintes pour équivaloir à 27 litres.

Faire fondre 2 kil. 500 de beau sucre dans 2 litres d'eau sur le feu ; passer l'infusion et la mêler avec le sirop un peu refroidi. Filtrez et mettez en bouteilles.

LIQUEUR DE CÉLERI.

Avec les tiges du céleri à côtes, au lieu de tiges d'angélique, opérez comme dans la recette précédente ; vous obtiendrez une liqueur originale, fort agréable au goût et qui, dit-on, est carminative. Vous ne savez pas ce que cela veut dire ? — Connaissez-vous le latin ? — Non. — Eh bien ! alors : *reserat spiracula ilium* — Y êtes-vous ? — C'est fort heureux.

LIQUEUR DE GENIÈVRE.

Pour 2 litres d'eau-de-vie, prenez 1 litre de graines vertes de genièvre, et mettez-les infuser dans cette eau-de-vie en y joignant l'écorce de deux citrons. Laissez vingt-quatre heures en ayant soin de remuer souvent. Retirez les graines et ajoutez une livre de sucre si vous voulez votre liqueur sèche, ou une livre et demie ou deux livres si vous la désirez plus sucrée.

Quand le sucre est fondu, passez au papier filtre et mettez en bouteilles.

Excellente recette.

EAU DE GENIÈVRE.

Concassez une livre de graines de genièvre ; faites-lui faire 7 ou 8 bouillons dans une pinte d'eau et l'y laissez refroidir. Mettez le tout infuser pendant 12 jours dans 5 pintes de bonne eau-de-vie, avec 3 livres de sucre en poudre, de la canelle et de la coriandre, de chacune 4 grammes, 6 clous de girofle et autant de grains de poivre blanc. Filtrez au clair et mettez en bouteilles.

Excellent stomachique.

LIQUEUR DE PRUNELLES.

La prunelle est le fruit de l'*Epine noire* ou *prunier épineux*, fort commun dans nos haies. On fait avec son noyau une liqueur très agréable,

Cueillez des prunelles bien mûres, après les premières gelées, si cela est possible, et mettez-les en tas dans un cellier. Elles entrent en fermentation et bientôt la pulpe se détache facilement des noyaux. Lavez alors ceux-ci jusqu'à ce qu'ils soient bien nets et laissez-les sécher. Puis concassez-les grossièrement dans un mortier de marbre et mettez-les infuser pendant 1 mois dans de la bonne eau-de-vie (environ 500 grammes de noyaux, bois et amandes, pour 1 litre 1/2). Passez au linge fin pour éliminer les noyaux; ajoutez une livre de sucre (cassé en petits morceaux) par litre 1/2 d'eau-de-vie ; quand le sucre est fondu filtrez au papier filtre et mettez en bouteilles.

CURAÇAO DE FAMILLE.

Pour 1 litre de bonne eau-de-vie vieille de Cognac, prenez les zestes de 6 oranges que vous y laissez infuser 2 mois ; filtrez, ajoutez 1 livre de sucre et laissez fondre et se faire au soleil.

Les zestes sont meilleurs recueillis et séchés à l'avance.

ELIXIR DE GARUS
ou liqueur des pharmaciens.

Les dits pharmaciens prétendent que cette liqueur n'est autre chose que le Nectar, dont les dieux de l'Olympe, au dire d'Homère, aimaient à se régaler. Quoi qu'il en soit, en voici la formule :

Alcoolat de Garus (que vous faites préparer par votre pharmacien), 1000 grammes,
Vanille, 1 gr.
Safran, 0 gr. 50.
Faites macérer deux jours, puis filtrez.
Prenez :
Capillaire du Canada, 20 gr.
Eau distillée bouillante, 500 gr.
Laissez infuser une demi-heure et passez au linge fin avec expression.
Ajoutez :

Eau de fleurs d'oranger, 200 gr.
Sucre blanc, 1000 gr.

Faites par solution un sirop que vous mêlez à la macération du safran, de la vanille et de l'alcoolat.

Laissez reposer, décantez ou filtrez s'il y a lieu, et mettez en bouteilles.

SATRAPAS
(liqueur archéologique).

C'est une liqueur de nos ancêtres qui l'appelaient liqueur divine.

2 litres 1/2 de bon cognac,
2 kilos de sucre cassé en morceaux,
1 citron 1/2 coupé en tranches,
30 amandes amères,
12 clous de girofle,
3 grammes de fleurs de muscade,
1/4 à 1/3 gramme d'ambre gris,
1/2 litre de lait pour clarifier.

Mêlez le tout ensemble dans un vase de verre ou de faïence. Placez dans un endroit où règne une chaleur douce ; l'y laisser neuf jours, en remuant à fond le mélange, tous les jours deux fois.

Au bout des neuf jours cabalistiques, laissez reposer trois jours ; filtrez et mettez en bouteilles.

Cette recette est facile et *s'attrape* assez bien. Oh !

EAU DE CANELLE
Liqueur antique.

Faites infuser pendant 8 jours 60 à 70 grammes de canelle en bâtons ([1]) dans 1 litre de bonne eau-de-vie. Faites un sirop avec 250 ou 500 grammes de sucre ; mélangez-le à la liqueur et filtrez.

([1]) Achetez la cannelle (*laurus cinnamomum*) chez le meilleur fournisseur ; ailleurs on vous vendra la *canelle matte* (cassis lignea) mucilagineuse et bien moins aromatique ! j'y ai été pris : *chat échaudé craint l'eau froide*.

VIN CARDINAL.

Faites infuser pendant un mois des bigarrades dans du bon vin blanc. Filtrez et mettez en bouteilles. Agréable dans les journées d'été, stomachique.

VIN DE GROSEILLES
(de dessert).

Très bon ; peut être pris pour du vin de Constance par les ignorants.

On doit porter la plus grande attention au fût et aux autres vases dont on se sert pour sa fabrication ; tous doivent être très propres et de bon goût.

Pour 1 litre de jus on ajoute 800 grammes de sucre et 1 litre d'eau.

Exprimez le jus de petites groseilles à grappes blanches bien mûres et versez-le dans votre baril avec les quantités d'eau et de sucre calculées d'après les proportions ci-dessus, le sucre étant fondu dans l'eau. Si on s'est servi d'eau chaude, on attendra que le sirop soit refroidi pour le mêler au jus.

Le tonneau devra être rempli à 3 ou 4 centimètres de l'ouverture. Aussitôt le mélange introduit la fermentation commence. Pour l'obtenir régulière et à l'abri de l'air, vous placerez le tonneau dans un endroit où la température soit assez élevée, entre 18° et 22° centigrades ; la bonde en liège du tonneau sera traversée d'un petit tube en verre recourbé en forme de siphon et dont l'extrémité de la branche extérieure plongera dans un verre d'eau propre placé sur le tonneau ; cette eau sera renouvelée toutes les semaines au moins. L'acide carbonique produit par la fermentation s'échappe en globules par ce tube sans que l'air extérieur puisse se mettre en contact avec le jus.

La fermentation diminuant la quantité du liquide, on doit pendant qu'elle se produit ajouter proportionnellement du jus et de l'eau sucrée.

On laisse en cet état jusque vers la mi-novembre, époque à laquelle, la fermentation étant terminée, on traverse ce vin. On soutire le liquide jusqu'à la lie dans un autre tonneau ou des vases très propres ; on passe la matière épaisse restante au papier filtre et on joint au reste le liquide filtré. Le même tonneau bien nettoyé, bien rincé, reçoit de nouveau le liquide soutiré ; si la quantité ne suffit pas pour le remplir complètement on y ajoute du bon vin blanc, vieux, bien clair. Le tonneau ainsi rempli est fermé hermétiquement au bout d'une douzaine de jours.

Vers la fin de mars on soutire en bouteilles.

NB. On peut faire ce vin de couleur rouge en employant la groseille à grappes rouges et même y mêler des groseilles à cassis ce qui lui donne un bouquet particulier.

HYDROMEL.

Faites fondre du miel dans de l'eau tiède, 250 à 300 grammes par litre d'eau, et versez à mesure dans un tonneau bien propre, sans le remplir complètement ; posez une brique sur le trou de bonde de façon à laisser passage au gaz provenant de la fermentation.

Ajoutez environ 50 gr. d'acide tartrique pour cent litres de liquide. Au moyen d'un petit sac, en forme de boudin afin qu'il passe par le trou de bonde sans que son contenu soit pressé, suspendez au milieu du liquide une poignée de graines sèches de genièvre ou de la fleur séchée de sureau ; cette manœuvre mêle à celui du miel un arome qui le masque sans dominer lui-même.

Il faut faire l'hydromel en été, sans quoi la fermentation ne s'établit pas convenablement et l'opération peut manquer.

La fermentation terminée on met le tonneau à la cave en le fermant, comme pour les vins nouveaux, avec une compresse de toile maintenue par une petite poignée de sable, et faisant soupape.

On soutire au printemps et on met ensuite en bouteilles.

(G. de Layens, bulletin d'apiculture de la Suisse romande).

PUNCH.

Faites infuser les zestes d'une orange et d'un demi citron dans environ 2 verres à Bourgogne de sirop ; mêlez-y le jus de 2 oranges. Faites fondre sur le feu 500 grammes de sucre dans 4 grands verres à Bourgogne d'infusion de thé noir un peu forte ; ajoutez 1 litre de rhum puis le sirop ci-dessus après l'avoir filtré au tamis. Faites chauffer, servez dans un grand bol et mettez-y le feu. Laissez brûler quelques minutes.

PUNCH.

7 citrons râpés,
1 litre d'eau-de-vie,
1 litre de rhum,
un peu d'infusion de thé et de capillaire,
sucre clarifié et eau.
Mêlez et filtrez.

PUNCH.

Faites un thé très fort ; prenez 3/4 de sucre et 2 citrons par bouteille d'eau. Frottez les citrons avec le sucre ; ôtez ensuite les zestes et exprimez le jus des citrons dans l'eau, ajoutez le sucre, le thé et du rhum.

CAISSES DE VASSY
plat gai.

Lorsque les maçons ont terminé un édifice, ils y élèvent un bouquet sur le faîte.

Ainsi ferai-je ; et ce bouquet consistera en un plat de dessert gai, gentil, un peu provincial, mais appétissant, de bonne mine et finement délicieux — les caisses de Vassy !

On dit caisses de Vassy comme on dit madeleines de Commercy, macarons de Boulay, dragées de Verdun, mastic du Caire, mirabelles de Metz, foies gras de Strasbourg, etc.

Ne les confondez pas avec le ciment du même

nom ; car elles ne sont pas destinées à réparer les lézardes d'un estomac affamé, mais bien à enjoliver gaillardement un joyeux dessert. — C'est un plat gai; c'est une merveille.

Pour 6 blancs d'œufs très frais, vous prenez une livre de sucre en poudre et, avec la précaution d'opérer dans un endroit à l'abri de la chaleur, vous battrez le tout ensemble sans discontinuer, et toujours dans le même sens, pendant 35 minutes, montre en main.

Vous avez préparé, en les ébouillantant pour pouvoir les peler, 1/4 d'amandes douces que vous découpez très finement.

Vous les mélangez bien également à votre appareil en l'aromatisant avec une cuillerée à café de poudre de vanille, ou d'eau de fleurs d'oranger, ou de la poudre d'épices fine mentionnée à la page 65. Ou bien encore vous ajoutez, soit au tout soit à une partie, du bon chocolat râpé (environ 3 divisions d'une plaque pour les 6 œufs, 1 1/2 pour la moitié) que vous incorporez bien au mélange.

Il faut confectionner de petites caisses en papier blanc un peu fort, d'environ 8 centimètres de long sur 3 de large et profondes de 1.

Vous placez dans chacune d'elles une bonne cuillerée à bouche de l'appareil, et mettez à un four doux, où la masse ne tarde pas à gonfler.

Retirez aussitôt qu'une très légère croûte se manifeste à la surface.

Si vous avez un dessert à orner, dressez en entrecroisant les caisses blanches à la vanille avec les caisses grises au chocolat.

PROPOS FINAL.

Je l'ai dit en commençant cet ouvrage, j'ai la cuisine en horreur.

Mais....

Or, à la table d'une des maisons les plus distinguées

de Metz, étaient assis, un beau soir de l'hiver 186., deux personnages marquants de la société de l'époque; à droite de la maîtresse de la maison, M. Bl. bien connu par sa belle fourchette et sa prestance gourmande et, à la droite de celui-ci, M. le Dr. Isnard, long, noir, sec et mince mangeur.

Le servant offrait aux convives un plat de truffes cuites au vin de Champagne, et avait commencé sa marche circulaire par le convive placé à la gauche de Mme X., et devait par conséquent la terminer par M. Bl.

Celui-ci avait cessé de causer et dévisageait sur la serviette ambulante un tubercule énorme que, par respect humain, aucun des dîneurs n'osait s'approprier. Cette merveille, ce diamant noir, plein de succulentes promesses, restait seul avec une compagne toute petite et bien humble, quand le plat fut présenté au docteur.

M. Isnard fit tomber négligemment la grosse truffe devant lui et, tout en continuant à causer, la découpa, comme par distraction, en petits morceaux, puis, sans y toucher, passa son assiette au servant.

M. Bl. avait suivi ce manège d'un œil indigné; il n'y tint plus et se tournant vers son voisin :

« *Monsieur ! quand on n'aime pas les truffes, on n'en prive pas les autres !* »

La maxime est chrétienne.

Je m'en suis souvenu et, devant les nombreux documents culinaires que le hasard d'abord avait amoncelés devant moi, j'ai dit : « Je n'aime pas la cuisine, mais je ne veux pas en priver les autres. »

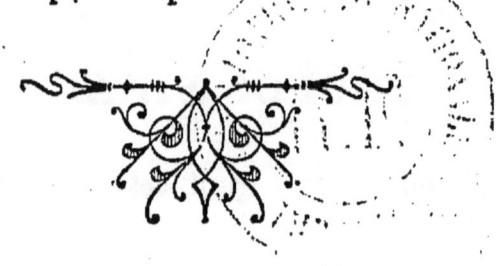

TABLE DES MATIÈRES

Pages

Préface . . . . I à XIII

PREMIÈRE PARTIE
POTAGES.

Soupe célestine	1
Potage vermicelle velouté maigre	2
» velouté maigre	2
» maigre du Nord	2
» maigre flamand	3
» au cresson	3
Soupe au fromage de Marseille	4
» au fromage et aux échalottes (de Strasbourg)	4
» départ de chasse	5
Potage maigre sans beurre	5
» à l'ail (de l'Aveyron)	6
Crack-soup	6
Potage au potiron	6
» au maïs de (Franche-Comté)	6
» aux tomates	7
» aux salsifis	7
» au houblon et au serpolet	7
» aux grenouilles	8
» au poisson de rivière	8
» au poisson de mer	8
» aux moules	9
» à la purée de riz et de lentilles	9
» de riz à la Valenciennes	9
» alsacien	10
» suisse	10
» du lendemain	11
» crécy simplifié	11
» aux choux et au mouton	12
» à la purée de haricots	12
» aux boulettes	12
» au ramequin	13
» Talleyrand	13
Mock turtle soup	13
Riz au kari	14

	Pages
Poule au riz	15
Panade	15
Soupe à la bière	15
Borlsch petit-russien	16
Potage virgilien	16
» auvergnat	17
Soupe au citron	17

ŒUFS.

Œufs aux échalottes	18
» brouillés	19
» à la tripe	19
» au court bouillon	19
» au gratin	20
» à l'escargot	21
Omelette aux écrevisses	21
Fondue au fromage (de Suisse)	21
Fondue au fromage	22
Ramequin	22
Salade d'œufs durs	23
Quatre plats d'œufs (menu)	24

LÉGUMES ET PATES.

Asperges en petit pois	25
» à l'italienne	25
Choux rouges sautés	25
Bisque au fromage et aux pommes de terre	25
Quiche	26
Tourte aux oignons	26
» aux épinards	27
Croquettes de pommes de terre au jambon	28
Pommes de terre à la russe	28
» » à la cosaque	28
Céleris à côtes au jus	29
Olives tournées	29
Châtaignes au lait	30
Crêpes hollandaises	31
» obsidionales	31
Rizzoto	32
Macaronis à la piémontaise	32
» aux tomates	33
» à la mode de Corse	33
» Nicolo	34

VIANDES.

Bœuf en daube à la Choisy	35
Côtelettes de veau en papillottes	36
» » nancéiennes	37
Blanquette de veau	37

	Pages
Fricassée de veau au riz	37
Émincé de viandes aux carottes	38
» de mouton à l'anglaise	38
Quenelles de foie	38
Nesle de veau	39
Gigot d'avant-garde	40
A propos de chandelles (intermède)	41
Fricassée de poulet	43
Poule aux tomates	44
Restes de volaille en friture	44
Volaille à la gelée	44
Aspic de volaille	45
Foie de chevreuil en papillottes	46
Jambon de Gotha	46
Jambon (préparation du)	47
Pâté de ménage	47

POISSONS.

Matelotte de Metz	48
» sans poissons	49
Brochet rôti	49
Sole au vin blanc	50
Carpe à la Juive	50
Poissons en côtelettes	51
Soufflé de morue	51
Morue à la provençale	52
» aux oignons	52
Ecrevisses	53
Grenouilles	54
» à la mode de Boulay	56
Escargots	57
» à la Thiaucourt	57
» à la Candéranaise	58
» à la romaine	58

SAUCES.

Sauce des halles pour les huîtres	59
» pimprenelle	59
» aux tomates	60
» aux tomates (autre méthode)	60
» au raifort	60
» de cabaret	61
» blanche à la crême	61
» fausse mayonnaise	62
» pour harengs	62
» ravigotte	62
» rémolade pour dindon rôti	62

	Pages
Sauce pour saumon	63
» anglaise	63
Tomates en hors d'œuvre	69

ÉPICES, SALADES.

Poudre des quatre épices	65
» d'épices fine	65
» d'épices (autre)	65
Vinaigre de table aromatisé	66
Salade (considérations générales)	67
Salade raspail	73
» espagnole	73
» russe	74
» de Strasbourg	75
» du rév. Sydney Smith	75
» de cerneaux	76
» de scorsonères	76
» de choux-rouges	76
» cosmopolite	77
Canapé de harengs saurs	77
Harengs marinés	77
Salade de petites herbes	78
» (ses décorations)	78

CONSERVES.

Cornichons à la mode de Nancy	80
» ancienne méthode	81
Ecorces de melon	81
Perce-pierre	82
Capucines	82
Groseilles au vinaigre	83
Quetches au vinaigre	83
Conserves de tomates	84
» d'oseille	84

FROMAGES.

Fromage blanc à l'italienne	85
» petits Gervais	86
» de pommes de terre	86

BOISSONS.

Vin de mai	86
Limonade au vin blanc	87
Lait d'oranges	87
Eau de miel	88
» d'avoine	88
» panée	88
Boisson du docteur Récamier	88
Ginger-beer	88

DEUXIÈME PARTIE
CUISINE DE CHASSE.

	Pages
Gibier	91
Deux principes	92
Lièvre	93
Civet de lièvre	95
Rable de lièvre rôti, sauce piquante	97
» » » à la crème	98
Lièvre en capilotade	98
» en gelée	98
Lapin en gibelotte	99
» sauté au père Douillet	100
» sauce Robert	100
Cuissot de chevreuil rôti	101
» » (sauce pour)	101
Epaule de chevreuil	101
Civet de chevreuil	101
Pâté de venaison	102
Pâté de petite venaison ou de lièvre	104
Cerf	108
Daim	108
Cuissot et filet de sanglier rôti	108
Filet de sanglier aux oignons	109
» » braisé	109
Cuissot » braisé	109
Beaf-steak de sanglier	109
Haricot de »	110
Soupe au »	110
Pieds de »	110
Boudins de » à la Tocqueville	111
Mock wild boar	113

GIBIER A PLUMES.

Cailles rôties	114
» à la St-Laurent	114
Perdrix	115
Perdreaux rôtis	115
» à la St-Laurent	116
» en galimafré	116
Perdrix aux choux	116
Pâté de perdreaux	117
Alouettes en brochettes	118
» à la poêle	118
» à la paysanne	118
» en caisses	119
» au gratin	119
» en pâté chaud	119

	Pages
Alouettes de carême	121
Goujons de carnaval	121
Olives du Périgord	111
Outarde	122
Coq de bruyère	123
Gelinote	123
Oie sauvage,	124
Tourterelle	124
Etourneau	124
Grives rôties	124
» au genièvre	126
» braisées	126
» en salmis	126
Rouges-gorges rôties	126
Becs-figues	127
Ortolans	128
» à la provençale	128
Pluvier	129
Guignard	129
Vanneau	130
Bécasse	131
» en salmis	132
Bécassines en salmis	132
Canards sauvages en salmis	133
Sarcelles, macreuses, poules d'eau	133
Sauce poivrade pour gibier rôti	134
» au genièvre pour gibier	134
» pour canard sauvage rôti	135

GIBIER D'AVENTURE

Ecureuil	135
Loutre	135
Blaireau	136
Ours	136
Pattes d'Ours	139
Loup	140
Renard	140
Cygne sauvage	141
Grue	141
Cigogne	142
Corbeau (soupe au)	144
Héron en salmis	144
Pâté de moineaux	146

HALTES DE CHASSE

Engins culinaires contre le froid	147
Le menu du général	148
Les logarithmes frits à Metz	149

TROISIÈME PARTIE

CUISINE FOLK-LORISTE DU PAYS MESSIN

Pages

Soupe au lard.	150
» » principes.	151
» » aux petits pois.	152
» » aux haricots verts.	152
» » » » blancs.	52
» » aux pommes de terre, navets et carottes	152
» » aux fèves de marais.	152
» » julienne.	158
» » aux légumes secs.	153
» » » pois secs.	153
» » » haricots secs.	153
» » » lentilles.	153
» » » fèves de marais dérobées.	153
» » » haricots verts salés.	153
» » » choux.	154
» » à la choucroute.	154
Soupe au boudin.	154
Soupe maigre aux herbes	155
» » à l'oignon	155
» » au lait.	155
Légumes au lard.	155
Bacon.	156
Petit salé.	156
Cuisine du porc frais.	157
Boudins.	157
Andouilles.	159
Coross mégneye	159
Riz à l'osché.	161
Juif.	161
Choucroute au jowa.	161
Cochon de lait en gelée.	161
Fromage de cochon.	162
Cervelas.	163
Jambon au foin.	164
Surpaule	165
Oie en daube.	166
Pâté d'oie (du rupt de Mad)	167
Oeufs.	169
Choux séchés au four.	169
Poissons à la gelée au vin.	169
Kneppes	170
» à la semoule	170
Totelots.	171
Soupe dorée	171

	Pages
Nouilles	171
Soupe à la chauyotte	172
Poussates	172
Faux riz	172
Meillat ou miot	173
Miot bétat	173
Salade aux chawhons	173
Frottaye	174
Fiouse è lè flemme	174
Méchatte	175
Rouyats	175
Creupés	176
Fiouse	176
Flon	177
Chaudés	177
Lait	178
Mattons	178
Brock	179
Fromage blanc	179
Fremgeye	179
Crème fraîche à l'ail	180
Tran'gnat et Guéyin	180
Fromage cuit	181
» » (autre)	182
Cheuntrés	182
Choh'hs creupés	183
Wété	183
Tâte au m'gin	184
Teh'hates	184
Tâte au seucq	185
Choch'hs tâtes	185
Conn'chés	186
Pétés d'pouères	187
Pouès de p'hhi	187
Tarte aux raisins	187
Poires tapées	188
Peumes choch'hes	189
Prunes »	189
Pouérates en biassi	189
Latoire	190
Fèves de marais grillées	191
Mouillate	191
Lirette	191

QUATRIÈME PARTIE
CUISINE DES DAMES

Pain de seigle et de froment	192
Soufflé de pommes de terre	193
Tôt fait	194

		Pages
Carottes algériennes		194
Fraisalia		194
Fraises au gingembre		195
Pudding flamboyant		196
» au biscuit		196
» au pain		197
» financière		197
» de Verdun		198
» de semoule		198
» russe		199
Tarte à la frangipane		199
» à la citrouille		200
Meâ culpâ		201
Tarte à l'orange		201
Bonnet de cardinal		201
Beignets secs		202
» de feuilles de vignes		202
Pâte pour beignets de fruits		202
Pets de nonnes		203
Gelée de framboises		203
» d'oranges		204
» de Portugal		204
Pommes en moule		204
Mousse au citron		205
» » » (autre)		205
Croquante		206
» (autre)		207
Croquettes aux amandes		207
Biscuit mousseline		207
Gâteau de biscuit		208
» de plomb		208
» de Milan		209
» Mazarine		210
» du Valois		210
» breton		210
» flamand		210
» aux amandes		210
» » »		211
» Mentschikoff		211
Poudre de levure		212
Gâteau turban		212
» alsacien		212
» de sable		212
» Moka		213
» aux marrons		214
» de pommes de terre		214
» au rhum		214

	Pages
Gâteau d'abricots	214
» au chocolat	215
» prâliné	215
» de biscuit au chocolat	216
» Portugal	216
» à la broche	216
» de riz	218
» de riz aux amandes	218
» » » au rhum	218
» au miel	219
Soufflé au chocolat	219
» aux macarons	219
Solferino	220
Plombière	220
Palais de glace	221
Savarin	221
Baba	222
Petits fours à la framboise	223
Gaufrettes	223
Madeleines	223
Macarons	224
» pains d'épices	225
Oublies	225
Crème légère	226
» »	226
» anglaise à la vanille	227
» brûlée ou au caramel	227
» aux groseilles	227
» » » et aux framboises	227
» au citron	227
» prise au chocolat	218
» forestière	228
» au vin	229
» de Gènes (Sambaglione)	230
Confitures de quetsches pelées	230
» de tomates	230
Violettes prâlinées	231
Prunes à l'eau-de-vie (recette de la mère Moreau)	231
Prunes à l'eau-de-vie (plus simples)	232
Poires à l'eau-de-vie	232
Cerises à l'eau-de vie	233
Noix confites	233
Angélique confite	234
Raisins au miel	235
Liqueurs	235
Liqueur de fleurs d'oranger	236
» de café	236

		Pages
Liqueur d'Angélique à la mode de Flandre	. . . . .	236
» »	. . . .	236
» de céleris	. . . .	237
» de genièvre	. . . .	237
Eau de genièvre	. . . .	237
Liqueur de prunelles	. . . .	237
Curaçao de famille	. . . .	238
Elixir de Garus	. . . .	238
Satrapas	. . . .	239
Eau de canelle	. . . .	239
Vin cardinal	. . . .	240
Vin de groseilles de dessert	. . . . .	240
Hydromel	. . . .	241
Punch	. . . .	242
»	. . . .	242
»	. . . .	242
Caisses de Vassy	. . . .	242
Propos final	. . . .	243

www.ingramcontent.com/pod-product-compliance
Lightning Source LLC
Chambersburg PA
CBHW050331170426
43200CB00009BA/1543